Biografía artística de la sanluqueña
VICTORIA VALLEJO
"Una figura entre las figuras"

… más un apéndice con sus **Canciones y Coplas del Desamor**, recopiladas, ordenadas y corregidas por el autor

SERVANDO REPETTO LÓPEZ

Prólogo de José María de Diego

BIOGRAFÍA ARTÍSTICA DE LA SANLUQUEÑA
VICTORIA VALLEJO. "UNA FIGURA ENTRE LAS FIGURAS"

Tercera Edición, MARZO 2024

© Servando Repetto López

Diseño y maquetación: Germán Repetto Jiménez

Edita: EDICIONES PANGEA. Los Palacios y Villafranca (Sevilla)

Imprime: Ulzama Digital

ISBN: 978-84-128305-1-4

Depósito legal: SE 621-2024

A mis padres,
que perdieron el sentío
y me dieron la vida.

A María José, mi mujer,
lo único en este mundo
que da sentío a mi vida.

A mis hijos, Germán y Álvaro,
ojalá tengan una vida
de las que quitan el sentío.

Y a ese torbellino de dos años, mi nieto Izan:
cuando se va apagando mi sentío
él me da vida.

INTRODUCCIÓN de ediciones anteriores.

Hace ya años, mi padre, sabedor de que empezaban en mí los primeros síntomas de esa "locura" que da por coleccionar casetes, discos y "papeles" de flamenco, me regaló un viejo cartel, año 1947, de toros y cante en la Plaza de Toros de Sanlúcar. Ese día, mirando el cartel, en el que se anunciaba el espectáculo flamenco "Retablo Andaluz nº 3", reflexioné, caí en la cuenta de cuántos y tantos artistas flamencos había en aquella Sanlúcar de entonces. Y todos prácticamente desconocidos para mí y el resto de los sanluqueños, nadie hablaba ya de ellos.

Fue en ese momento que decidí dedicar mi tiempo, centrar mi afición al flamenco, en rescatar del olvido a todos los artistas (profesionales o no) que habían existido en Sanlúcar desde los mismos orígenes del flamenco hasta nuestros días. Por tanto comencé, desde ese preciso instante, a recopilar datos y documentación sobre todos aquellos paisanos míos que habían destacado en el baile, el toque o el cante, con idea de que no se ahogaran, para siempre, en el injusto y desagradecido mar del olvido.

Una de esas artistas que repetidamente aparecía en la cartelería sanluqueña de los años 40, sobre espectáculos flamencos del Teatro Reina Victoria, el Principal y otros ambulantes que se montaban en verano, era **"Victoria Vallejo"**. Y me llamó más aún la atención el que apareciera en carteles de fuera ya de esta localidad y junto a, nada más y nada menos, que los más grandes artistas flamencos: Vallejo, Marchena, Valderrama, Niña de los Peines, Pepe Pinto, Canalejas, Niño Ricardo, etc. Mi sorpresa fue tan grande como mi alegría cuando descubrí que aún vivía y residía en Sevilla. Localicé su teléfono y me decidí a llamarla. En un principio se alegró de mi llamada, pero se negó rotundamente a colaborar, a contarme sus vivencias. Me dijo que ya Carlos Herrera lo intentó cuando estuvo haciendo el programa "La Copla" y ella se había negado en redondo. No me di por vencido y días después le mandé una carta animándola a que, aunque no fuera yo, alguien escribiera sobre su interesante vida, siendo una lástima que sus recuerdos se perdieran para siempre. No sé qué ablandó su corazón, pero poco tardó **Victoria** en llamarme, concederme una entrevista y vernos en su piso de la sevillana calle Resolana, en pleno barrio de la Macarena. Desde ese mismo día concebimos la idea de este libro. Me aportó infinidad de documentación que celosamente guardaba desde siempre, y me contó toda su vida en sucesivos encuentros. Por mi parte busqué el rastro de sus actuaciones por toda la geografía española. Para mí, por encima de todo, lo más importante fue la gran amistad que surgió entre los dos y aun hoy conservamos.

No tiene otro sentido este libro, esta aproximación a su vida, esta pequeña biografía de un gran personaje, que el de honrar, primero y fundamentalmente, a su protagonista, **Victoria Vallejo**, por su calidad artística y humana. Pero debe ser también un homenaje al resto de artistas olvidados que, junto con ella, forman parte de la Historia del Flamenco de Sanlúcar de Barrameda.

El que escribe es lego en estos asuntos, de ciencias de toda la vida, su única experiencia con las letras se limitan a las de cambio, por lo que la calidad literaria, si podemos hablar aquí de literatura, brillará por su ausencia en este caso. He pretendido solamente contar con mis torpes palabras, explicar, poner en el papel lo que me contó **Victoria**, dar a conocer la grandeza de una mujer sanluqueña que, saliendo de la nada, llegó a lo más alto en su profesión, cumplió su sueño, afortunada ella, vivió como siempre quiso vivir y todo lo feliz que le dejaron ser, que fue mucho.

Además, ahora puedo decir que estoy biografiando, nada más y nada menos que a una artista que forma parte del Patrimonio de la Humanidad. Enhorabuena y que sea para bien.

Va por ustedes, va para ti, **Victoria**.

Servando Repetto López
Sanlúcar de Barrameda, enero de 2011

INTRODUCCIÓN a esta tercera edición.

Tan solo unas líneas para justificar esta nueva edición.

Obrando en mi poder, cedidas generosamente por la autora, una colección de coplas y canciones compuestas por **Victoria Vallejo**, hace ya tiempo que comencé a trabajar la idea de plasmarlas todas en un nuevo librito dedicado exclusivamente a ellas, cumpliendo así con el deseo de **Victoria,** y el mío personal, de que esas letras fueran ya de todos, conocidas por todos y, a ser posible, que alguien las cantara.

En conversación al respecto mantenida con mi amigo, mecenas y prologuista de esta tercera edición José María de Diego, y a iniciativa suya, convinimos en reeditar la biografía artística de **Victoria Vallejo**, añadiendo los muchos nuevos datos y documentos incorporados a mi archivo en estos últimos años e, igualmente, aprovechar la ocasión para dar a conocer en un apéndice las más de ochenta coplas y canciones que **Victoria** me había confiado como un tesoro, como lo que es.

Desgraciadamente, durante la redacción de esta nueva edición me llegó desde Sevilla, donde vivía, la fatal noticia, que no por esperada dejó de dolerme en el alma: ¡**Victoria** ha fallecido! Lo hacía el 11 de enero de este año 2024, con nada menos que 95 años.

La muerte de **Victoria** me ha servido de acicate, de impulso positivo, de compromiso ineludible de terminar cuanto antes esta tercera edición de su vida artística y ponerla a disposición de sus paisanos, para todo aquel o aquella que quiera conocer la vida y milagros de una artista polifacética, autodidacta, entusiasmada con su profesión y, primordialmente, por encima de todo, conocer un poco el recorrido de esta sanluqueña por todos los escenarios de España cumpliendo el único y principal sueño que tuvo desde niña: **SER UNA FIGURA ENTRE LAS FIGURAS**. Dichosa tú, **Victoria**, pues haciendo honor a tu nombre en verdad venciste en tu desafío al destino y **LO CONSEGUISTE**. Yo doy fe de ello, este libro, página a página, da fe de ello. Entren y podrán comprobarlo.

Servando Repetto López
Sanlúcar de Barrameda, febrero de 2024

ÍNDICE

PRÓLOGO de esta tercera edición

"Cuando por ti pasen los años
y necesites de mi presencia
comprenderás lo que se sufre,
cuando mi nombre sea una sombra
que se cruzó por tu camino
y se perdió en la oscuridad,
como una nube que va de paso
para nunca regresar."

Eso dice la rumba *"Por qué sufrir"* escrita en su día por **Victoria Vallejo Romero**.

Ahora llega a mí la obra de Servando Repetto López, amigo entrañable, "Biografía artística de la sanluqueña Victoria Vallejo". 'Una figura entre las figuras', con su solicitud de que la prologue, a la que no puedo —ni debo—, por nuestra amistad negarme. Un poeta viejo y loco, como yo, prologando un libro de conocimiento, de búsqueda, de averiguación, de obtención de datos sobre unos hechos pasados, de archivo y de ordenamiento de los mismos, ¡madre mía!. Me vienen al pensamiento las palabras de Medina Azahara, o si se quiere Máximo José Khan, en su *"Cante jondo y cantares sinagogales"*: "aunque el historiador tiene que ser poeta, no conseguiremos historia sólo con poesía".

Un "pathos" prologando un "logos", sentimientos preludiando pensamientos, anarquía presentando orden, ¡tamaña discordancia!. Eso sí, dos hombres uniéndose para compartir de algún modo sus emociones sobre esta religión y modo de vida que es el flamenco, cántara repleta hasta su boca de sugestiones. Eso sí también, esta introducción me permite el sentirme solidario con Servando en esta magnífica investigación que ha realizado sobre la vida artística de **Victoria**, sentirme unido de alguna manera a su proyecto de guardar y conservar la memoria histórica y los pulsos de luz de semejante y tamaño lucero sanluqueño.

Victoria cantaora y bailaora, y **Victoria**, mira por dónde, también poeta. No hay, o no han podido ser encontrados, registros audiovisuales de ningún tipo relativos al arte de **Victoria**, excepción hecha de un puñado de fotografías que captan momentos de su vida, tanto privados como artísticos, pero que al ser fragmentos de un tiempo "detenido" no nos permiten avistar su talento, ser testigos de él. Pero lo vislumbramos, lo intuimos, gracias a que todavía se conserva memoria viva sobre ella en algunas personas y a que esas personas nos la han sabido transmitir.

"Embeleso de un ángel que taconea sobre arenas movedizas.
Remolino de palabras cantadas que ascienden en giros hacia la copa de las palmeras.
Torbellino de campanillas blancas segadas en las praderas de los sentimientos.
Tu propia mirada levanta el vuelo regio de los brazos.
La belleza acude a la llamada del giro de las manos.
Las nubes del arrebato son densas y oprimen nuestros alientos.
Renacemos contigo en vientos de poniente."

En esta tercera edición de la biografía de **Victoria Vallejo** incluye Servando, entre otras cosas, un apéndice final que contiene las *"Canciones y Coplas del Desamor"*, escritas por **Victoria** probablemente a lo largo de su carrera artística, lo cual me detiene para poder contemplar a través de su análisis sus experiencias sensuales y sentimentales, su estar "fuera de los escenarios", hablándonos como no puede ser de otra manera de su carácter y temperamento.

"Crónica de un desengaño" podría llamarse también este poemario … ¿por qué no?

La pasión amorosa de **Victoria** es, qué duda cabe, de un lirismo atroz y de una clara inspiración romántica. Su sensibilidad es exagerada, tal vez, desproporcionada, y por tanto atormentada. Su manifestación escrita es casi con entera exclusividad la derivada del uso de la primera persona del singular:

"Ay amor, amor, amor
cuánto te quiero,
ay amor, amor, amor
por ti me muero,
Ay amor, amor, amor
yo pierdo el sentío"

Ese exceso de pasión no impide que en determinados momentos aterrice en "suelo duro" y sea consciente de la verdadera realidad del amor como un producto de nuestros sueños y sentimientos con fecha de caducidad.

"Poco a poco me olvido de ti,
poco a poco el sufrimiento es menor,
poco a poco intento olvidar.
Si tu amor nunca ha sido sincero
ya no tiemblo al alejarme de ti
y tu ausencia ya no me conmueve,
ahora sé que ya puedo vivir
y decir que de amor no se muere."

Alegrías y duquelas conforman el panorama sentimental de **Victoria**. Diríamos que ambas conviven con total normalidad:

"Dos amores hay en mi vida
a los que he dado mi corazón,
dos amores y a ninguno
puedo decirle que no.
Uno es toda mi alegría,
el otro es pena y dolor
lleno de melancolía
que mata mi corazón."

Un libro siempre nos sorprende, siempre nos conmueve, es una nueva ventana abierta al mundo que nos rodea. Este paisaje sobre la vida artística de **Victoria Vallejo** nos puede hacer reflexionar sobre las relaciones que se dan entre el amor y las manifestaciones del arte.

Cabría el preguntarnos por la orientación sexual de nuestra protagonista, aunque ello para nada empezca a su concepto del amor o a la mayor o menor calidad de sus sentimientos y a como influyen ellos en su vida personal y artística.

El análisis de los poemas registrados en la SGAE números 4 (la rumba *"Ilusiones nuevas"*), 5 (el tanguillo *"Déjame quererte"*) y 6 (el bolero *"Tu amor"*), puede ser suficiente para pensar en un safismo, en un deseo entre mujeres. Las funciones constructivas y/o destructivas de los deseos eróticos se dan simultáneamente en la que habla, en **Victoria**, con una meridiana preferencia por los comportamientos destructivos en la contraparte, propios del universo femenino flamenco. En la dicotomía ocultar-pregonar, siempre presente en estos casos, los tiempos que corrían sólo permitían lo primero, y no sólo eso, sino que ya había que ser valiente para llevar a la acción sentimientos y deseos. También resultan reveladores unos versos del *"Déjame quererte"* y de las *"Sevillanas del encuentro"* que nos cantan:

"me das pares y nones
como si fuera, niña, un chiquillo"

"ibas tú muy sonriente
y muy bien acompañada."

Uno lee una y otra vez estas Canciones y Coplas del Desamor y piensa: *"Te das excesivamente a los demás, Victoria, al amor, y recibes en pago una moneda que estimas falsa, sin valor alguno"*. Tal vez el error esté precisamente en eso, en esperar un algo a cambio del amor.

Mejor que desamor, **Victoria**, desengaño. Las huellas de tus pies tanto sobre la arena de la playa de Bajo Guía, como en tus paseos, o sobre el polvo de los tablaos, en tu baile, nos hablan de desengaño, de penas de amor; de penas que invaden tu jardín y que tú profusamente riegas con agua de añoranzas.

Artista y filósofa, pesimista y atormentada por ese dolor del amor; ese dolor que tú misma sabes dulcificar algo con unas gotas de fatalismo andaluz. Conviertes el dolor en una rebeldía contra la vida y, ante ella, prefieres la huida hacia la soledad que no quieres compartir con nosotros. Tu arte lo habría hecho fácil.

Tú misma te lo cantas:

"¡Ay!,
si yo tuviera er való
pa soltarme estas caenas
y empezá una vida nueva
sin tanta pena y doló."

Desencanto, desengaño, fragilidad, … heridas y llagas … a las que sólo aplicas una ligera pomada de senequismo, remedio muy andaluz y muy flamenco, pero notoriamente insuficiente.

Sí, el senequismo ha llegado a constituir una de las piezas valiosas del tesoro patrimonial de Andalucía; su valor presencial y pragmático del "buen vivir", entendido como serenidad de ánimo, como templanza y actitud estoica ante los acontecimientos, le lleva a contentarse con lo que se tiene a mano. El fatalismo greco-romano y la sumisión musulmana son dos rasgos característicos profundamente enraizados en el pueblo andaluz y que le han llevado a una concepción típicamente existencialista de la vida.

Amor ilimitado truncado por el engaño. Contemplas el amor, Victoria, desde la amargura de sentirte la perdedora de la partida. Y lo aceptas, te sometes a tu propio convencimiento esencialmente fatalista; sientes que el tiempo erosiona los sentimientos y a partir de ahí se puede entender el arsenal de percepciones y sensaciones que te conducen al naufragio amoroso en un proceso que te convierte en ángel caído. Tu alma andaluza se encarga del resto, rechazando la acción y concentrándose en tu mundo interior.

Proceso amoroso largo el tuyo, **Victoria**; proceso de erosión y desencanto sentimentales al cual asistes con harto dolor, pero con el convencimiento de que a ti no te afecta, porque tus sentimientos los sientes indeformables.

Primero fueron las promesas, hermosas propuestas de realidades que nunca llegaban y que iban socavando los cimientos de la relación:

16

"Ya me cansé de escuchar
promesas y más promesas,
vamos a poner, serrano,
las cartas sobre la mesa."

"perdí la fe en tu queré
y fui un barco a la deriva."

Después, la amarga presencia de lo pragmático, la importancia del dinero, que va tintando en tonos áureos esa relación:

"seguí luchando por tu cariño,
pero el fuego del dinero
hizo cambiar tu destino."

"cómo es posible que por dinero
nuestro amor se terminara."

Y también después, el tiempo, la importancia del paso del tiempo en materia de sentimientos:

"El tiempo lo borra todo,
según dice aquel refrán,
a mi me quedó una herida
que nunca podré cerrar."

Finalmente, hay en ti, **Victoria**, una comprensión consciente del final del amor:

"Adiós ... adiós ... adiós,
hoy vengo a decirte adiós,
y para desearte suerte
porque sería una equivocación
estar juntos hasta la muerte."

"No puedo seguir viviendo
en esta triste soledad,
no puedo seguir fingiendo
entre mentira y verdad,
no puedo seguir mintiendo
y decir lo que no siento,
y tener que sonreír
cuando me muero por dentro."

Tu amor, **Victoria**, es un amor limpio, un amor despejado de cualquier asomo de despecho o de rencor, a pesar de su fracaso. No deseas ningún mal a tu amante, aunque le recuerdas que todo amor deja heridas indelebles en el alma. En ocasiones se te escapa alguna recriminación hacia la persona amada que tanto daño te ha hecho:

"Yo no quiero que te venga
del cielo ningún castigo,
ni que Dios te pida cuentas
de lo que hiciste conmigo."

"Pagarás caro tu engaño
por lo que hiciste conmigo
y donde quiera que vayas
mi recuerdo irá contigo."

"Pero te quiero advertir
que Dios te lo tendrá en cuenta
y cuando quieras vivir
se te cerrarán las puertas."

Un amor cargado de esperanzas de futuro, aunque en ocasiones tu visión de ellas sea pesimista:

"Yo sé bien que todo esto
no es na más que una locura,
que más tarde o más temprano
volverás a mí, criatura."

"Sé que tengo para siempre
las esperanzas perdías,
las esperanzas perdías,
y hoy daría por tenerte
lo que me queda de vida."

La realidad es que el juego del amor termina, y que ese final, esa muerte del amor equivale a una muerte también en tu vida:

"jugando con mi amor
no te das cuenta
que de llorar por ti
mi alma está muerta."

"Estoy entre cuatro paredes
como la que está cautiva,
mira qué pena más grande
que estoy muerta estando viva."

Te sientes sola, no querida, y sacralizas tu soledad henchida a reventar de amor. Tu amor habla de eternidades. A partir de ahí oyes tu destino como oyes las olas del mar o los gritos o graznidos de las gaviotas, como algo que te viene impuesto y que no puedes evitar.

Dentro de ti has descubierto un espacio, una oquedad, un hueco desierto y deshabitado, sediento del agua de una presencia imposible. Una inmaterial pero afilada navaja ha cortado el hilo de plata que te unía a los dioses; en el firmamento flamenco dejó de titilar un lucero, y tú creíste que era el tuyo. Y no lo dudaste, aun siendo tan joven te bajaste para siempre de los escenarios.

Seguirás buscando las raíces de tu pena, pero no a través de tu cante y de tu baile, sino mediante la pluma y el papel.

El desamor es como perder una vida. En la pérdida amorosa se produce un derrumbe interno de la persona. Esta ruptura conforma un momento clave de cualquier biografía y, por tanto, de la de **Victoria.** Como en todos los casos en que se produce esta pérdida, ella atravesaría un primer período de shock y, después, otro de adaptación a la nueva realidad que se le imponía.

Nada sabemos sobre la evolución de esa fase de adaptación ni la vía escogida para su resolución: o bien inició un proceso de duelo que le permitió elaborar emocionalmente la pérdida, o bien se sumió en la depresión y la melancolía al no conseguir integrar psíquicamente la pérdida, al no aceptarla, al no terminar por hacerse cargo de ella. Huye de la memoria y acaba en las llanuras de la nostalgia, lo cual sabemos que siempre supone un hundimiento, un descalabro.

Mucho me temo que esta segunda vía fue la elegida por **Victoria.** ¡Ojalá esté equivocado!, pues es una vía de mucho sufrimiento.

"te ofrecí mi corazón
pa los restos de mi vida,"

"Pero si un día me necesitas
y tú me llamas, yo aquí estaré,
como si nada hubiera pasado
y volveremos a empezar otra vez.

Te prometo, sentrañas mías,
por toa la vía hacerte feliz,
si tú me quieres como te quiero
seré tu esclava hasta el morir."

"tu amor solo me dio amargura
destrozando mi vida
para la eternidad."

"Si no te tengo a ti de qué me vale
el resto de la vida que me queda,"

Elucubraciones, muchas divagaciones, todo esto forma parte de una visión subjetiva de Victoria, mi visión; y eso es lo auténticamente maravilloso de los libros, que su texto entra en diálogo con todos y con cada uno de sus lectores, de nosotros. El universo biografiado se inunda de imágenes, unas parecidas, otras no tanto. Las vidas se tornasolan, se irisan, adquieren unos matices, todos tan necesarios para conformar el colorido del pasado.

Gracias Servando por invitarnos a pensar y a no olvidar a una artista sanluqueña sin par. Gracias por poner delante de nosotros caballetes, lienzos, pinceles y unas paletas de colores que ya las hubieran querido para sí pintores de renombre.

Gracias Servando por amar a Sanlúcar, a su cultura y a sus gentes, y por hacerlo con una fuerza similar a la de **Victoria Vallejo**, *"pa los restos de mi vida"*.

"No anidan los jilgueros
en la soledad de los desiertos,
alguien les dijo que los halcones
sobrevuelan las dunas del dolor.
Hay noches de cielos estrellados
que traen ecos de sus lejanos trinos."

José María de Diego
Sanlúcar, enero de 2024

Capítulo 1

Nacimiento e infancia

SU VENIDA A ESTE MUNDO

No hay biografía que se precie que no comience por aportar los datos exactos de la venida a este mundo de la biografiada. Es, aunque secundario, un dato importante para situar a la persona en el contexto histórico que le tocó vivir y que, sin duda alguna, influyó de manera principal en la formación de su personalidad, ya no sólo humana sino también artística. Efectivamente, humanidad y arte, dos caras, en definitiva, de una misma moneda, en las que intentaré profundizar en este trabajo. No voy a tener más remedio, pues, que ser maleducado, ya que dicen es de mala educación desvelar la edad de una señora, y pasar directamente a traer a la luz uno de los secretos mejor guardados por una mujer, como es la fecha de su nacimiento. Afortunadamente, o desgraciadamente, dirán ellas, contamos con un tremendo traidor, indiscreto revelador de estos secretos, que tiene por nombre Registro Civil, el cual, en esta ocasión, nos dice que el nacimiento de **VICTORIA VALLEJO ROMERO** ocurrió un 3 de Noviembre del año 1928, en la sanluqueña carretera del Cabo Noval. Fueron sus padres el albañil de 24 años Rafael Vallejo Tenorio y su esposa, Carmen Romero Agudo, que contaba entonces con tan sólo 22 primaveras. También los Archivos Parroquiales son unos empedernidos chivatos y, aunque lo normal es que sus confidencias coincidan de pleno con las del Registro Civil, no deja de ser bastante frecuente que no se pongan de acuerdo en sus revelaciones. Tal es el caso que nos ocupa, ya que hay discrepancias en cuanto a la fecha exacta del nacimiento. En el Certificado de Bautismo, nos encontramos con que **Victoria Vallejo** fue bautizada en la Parroquia de Santo Domingo el día de Nochebuena, 24 de Diciembre, de 1928, y se le puso por nombre **Victoria Aracelis**. Igualmente nos dice, y he aquí la discordancia anunciada, que nació un 28 de Octubre de 1928, es decir, 6 días antes de lo que nos indica el Registro Civil. El hecho, en sí, carece de importancia, a estas alturas imagino que a nuestra biografiada le dará igual ser 6 días más joven, o 6 días menos joven, pero como alguna fecha concreta de nacimiento hemos de tomar, optaremos por dar como válida esta última, la misma que **Victoria Vallejo** nos ha indicado y en la que, desde siempre, celebra su cumpleaños. Siguiendo con lo aportado por el Certificado de Bautismo, diremos que fueron sus padrinos: D. Manuel Rodríguez Vidal y Dña. Aracelis Soto Monge. De esta última, de su madrina, le vino a **Victoria** el añadido de Aracelis. Otros datos de importancia, revelados por el Archivo Parroquial, son los nombres y dos apellidos de los abuelos, tanto paternos como maternos. Y decimos de importancia porque es fundamental para elaborar el árbol genealógico de **Victoria Vallejo** y así comprobar qué hay de cierto en el supuesto parentesco del padre de nuestra biografiada con el cantaor Manuel Jiménez Martínez de Pinillo, "Manuel Vallejo" (Vallejo por el segundo apellido de su padre), ya que aquel alardeaba de ser primo del poseedor de la 2ª Llave de Oro del Cante Flamenco. A pesar de que el propio Vallejo llamaba a **Victoria** "sobrina", lamento tener que admitir que este extremo no se ha podido verificar a día de hoy, por lo que, de momento, habremos de ponerlo en cuarentena.

REGISTRO CIVIL DE SANLÚCAR DE BARRAMEDA

NUM 818

ESPAÑA

MINISTERIO DE JUSTICIA

Certificación Gratuita
(Ley 25/1986, de 24-12)

Nombre y apellidos (10)

REGISTRO (VALEJO)

Victoria

Vallejo

Romero

En Sanlúcar de Barrameda, provincia de Cádiz, a las *cuatro horas* del día *cinco* de *Noviembre* de mil novecientos *veinte y ocho* ante Don *Manuel de Soto y Díaz*. Juez Municipal de la misma y Don *Tomás C. Toraus Escalona*, Secretario se procede a inscribir el nacimiento de una(1) *hembra* ocurrido (2) ___, a las *cuatro horas* del día *tres* de *los corrientes* en *carretera* de *Cabo Noval*, número *—* piso *bajo* ; es hija(3) *legítima de* (4) *Rafael Vallejo Tenorio, natural de esta, de veinte y cuatro años, casado, el baúl, y de Carmen Romero Agudo, natural de esta, de veinte y dos años,*

nieta (5) *de José Vallejo Gómez, y de Francisca Tenorio Salas, y Juan M. Romero Ochoa y de Carmen Agudo Brunio;* y se le ponen los nombres de (6) *Victoria.*

Esta inscripción se practica en (7)*este Juzgado* en virtud de (8) *manifestación del padre;*

y la presencian como testigos D. *Juan Velázquez Ortiz* , mayor de edad, *casado* /domiciliado en *la calle* del *Forno* número *12*, y D. *Manuel López Macías* mayor de edad, *casado* domiciliado en *la calle* de *Rubinos* , número *19*.

Leída este acta, se sella con el de este Juzgado y la firman el Sr. Juez, con los testigos (9) *y el manifestante* de que certifico.

Rafael Vallejo

Juan Velázquez

Manuel López

Partida de Nacimiento de **Victoria Vallejo**. Registro Civil de Sanlúcar de Barrameda.-
Archivo: Servando Repetto López.

CERTIFICACION DE BAUTISMO

Parroquia: *Sto. Domingo*

Población:
SANLÚCAR DE BARRAMEDA

Diócesis de: Jerez de la Ftra.
Provincia de: Cádiz

Libro *11*
Folio: *207*
Número: *434*

Notas marginales.
No tiene

OBISPADO DE JEREZ DE LA FTRA.
V.º B.º

D. *Juan Mateos Padilla Pbro.*
Encargado del Archivo Parroquial de *Sto. Domingo*

CERTIFICA: Que según consta en el acta reseñada al margen, correspondiente al libro de Bautismos, D. *Victoria Aracelis Vallejo Romero* fué BAUTIZADO en esta Parroquia, el *24* de *Dic.* de *1928*, por D. *Rafael Escribano*

NACIO el día *18* de *Oct.* de *1928* en la calle *Cabo Noval* número *–* siendo natural de *esta*
Diócesis *Jerez* Provincia *Cádiz*
PADRES: D. *Rafael Vallejo Tenorio* natural de *esta* y D.ª *Carmela Romero Agudo* natural de *esta*

ABUELOS PATERNOS: D. *José Vallejo Gómez* y D.ª *Francisca Tenorio Salas* naturales de *esta*

ABUELOS MATERNOS: D. *Juan A. Romero Ochoa* y D.ª *Carmen Agudo Asencio* naturales de *esta*

PADRINOS: D. *Manuel Reyes Vidal* y D.ª *Aracelis Soto Monge* naturales de *–*

Sanlúcar de Bda., a *29* de *Sept.* de *200?*

Partida de Bautismo de **Victoria Vallejo**. Parroquia de Santo Domingo de Sanlúcar de Barrameda.-
Archivo: Servando Repetto López.

SU INFANCIA (entre la mar y el campo)

El destino quiso que **Victoria** formara parte de una familia humilde, como tantas y tantas, la inmensa mayoría, de aquella Sanlúcar de preguerra:

-Yo nací en el Cabo Noval, en un Hotel (1) grande que se llamaba entonces "Villa Fernanda". Todavía existe, pero con otro nombre, y en ese Hotel estaban mi padre y mi madre trabajando de guardas. Eso estaba cogiendo la carretera desde la Esquina del Cristo pa llegá a Bajo Guía, antes de llegar a los "Flechas Navales" (2) que estaba más palante, que recuerdo yo que me iba con los amiguillos a ver como toqueteaban cuando salían. Una de las veces que fuimos a Sanlúcar a trabajar pasé por allí y le dije a mis compañeras: mira, pues aquí nací yo.

Como era habitual en aquella época, y posteriores, tiene más contacto con sus abuelos y tíos maternos, con toda la familia de su madre, en suma, y para ellos son casi siempre sus recuerdos:

-Mis abuelos vivían viniendo de la Esquina del Cristo pa la playa, que había un bar que se llamaba Becerra, donde paraban to los marineros, bueno, po mi abuela, más abajo, tenía el campo. Ella era familia de "Juan Antonio" y mi tío Juan trabajaba en el Juzgado.

Por aquel tiempo, la entonces denominada carretera, que no avenida, del Cabo Noval, estaba en el extrarradio, bastante alejada de lo que se consideraba el núcleo urbano, por lo que **Victoria** pasa su primera infancia entre los dos paisajes más representativos de Sanlúcar: la mar y el campo. Salía de la casa de los guardas del Villa Fernanda y si tomaba hacía la derecha, a escasos metros, tenía la playa, la playa de Bajo de Guía, un torrente de vida y de bullicio en aquellos años, en los que aún se amarraban los barcos pesqueros frente a la Ermita de la Virgen del Carmen y se subastaba el pescado en la misma arena de la playa. Si torcía a su izquierda, tenía ante sus ojos las verdosas atunas de los vallaos que delimitaban los peculiares navazos (3) sanluqueños y donde, en uno de ellos, vivía su abuela materna, con la que sin duda pasaba bastantes horas del día jugando entre matas de tomates, sacos de patatas y gallinas negras, sí, esas gallinas negras de huevos blancos que ya no se ven. ¿Cuántas veces no se subiría **Victoria** a esa vieja morera, omnipresente en todos los navazos, con su blanco vestido y sus rosados labios, para bajar, harta de moras, con moradas boqueras y hábito de Nazareno? De seguro que ni éste le libraba de las palizas de su madre.

Al cabo de algunos años, sus padres dejaron el trabajo de guardeses en el Hotel Villa Fernanda, pasando el cabeza de familia a ejercer de pleno su oficio de albañil y la familia se traslada a vivir a una casa de vecinos, ya metidos en pleno casco urbano:

-Despúes nos fuimos a vivir a casa Rangel. Aquello era como un campo de fútbol, aunque no mu grande, pero tenía una buena casa y allí era donde vivíamos nosotros. Recuerdo que mi madre criaba gallinas, no se me olvida, y enfrente guardaban las artes de los barcos y allí los hombres cocían las redes. Por las noches nos poníamos a jugar al escondite entre las redes y los montones de artes de pesca.

Ya vemos que **Victoria Vallejo**, aunque viviendo algo más alejada del campo y de la playa, sigue creciendo entre vivencias marineras y rodeada de un ambiente típicamente campero.

Al colegio va poco, lo imprescindible para comer algo. Digo bien, comer, que no aprender, ya que **Victoria**, más lista que el hambre, y hambre tenía pa llená 100 trenes, se pasaba las clases haciendo travesuras hasta que terminaba castigada encerrada en un cuartillo, precisamente el cuartillo donde se colgaban los abrigos y, mira por donde, las bolsas con las meriendas que llevaban algunos niños, los que podían. Y no vea como se ponía **Victoria** de pan con chocolate.

Aprendió lo normal en una mujer, en una chiquilla de aquellos años: a leer, escribir, sumar, en fin, lo que se dice las cuatro reglas.

Para ella, desde chica, su vida era el cante, el baile, la fiesta. Nació ya con el compás metío en la sangre y esa gracia andaluza exclusiva de este rincón gaditano, adobada con la sal de los luminosos esteros del Guadalquivir, con el pimentón rojo de una sangrante puesta de sol en Bajo Guía, con el verde orégano de los pinos de la Algaida, con el amarillo oro de una copa de manzanilla, con la picardía del ajo y la pimienta de su barrio, con el regusto de su mijita comino, herencia de aquellos moros que por aquí anduvieron, con …, en fin, pa freírla y comérsela rebosada en gracia.

Allá donde hubiera un jolgorio, un bautizo, una celebración cualquiera, allí estaba **Victoria**, cantando y gastándose con el baile las pocas suelas que le quedaban a sus gastadas alpargatas.

Pronto se dio cuenta que algo llevaba en su interior que no podía aguantarlo dentro, que tenía que arrancarlo de sus entrañas, sacarlo a fuera y lanzarlo al aire en forma de cante o de zapateao. Era pura necesidad de expresar ese duende, esa gracia, ese arte espontáneo que los genes de tantísimas generaciones han ido conformando en esta Sanlúcar de nuestras entretelas y que, de vez en cuando, se meten en la sangre de esos seres privilegiados que luego llamamos artistas.

Lo que era para ella necesidad de expresión, brote espontáneo de su arte, se convirtió pronto en una manera de satisfacer otra gran necesidad, la de comer, la de sobrevivir. Es por eso que yo llamo a esta etapa de su vida **el arte de la supervivencia.**

Y es que la inmensa mayoría de las veces cantaba y bailaba únicamente por un poco de comida, y si alguna vez, encima, le daban tres perras gordas, entonces era la reina del mundo.

Su vida de todas maneras no era nada fácil, aunque, por tanta alegría como derrochaba, lo pareciera. Tenía que ayudar en las labores domésticas, cuidar de sus hermanos pequeños, e ingeniárselas para traer algo de dinero a la familia, ya que con el cante y el baile lo más que cogía era un poco de pan.

Una de las cosas que solía hacer era irse con su hermano a los campos de Trebujena y Lebrija, andando, a rebuscar uva que luego vendía en el barrio, en la Esquina del Cristo. En fin, penalidades y más penalidades. Pero ella tenía una alegría innata desbordante, unas ganas de vivir tan inmensas que eclipsaban la desgracia, disfrutaba tanto demostrando su arte, que pronto se olvidaba de todo y pasaba del llanto a la risa, a su cante, su copla, su baile. Se juntaba con Pepito Maestre, otro artista cantando pa rabiá y que si arte tenía en la garganta, más arte tenía en las manos cosiendo.

Más de una vez le hizo un vestío a **Victoria**. Al final terminó en Sevilla de modisto. Con Pepito Maestre se buscaba la vida en los chalets de la Jara, en casa de los señoritos, en esas fiestas que daban en verano y que **Victoria** y Pepito animaban con el arte y la gracia de dos chiquillos artistas que eran. Luego, tras actuar, les daban algo de dinero y las criadas los metían en la cocina, con aquellas alacenas llenas de to, de to lo que en sus casas no había, y se ponían como el kiko, se metían por los bolsillos todo lo que podían para que también comieran sus gentes y se volvían, de madrugada, andando solos por aquellas oscuridades de la carretera de la Jara.

Había días que se levantaba con unos nervios y una excitación fuera de lo normal, las horas se le hacían interminables, corría de allá para acá como desbocada, con la inquietud del que espera a la puerta del dentista, o en la cola del servicio un día de feria. ¿Qué le pasa a **Victoria** con tantos nervios, que parece el rabo una lagartija?

Ya está, por fin ha salío a la calle y de pronto se ha parao en frente del Teatro Principal y se ha queao más quieta que el agua un charco. Está como himnotizá. Esta chiquilla no está bien, parece que ha pasao de un ataque epiléptico a la rigidé de un muerto. ¿Y cual es la razón de to este desatino?, pues na, que hoy viene al teatro la Compañía de Manuel Vallejo, y no vea la de artistas que trae.

Eso era lo que tenía la niña, que hasta que no ha leío el cartel y ha visto que es verdá lo que le dijeron anoche, de que venía una Compañía, no se ha queao tranquila. Y ahí la tenemos, embobá, leyendo una y otra vez el cartelón que hay pegao en la paré del teatro.

Lo que se habla con uno mismo no se escucha, pero aquel día, de seguro que **Victoria** se gritó tan fuerte para sí misma que era eso lo que ella quería ser, artista, figura, que los que pasaron a su lao en ese momento debieron escucharlo perfectamente.

Desde entonces iba a ver todas las Compañías que venían a Sanlúcar, los artistas eran sus dioses, sus ídolos. Y su obsesión ser uno de ellos. Cuando llegaban las figuras, como le decían a los artistas, ella salía corriendo a la Estación de Ferrocarril a verlos, como la que iba a ver a unos extraterrestres. Luego de verlos se encogía de hombros y, algo desengañada, se decía: -*"pero sin son como nosotros, andan como nosotros, hablan como nosotros"*. Evidentemente, esos extraterrestres eran tan humanos como todos, tan terrestres como los caracoles.

Y es que, como su fantasía era infinita, ella no tenía otro modo de aprender, de andar en la realidad de las cosas, más que viéndolas y palpándolas. Como aquella vez que se pasó toda la noche del Sábado Santo sentada en la puerta de la iglesia de la Trinidad, porque había oído que esa noche el Señor resucitaba y ella quería ver con sus propios ojos como lo hacía. Cuántas horas al relente, acurrucada en el frío escalón de piedra de la puerta, imaginando a un Cristo flotando en el aire, con su larga melena suelta ondulando, envuelto en blanquísimo tul y saliendo volando por la puerta de la Iglesia en medio de un resplandor que parecía la iba a dejar ciega.

Como se habrá podido apreciar en lo escrito hasta ahora, y en lo que resta por venir, me he tomado la licencia, con vuestro beneplácito implícito, de escribir a ráfagas en lo que podríamos denominar *"sanluqueño de a diario"*, y hacerlo así tal como me fluye, sin entrecomillados ni nada. Y es que después de tantas conversaciones con **Victoria** en nuestro común idioma *"sanluqueño de a diario"*, se me hace pedante y lejano decir nada, en vez de na, herido por herío y mil ejemplos más. Ustedes sabrán disculpar mi atrevimiento.

Victoria Vallejo con su madre y una hermana pequeña en el paseo de la Calzada.
Archivo: Servando Repetto López.

Victoria Vallejo bañándose en Bajo de Guía con sus amigos de correrías y juergas flamencas, entre ellos "Pepito Maestre" (izquierda) y "Pepito Gil" (derecha).- *Archivo: Servando Repetto López.*

Victoria Vallejo y "Pepito Maestre" en la Calzada. El traje que lleva **Victoria** se lo había hecho Pepito que, pese a su corta edad, lo mismo cantaba que manejaba la aguja como un profesional.-
Archivo: Servando Repetto López.

Victoria Vallejo con una hermana pequeña y "Pepito Maestre", en el famoso Café de Martínez de la Plaza del Cabildo sanluqueña.- *Archivo: Servando Repetto López.*

Pero ese resplandor no era otro que el del sol de la mañana que daba ya de pleno en su cara, y la despertó. Se levantó, se sacudió, y se fue a su casa llorando. Lo malo es que no lloraba porque aquella puerta ni se abrió, ni salió por ella ningún Cristo resucitado, sino porque maldecía y se lamentaba de que se había quedao dormía y no lo había visto resucitar.

Victoria seguía empeñada en ser artista, era su única ilusión, comía, bebía, respiraba, en definitiva, vivía solo por cumplir su sueño y es por eso que, tal como veremos en el próximo capítulo, comienza desde muy niña a hacer sus pinitos artísticos trabajando en Sanlúcar en el Teatro Principal, en el Reina Victoria y en otros locales, incluidos los ambulantes que se montaban en verano en la Calzada y en donde se organizaban espectáculos, mayormente con artistas de la localidad.

Notas al Capítulo 1

1- En este caso, la palabra Hotel puede inducir a error si no la situamos dentro del contexto "veraneo en Sanlúcar" y en la época correspondiente, es decir, en las primeras décadas del siglo XX. Isidro García del Barrio nos lo aclara:

> "Se utilizó en Sanlúcar la palabra Hotel para designar las magníficas construcciones que surgieron, consistentes en una vivienda de lujo para una sola y por supuesto acaudalada familia, que se construían e instalaban en la línea de la costa o playa".

A partir, fundamentalmente, del año 1906, se promociona la ciudad y su veraneo desde el Ayuntamiento, con la cesión gratuita de terrenos en primera línea de playa, a familias adineradas forasteras con el fin de que construyeran aquí su residencia de verano. Estos terrenos estaban situados principalmente en dos zonas: lo que hoy es la Avenida que va desde Bajo de Guía hasta Las Piletas, y en la Calzada. También se construyeron algunos de los llamados Hoteles en el Cabo Noval, como es el caso del Villa Fernanda, que nos ocupa.

En total se construyeron más de 30 y fueron sus diseñadores los mejores arquitectos de la época, como el famoso Aníbal González (Exposición Universal de Sevilla de 1929), o el no menos famoso Gómez Millán, autor de varios Hoteles.

Tal fue la belleza de estos Chalet y la grandeza del veraneo en Sanlúcar de Barrameda, que fue llamada la "San Sebastián del Sur".

(Datos sacados de la revista anual "Sanlúcar de Barrameda", año 1993, artículo "Los Hoteles de la Playa", de Isidro García del Barrio Ambrossy).

2- Al poco tiempo del golpe de estado militar del general Franco, denominado con el eufemismo de Alzamiento Nacional, y que dio origen a nuestra guerra civil, se crearon por la "Falange Española de las JONS" unas organizaciones juveniles denominadas OO.JJ.

Dentro de estas organizaciones estaba la llamada Legión de Flechas, compuesta por niños y jóvenes, todos voluntarios. De esta Legión de Flechas se creó una sección Náutica a la que se denominó Flechas Navales, y cuyos integrantes eran instruidos en escuelas donde se les impartían fundamentalmente materias técnicas, ingresando con la categoría de grumetes y ascendiendo posteriormente, tras las correspondientes pruebas o exámenes, a las de marinero, patrón y, finalmente, contramaestre.

Este movimiento surgió en Baleares, extendiéndose luego por toda la geografía española, salvo a la zona "roja", evidentemente, en la que se iba implantando a medida que iba siendo ocupada.

Debido a la precariedad de medios de la Falange, pronto acudió en su ayuda la Armada, dotándose a los flechas, entre otras cosas, de uniforme muy similar a la de ésta.

En Sanlúcar de Barrameda no iba a ser distinto, siendo de tanta e importante tradición marina y marinera, por lo que se formó la correspondiente Legión de Flechas Navales, donde los niños y jóvenes sanluqueños, con vocación marinera, eran internados por sus padres para ser instruidos en las materias náuticas.

La escuela se ubicó en un edificio, con una bonita estampa semejante a un castillo almenado que, situado al final de la Avenida del Cabo Noval, hacía esquina con la de Bajo de Guía y que aún hoy día se conserva, ya que tras largos años de abandono y estado semirruinoso, ha sido totalmente restaurado, recuperando la prestancia de antaño.

En dicho batallón de Flechas Navales existía su correspondiente Banda de Cornetas y Tambores, que en multitud de ocasiones desfilaban por nuestra ciudad (Semana Santa, Virgen del Carmen, Virgen de la Caridad, etc.) con la alegría y el empuje propios de su juventud, levantando siempre una gran expectación.

Hemos de aclarar que los sanluqueños siempre hemos usado el mismo binomio "Flechas Navales", para referirnos igualmente al edificio que albergaba a la Institución, a las personas que la integraban, a la mencionada Banda de Cornetas y Tambores y a la Institución en sí. (Ejemplo: Al pasar por delante de los Flechas Navales (edificio), me dijeron los Flechas Navales (personas) que estaban en la puerta, que los Flechas Navales (Banda) estaban ensayando en el patio para tocar en la celebración del aniversario de los Flechas Navales (Institución). Espero no haber liado más la cosa en vez de aclararla.

(Libre interpretación del artículo de Internet titulado "Aquellos Flechas Navales", de Francisco Caballero Leonarte).

3- El "navazo" es una forma de cultivo hortícola, de explotación básicamente familiar, empleada únicamente en Sanlúcar de Barrameda y parte de su comarca desde el siglo XVIII, hasta los años 1960/70 que comienza su declive e inicia su transformación en los actuales cultivos de invernaderos, desapareciendo prácticamente de nuestra geografía local, salvo contados ejemplares que se mantienen en los Llanos de Bonanza y en la Colonia de Monte Algaida, como muestras orgullosas de lo que fueron.

Su situación es predominantemente costera, ya que, fundamentalmente, consistía en la transformación de esos inmensos arenales estériles, llamados dunas, que se formaron en la desembocadura del Guadalquivir, desde el "Castillo del Espíritu Santo" hasta el puerto de Bonanza, en fértiles planicies excavadas en profundidad hasta dejar el terreno cultivable a la distancia idónea de la capa freática para que las plantaciones se regaran de forma automática por capilaridad una vez desarrolladas sus raíces. Al inicio de la plantación el riego se hacía de forma manual aprovechando las aguas de dicha capa freática que afloraban en unas pozas creadas a propósito dentro del propio navazo y que se denominaban toyos.

Todo el perímetro del navazo estaba delimitado por el "vallao", que no era más que una espesa plantación de chumberas hecha en la parte superior de los bardos de arena amontonada y procedente de la excavación o formación del propio navazo. Entre las chumberas había siempre algún que otro frutal o morera y entre todos, además de impedir el paso de personas y animales, afianzaban los bardos de arenas, la estructura del navazo.

La principal propiedad del navazo era su micro-clima idóneo, ya que su peculiar forma le proporcionaba protección de los vientos, aprovechamiento al máximo de lo rayos solares y el mencionado sistema de riego, con lo cual se conseguía una abundante producción, más temprana y de mayor tamaño y calidad que la de los cultivos tradicionales en superficie.

Así gozaron de fama, que ha llegado hasta nuestros días, los cultivos navaceros de patatas, coliflores, tomates, lechugas, habas, guisantes, sandías, melones y otros muchos, menos importantes en cuanto a la superficie y frecuencia de siembra, que no en calidad.

(Interpretación libre de Artículo de Internet).

Capítulo 2

Cronología de su vida artística

Son innumerables las actuaciones de **Victoria Vallejo** durante su larga vida artística, pero tan sólo vamos a reseñar en este capítulo aquellas de las cuales hay constancia escrita: ya sea en la bibliografía consultada (1); en el material hemerográfico conseguido; o en los anuncios, publicidades y programas de mano de mi archivo, y los propios aportados por la biografiada.

Podemos decir, pues, que todas las actuaciones localizadas, y a las cuales hacemos referencia en este capítulo, no son más que la punta del iceberg, calculando un total de más de diez mil. Y todo eso sin contar con que el 90% de las veces hacía doblete, es decir, una actuación por la tarde y otra por la noche. Son, por tanto, incontables las que se han quedado en algún olvidado rincón de los archivos y hemerotecas de casi toda España y que no han logrado sacudirse el polvo del olvido y salir a la luz, algunas ocasiones por la desidia de ciertos funcionarios y otras veces, quizás, por la torpeza del que no ha sabido dar con ellas, que no es otro que el que escribe. Quiero aprovechar pues, este momento, tanto para dar las gracias como las quejas pertinentes: gracias a cuantos han contribuido a la formación de esta cronología de la vida artística de **Victoria Vallejo**, la mayoría no haciendo más que su labor de funcionario de archivos y bibliotecas, pero, aun así, es de bien nacido serles agradecido. Las mil y una quejas al 99% de los centenares de Peñas "Culturales" "Flamencas" (lo entrecomillo porque dudo muy mucho de que sus dirigentes tengan cultura y mucho menos que defiendan el flamenco) de toda España, y principalmente, aunque me duela, las de Andalucía y las de mi Cai de mi arma, que, habiéndoles pedido colaboración como aficionado e investigador flamenco, directamente pasaron del tema y usaron mis cartas como papel higiénico. Igualito, igualito hizo la Confederación Andaluza de Peñas Flamencas con los diversos escritos y correos electrónicos que le mandé a su Presidente quejándome al respecto. En fin, al menos tendrán la trasera bien limpia, ya que la conciencia, si es que saben lo que es, no deben tenerla tanto. Menos mal que, aún a pesar de gentes como éstas, el flamenco sigue adelante.

Estas últimas reflexiones y quejas están hechas y escritas en el año 2010, con motivo de la primera edición, he querido dejarlas tal cual las escribí en aquellos días pues en ese momento pensaba así, la situación era esa. Hoy día, afortunadamente, los dirigentes de las Peñas tienen mucha más preparación y conciencia de lo que es defender el flamenco.

Pero volviendo al tema que nos atañe, que son las múltiples actuaciones de **Victoria Vallejo,** he dividido esa larga carrera artística en tres etapas o épocas bien diferenciadas que nos ayudarán a conocer y profundizar mejor en la evolución ascendente que la misma sufrió.

Aclaro antes: la larga relación que sigue, aún reconociendo que puede resultar pesada y tediosa para la mayoría de los lectores, su inclusión es imprescindible por varios motivos: el primero y principal, demostrar cuántos miles de actuaciones realizó **Victoria**. Por cada una se le descontaba una cantidad de su caché para el pago de la Seguridad Social. Pues bien, cuando a **Victoria** le llegó el día de su jubilación y fue a arreglar los papeles, se llevó la desagradable sorpresa de que tan solo le constaban cotizaciones por 200 actuaciones. El empresario, o empresarios, de turno, se habían quedado con los dineros en vez de ingresarlos en la Seguridad Social. Cuando ella me lo contó, le prometí buscar y dejar constancia de cuantas actuaciones suyas me fuera posible. Ya no servirían para cobrar su pensión, pero sí para que todo el mundo supiera de su gran trabajo, de su vida dedicada al baile y al cante durante muchísimos años.

LA ÉPOCA SANLUQUEÑA (arte para la supervivencia)

Esta etapa comienza desde el momento en que **Victoria Vallejo** es concebida en el seno de su madre, pues estimo que desde ese mismísimo instante, se conformaron en ella los genes de la gracia, el arte y el duende flamenco que fluyen por la sangre de las gentes de esta tierra y que tan solo de vez en cuando afloran y se manifiestan en la personalidad de algún ser privilegiado, al que entonces llamamos artista y del que solemos decir que nació artista.

Este es sin duda el caso de **Victoria Vallejo**, pues desde muy chica, como hemos podido comprobar en capítulos anteriores, muestra esa natural predilección por exteriorizar sus sentimientos a través del cante y el baile.

Hemos subtitulado este primer estadio de su vida artística como "arte para la supervivencia", ya que, aunque en un principio su arte se muestra de forma espontánea y con el único fin de echar fuera, desde el fondo de sus adentros, ese sentimiento que al artista flamenco le ahoga e hierve en las entrañas y que hasta que no sale hecho cante o baile no la deja vivir; **Victoria** se da cuenta, como niña espabilada que era y picardeada por la necesidad, que puede convertirse, y de hecho se convierte, en un modo de llenar con algo sólido el estómago propio y el de su familia, tan inflados de aire por aquellos años de posguerra.

A continuación detallo las actuaciones de **Victoria Vallejo,** pertenecientes a esta época sanluqueña, que constan en mi archivo, indicando el año, título del espectáculo, así como fecha y lugar concreto de celebración del mismo, relación del elenco artístico y otros detalles aclaratorios.

1943.-

Título del Espectáculo: **"RELIEVES ARTÍSTICOS"**

02 de julio de 1943.- Contaba tan sólo 14 años y **Victoria Vallejo** actúa en el Teatro Reina Victoria de Sanlúcar de Barrameda, formando pareja con Pepito Gil en el espectáculo de variedades "Relieves Artísticos", bajo el apelativo de *"pequeña pareja flamenca"*. Son compañeros de cartel sus paisanos, artistas noveles, Paco Suárez "El Peluso Sanluqueño", Luís Molina, Pepe Vega "El Trompo", Isidro Muñoz, Manolo Casal "Niño Palanca" y otros, todos acompañados por la guitarra de José Pérez "El Tito"(en realidad era José Jerez).

16 de octubre de 1943.- Actuación de **Victoria Vallejo** en el Teatro Colonia, de Sanlúcar de Barrameda. Ver el cartel reproducido en la solapa derecha del libro.

31 de octubre de 1943.- Actuación de **Victoria,** nuevamente, en el Teatro Colonia de la "Colonia Monte Algaida" de Sanlúcar de Barrameda.

1944.-

Título del Espectáculo: "GRAN ESPECTÁCULO FLAMENCO"

Cartel sin fecha determinada. Actúa esta vez **Victoria Vallejo** en el Cine Rosales de Sanlúcar de Barrameda en un *"gran espectáculo flamenco"* presentado por el humorista local Toni Pala. Forma pareja en esta ocasión con "El Trompo" y le acompañan en cartel los artistas locales Paco Suárez, el Palanca y el bailaor Manolo Alfonseca.

1947.-

Título del Espectáculo: "RETABLO ANDALUZ Nº 3"

07 de junio de 1947.- Aparece en el espectáculo folclórico "Retablo Andaluz nº 3", celebrado en la Plaza de Toros de Sanlúcar de Barrameda. Ya **Victoria Vallejo** actúa bajo la dualidad de *"canciones y bailes"*. Le acompañan José Ferreira, Carmencita Muñoz, Dioni Balmes, Mary Díaz, José Maestre (su inseparable compañero), el Trompo, Fernando Fernández, Manuel Alfonseca y el guitarrista Isidro Muñoz.

01 de agosto de 1947.- Se celebra una gran fiesta flamenca en el Casino de la Junta Local de Fomento, presentando a las primeras figuras del espectáculo folclórico "Retablo Andaluz nº 3". En esta ocasión **Victoria Vallejo** encabeza el cartel como *"estrella regional andaluza"* y le siguen José Maestre, Dioni Balmes, Mª Pepa Delgado, José Jiménez "El Trompo" e Isidro Muñoz como guitarrista.

1948.-

Título del Espectáculo: "RETABLO ANDALUZ Nº 3"

27 de febrero de 1948.- En esta fecha se organiza una función benéfica "Pro-Frente de Juventudes", a celebrar en el Teatro Principal con la reaparición del espectáculo "Retablo Andaluz nº 3".

Esta vez **Victoria Vallejo** comparte cabecera de cartel con Encarnita Muñoz y José Ferreira, seguidos de un largo elenco local: José Mª Cuadrado, Mercedita Muñoz, Andresín Moreno, Dionis Balmes, Carmencita Muñoz, Rafael Pedrote "El Negri", José Pérez (El Tito, guitarrista), Pili Isla, J. Jiménez "El Trompo", Manuel Alfonseca, Lolita Hidalgo y Juan Montaño.

11 de junio de 1948.- Actuación de **Victoria Vallejo** en el Teatro Principal de Sanlúcar de Barrameda. Sigue la presentación del *Gran Espectáculo Folclórico Retablo Andaluz núm. 3.* En el cartel figuran todos sus paisanos citados en el anterior espectáculo de febrero y al que se le suma el célebre cantaor palaciego "Rerre de Los Palacios".

22 de julio de 1948.- En este verano de 1948 se instaló en la Calzada un teatro ambulante denominado "Teatro Continental". A continuación reproducimos, junto con los de las actuaciones anteriores, el cartel correspondiente a la actuación de esta fecha, cuyo texto es el siguiente:

"Hoy éxito de Encarnita Muñoz. La reina de la canción andaluza. El mayor éxito del NEGRO RAFAEL y toda la compañía. Actuación en colaboración de **Victoria Vallejo**, El Trompo, Alfonseca y Niño de la Botella, con sus buenos bailes. Todos hoy al Teatro Continental."

Victoria Vallejo en plena actuación, cantando en un teatro.- *Archivo: Servando Repetto López.*

Cartel del Teatro Reina Victoria de fecha 2 de julio de 1943. **Victoria Vallejo** tenía solo 14 años.-
Archivo: Servando Repetto López.

PARA ESTA NOCHE

GRAN ESPECTACULO FLAMENCO

Reaparición del gran humorista

TONI PALA

y un magnífico conjunto integrado por seleccionados
artistas entre los que figuran

Manolo Alfonseca bailarín
flamenco

La estupenda
pareja **Victoria Vallejo -- Trompo**

PACO SUAREZ bailarín
cómico

PALANCA cantador de
flamenco

Todos serán presentados por el inimitable

TONI PALA

que deleitará al público una vez más con sus graciosas intervenciones.

Como final darán comienzo los concursos organizados por esta empresa de artistas noveles, en el que podrán presentarse cuantos artistas lo
deseen de cualquier género, donándose un valioso premio en metálico.
El Jurado lo constituirá el público quien con sus nutridos
apláusos indicará quien ha salido vencedor.

Precios.-Silla, 1'75. - - Silla para niños, 1'00.

Los participantes podran presentarse a la hora del concurso, dando su
nombre en la dirección de este cine para trabajar enseguida.

CINE

ROSALES

Imprenta Rio.-Sanlúcar.

Cartel del año 1944 del Cine Los Rosales que se instalaba, los veranos, en el paseo de la Calzada.-
Archivo: Servando Repetto López.

A las 10 y ½ de la noche

Gran espectáculo folklórico
a base de las principales figuras

PRIMERA PARTE

RETABLO ANDALUZ Núm. 3

con la actuación de

Victoria Vallejo
Canciones y bailes

José Ferreira
Estilista

Carmencita Muñoz
Bailes

Dionis Balmes
Bailes

Mary Díaz
Bailes

José Maestre
Cantaor

José J. "El Trompo"
Bailaor

Fernando Fernández
Cantaor

Manuel Alfonseca
Bailaor

Isidro Muñoz
Guitarrista

Y DEMÁS ELEMENTOS DEL CONJUNTO

SEGUNDA PARTE

10 REGALOS AL PUBLICO, 10

consistentes en 5 entradas de Sombra y 5 de Sol

TERCERA PARTE

Desencajonamiento de los **6** magníficos ejemplares de la
acreditada ganadería de Don ANTONIO DE LA COVA BENJUMEA

Sillas 4 ptas.----Entrada general de tendido 2 ptas.

Cartel de actuación en la Plaza de Toros de Sanlúcar el día 7 de junio de 1947.-
Archivo: Servando Repetto López.

TEATRO PRINCIPAL
SANLÚCAR DE BARRAMEDA

Viernes día 27 de Febrero 1948

(PRO-FRENTE DE JUVENTUDES)

A las 10 y media de la noche

Reaparición del

RETABLO ANDALUZ N.º 3

con

Encarnita MUÑOZ   Victoria VALLEJO
JOSÉ FERREIRA

JOSÉ M.ª CUADRADO	MERCEDITA MUÑOZ
ANDRESIN MORENO	DIONIS BALMES
CARMENCITA MUÑOZ	Rafael Pedrote EL NEGRI
JOSÉ PEREZ	PILI ISLA
J. JIMÉNEZ "TROMPO"	MANUEL ALFONSECA
LOLITA HIDALGO	JUAN MONTAÑO

TONI PALA

Mtro. concertador: M. de DIEGO LARA—Director artístico: JUAN de la CRUZ
Maquinista: A. GALVEZ—Director de escena: JUAN DE ARCOS—Electricista:
J. SILVA—Representante: ALFONSO DE LA ISLA—Orquesta "TARTESSO"

¡¡El espectáculo que jamás se olvida!!

Butaca numerada .	10,00 ptas.	Grada primer piso .	4.00 ptas.
Platea	10,00 ptas.	Delantero segundo piso	3.00 ptas.
Delantero primer piso.	6.00 ptas.	Grada segundo piso .	2.00 ptas.

El mejor Coñac y la mejor Ginebra: G. DE ANGULO

SANTA TERESA-SANLUCAR

Cartel del Teatro Principal del 27 de febrero de 1948.- *Archivo: Servando Repetto López.*

Cartel de fecha 22 de julio de 1948 del Teatro Continental, instalado en Sanlúcar, en la Calzada. Es, posiblemente, una de las últimas actuaciones de **Victoria Vallejo** en Sanlúcar de Barrameda, antes de partir hacia Sevilla para iniciar su carrera artística.- *Archivo: Servando Repetto López.*

Una muy joven **Victoria Vallejo** en Brenes, tras una actuación. A su derecha Pepe Pinto.-
Archivo: Servando Repetto López.

LA ÉPOCA SEVILLANA (bolitos y más bolitos)

Es también una etapa oscura, ya que ninguna referencia escrita o documentada he podido localizar de la misma, salvo el testimonio de **Victoria Vallejo** y alguna que otra foto sin datar.

Se inicia con su llegada a Sevilla, tras su "huida" de Sanlúcar de Barrameda, allá por el año 1948. Contaba **Victoria** tan solo 19 años. Se aloja en casa de una señora que se hizo cargo de ella, con la correspondiente autorización por escrito del padre de **Victoria**, pues por aquellos años la mayoría de edad era a los 21 años. Dicha señora era natural de La Algaba y madre de las artistas Antoñita Romero y Manolita Rojas, las cuales actuaron en el verano de 1948 en Sanlúcar, posiblemente con el mismo espectáculo "El Chaval", con el que anduvieron ese 1948, entre otras, por tierras riojanas tal como podemos ver en recorte de prensa que aquí reproducimos publicado en el diario Nueva Rioja el 5 de febrero de 1948. La madre de Antoñita y Manolita convence a los padres de **Victoria** y se la lleva para que inicie su carrera artística lejos de Sanlúcar. **Victoria** empieza a cumplir su sueño de ser artista y llegar a figura del baile y la copla.

Y comienza a hacer bolitos y más bolitos, sin duda por pueblos y escenarios cercanos a la capital andaluza y de no mucha importancia artística. **Victoria** sigue su instinto natural, su inspiración y el arte con el que nació, para desenvolverse en los escenarios, aprendiendo sólo de la experiencia, sin pisar jamás una Academia, ni recibir una sola clase de baile o cante. Sus actuaciones, poco a poco, van subiendo de categoría a medida que **Victoria** va adquiriendo conocimientos y "tablas", hasta ir configurando su definitiva personalidad y verdadera categoría artística.

Empieza, pues, a madurar artísticamente, iniciándose en serio en el mundo de las Compañías en la del Niño de la Huerta, con la que por primera vez sale fuera de las fronteras andaluzas adquiriendo categoría ya de artista nacional. Con el de la Huerta estuvo tan solo durante una gira.

Posteriormente se une a la "trupe" del gran Manuel Vallejo, recorriendo varias provincias y llegando un día hasta Madrid, en donde **Victoria** aprovecha para examinarse y sacarse el carné de artista. Esto tuvo que ocurrir a principios del año 1950, pues el referido carné tiene fecha de 16 de marzo de ese año. Tampoco duró mucho con Vallejo, únicamente hasta finales de 1951. En estas primeras giras artísticas forma pareja con una de las hijas de la señora de La Algaba que la acogió en Sevilla, llevando por nombre artístico el de "Hermanas Romero".

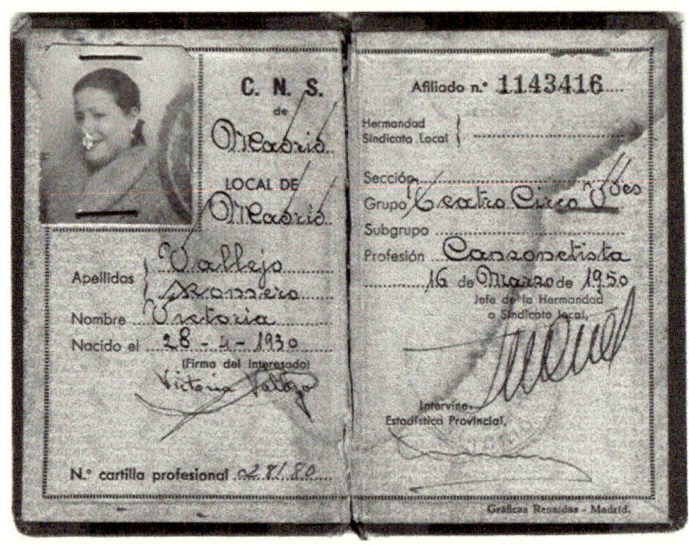

El 16 de marzo de 1950, tras examinarse, **Victoria Vallejo**, con 21 años de edad, obtiene el Carnet de Artista en Madrid, aprovechando una de las giras que hizo con Manuel Vallejo.- *Archivo: Servando Repetto López.*

HERMANAS ROMERO

Recorte de diario (posiblemente de 1950) en el que puede verse a la pareja de baile "Hermanas Romero", formada por **Victoria Vallejo** (derecha) y una de las hermanas Romero, artista algabeña.- *Archivo: Servando Repetto López.*

Foto de actuación de Victoria Vallejo (izquierda) en Burgos (posiblemente de 1950), en una de sus giras con Manuel Vallejo.- *Archivo: Servando Repetto López.*

De esta época sevillana de "bolitos", y la inmediata posterior, sólo se ha podido localizar alguna que otra foto, como la reproducida anteriormente y una única referencia sobre las actuaciones de **Victoria Vallejo**. En los carteles figura, como hemos dicho, formando parte del grupo, en realidad del dúo, "Hermanas Romero".

1951.-

Título del Espectáculo: "NOCHE DE COPLAS"

25 de octubre de 1951.- Actuación de **Victoria Vallejo** en el Cine Jardín de Sevilla.

Todos los detalles podemos verlos en el cartel que se reproduce en la página siguiente. A partir de aquí abandona las Compañías del Niño de la Huerta y de Manuel Vallejo, y es contratada por el representante Visconti para actuar en Jaén con el espectáculo de la Niña de Antequera, y comenzará su periplo por toda la geografía española.

Victoria Vallejo en su faceta de bailaora.- *Archivo: Servando Repetto López.*

CINE JARDIN

Jueves, 25 de octubre de 1951
A LAS 10 EN PUNTO
El mayor alarde presentado en España con todas
las figuras del cante y baile flamencos reunidas
en un mismo espectáculo

40 ARTISTAS, 40

SAAVEDRA
presenta

NOCHE DE COPLAS
con

Manuel Vallejo
Pura solera del cante flamenco

GUITARRISTAS:
Pepe Martínez
Antonio Marchena
Alberto Vélez
Paquito Leal

Niño de la Huerta
Indiscutible «as» del cante

Niña de la Puebla
Famosa creadora de los campanilleros

PIANISTAS:
Jaime García
Manuel Navarro

El Sevillano
Poeta del fandango

Cojo de Huelva
Creador del fandango campero

CARMEN MORA
Musa del baile gitano

LUQUITAS DE MARCHENA
Creador de las cantiñas modernas

Este espectáculo no se
presentará en otra pla-
za de Andalucía, ha-
ciéndolo solamente en
ésta y por una sola vez

ADELFA SOTO
La revelación flamenca de la temporada

¡¡UN ALARDE
JAMÁS CONOCIDO!!

MANOLO FREGENAL
De estilo propio

PELUSO ○ EL MARINERO ○ GUARINO
El dinámico flamenco — La voz de oro del cante flamenco — Cómico sin rival

Josete Waquer X Topolino X El Porteño
Artista de color — El famoso "chansonnier" español — Humorista

Hermanas Romero ○ Niño de Villanueva
Extraordinaria pareja de baile — Artista de Radio Nacional de España de Madrid

HERMANOS CORRIENTES
Pareja de baile

El orden de salida de los artistas no altera su categoría.-Debido a este gran conjunto, al espectáculo empezará a la hora en punto
Organización: GESTORIA DE ESPECTACULOS.- O'Donnell, núm. 7. Teléfono 22409.- Sevilla
Imp. ARUCCI.-San Luis, 52.-Sevilla.

Cartel del Cine Jardín de Sevilla, de fecha 25 de octubre de 1951. En él figura
la pareja de baile "Hermanas Romero" de la que forma parte **Victoria Vallejo**.-
Del libro: "Manuel Vallejo, vida y obra de una leyenda del flamenco", de M. Cerrejón y otro.

LA ÉPOCA NACIONAL (la "súper" vivencia del arte)

Lo de "Nacional" no tiene ninguna connotación política, queda claro que es más bien geográfica, pues de ahora en adelante no habrá región (por entonces no había autonomías), provincia, ciudad, ni pueblo de España que se quede sin ver, ni escuchar, los ecos sanluqueños de **Victoria Vallejo**. El subtítulo obedece a estimar que lo vivido por **Victoria Vallejo** en esta época fue una vivencia "súper", es decir, algo grande, extraordinario y fuera de lo normal, en el sentido más positivo y enriquecedor. También por contraposición a esa primera etapa sanluqueña en la que primaba más la supervivencia pura y dura, el arte como arma contra el hambre y la miseria. Miseria física y espiritual de la España de entonces, imperdonablemente aprisionada, achicada y acomplejada entre dos grandes miedos, entre dos implacables dictaduras: el franquismo y la Iglesia. Estoy plenamente convencido de que la calidad artística y, sobre todo, esas infinitas e innatas ansias, definitorias de **Victoria Vallejo**, de trabajar en el mundo del teatro y las variedades, la hubieran llevado, por sí sola, irremediablemente al triunfo. No obstante el destino le tenía preparada una pequeña, o gran ayuda. Dos personas fueron por tanto determinantes, claves, en la formación de esta tercera etapa, la de su plena madurez artística y personal, la definitiva. Una de ellas fue el empresario artístico Pascual Saavedra, que desde el primer momento vio en ella a una artista excepcional, es decir, un buen negocio, y no dudó un momento en incorporarla a sus famosos "Circuitos Saavedra" , en los que permaneció, ininterrumpidamente, durante años y años. La otra, no menos importante, fue la "Niña de Antequera", con quien tuvo la fortuna de tropezar, a principios de los años cincuenta, cuando ésta ya era una artista consagrada, una figura, y con la que, además de los lazos laborales propios de su profesión, mantuvo una estrecha e inseparable amistad que duró hasta la trágica muerte de la Niña el 28 de agosto de 1972. Es por eso que a partir de ahora, estamos ya en 1952, en todo espectáculo donde figura la Niña de Antequera, invariablemente, nos encontramos con la participación de **Victoria Vallejo**. Veámoslo:

1952.-

Título del Espectáculo: "NOCHE DE COPLAS"

<u>23 y 24 de octubre de 1952</u>.- Actuación de **Victoria Vallejo** en el Teatro Mora de Huelva. Según el periódico "Odiel" de Huelva, del 23 de octubre de 1952, en ésta capital se celebró un espectáculo en el Teatro Mora, el cual

> "... abrió su escenario después de un paréntesis de casi diez años", "una nueva representación del espectáculo "Noche de Coplas", con las artistas Niña de Antequera ("cante fino del bueno"), Mercedes Astillero ("con gran sentido del baile flamenco"), el gran guitarrista flamenco Pepe Martínez y gustaron mucho Carmen Astillero, **Victoria Vallejo**, Rosita Peña y Carmencita Rodríguez entre otros artistas".

En el mismo diario "Odiel" del siguiente día 24, encontramos nuevamente cartel anunciador del *"Último día, despedida de la Niña de Antequera"*, con su espectáculo "Noche de Coplas" en el Teatro Mora y en el que tenemos a **Victoria Vallejo** en *"canciones y bailes"* acompañada de la Niña de Antequera, Carmen Astillero, Mercedes Astillero, Rosita Peña, Carmencita Rodríguez y las guitarras de Pepe Martínez y José León.-

En la ilustración de la página 56 se reproduce el cartel al que nos referimos.

5 y 6 de noviembre de 1952.- Actuación de **Victoria Vallejo** en el teatro San Fernando de Sevilla. Apareció la publicidad del espectáculo en el diario ABC, con una breve y escueta reseña en el correspondiente al día 6:

"… por la noche hubo otro, de carácter folclórico en San Fernando. Se presentó la "Niña de Antequera" que nos cantó muy bien por "serranas"."

26 de noviembre de 1952.- Nuevamente vuelve **Victoria** a la capital andaluza, esta vez para actuar en el Nervión Cinema de la Gran Plaza sevillana. En el diario ABC de dicho día apareció la publicidad, en la sección "Cartelera".

1953.-

Título del Espectáculo: **"NOCHE DE COPLAS"**

Con este espectáculo **Victoria Vallejo** actúa, entre otras, en las siguientes localidades: Madrid, Barcelona, Valencia, Sevilla, Murcia, Albacete, Cartagena, Lorca, Huelva, Antequera. En junio de este año, **Victoria Vallejo** es testigo de la entrega a la Niña de Antequera de la "Banda del Estrellato" en el Circo Price de Madrid. Se la impone nada más y nada menos que la grandísima tonadillera y bailaora Amalia Molina, tal como podemos ver en la foto que se inserta a continuación.

30 de enero de 1953.- Actuación de **Victoria Vallejo** (*cancionera andaluza*) en el Cine Carthago de Los Alcázares (Murcia). Comparten cartel con ella Niña de Antequera, Carmen y Mercedes Astillero, Brock-Sole, Peddy, Rosita Durán, Carmencita Rodríguez, Adolf, Pepe Martín y la guitarra de José León. Todo ello según cartel sacado de la página web de "Todocolección", en el que por cierto aparece **Victoria** como *Romero*, en vez de Vallejo.

Amalia Molina (derecha) entrega la Banda del Estrellato a "La Niña de Antequera" (en el centro), en junio del año 1953.- *Archivo: Servando Repetto López.*

Foto de la fachada del Teatro con grandes dibujos de los artistas.- *Archivo: Servando Repetto López.*

CARTELERA

TEATRO MORA

HOY, viernes, 24
A las 7'30 y 10'45
U L T I M O   D I A
DESPEDIDA DE LA
NIÑA DE ANTEQUERA
La voz luminosa del cante
EN EL GRAN ESPECTÁCULO
NOCHE DE COPLAS

Carmen Astillero
Majestad de la canción
Mercedes Astillero
La musa del baile
Brock-Sole
Pareja de baile internacional
Victoria Vallejo
Canciones y bailes
Peddy
Polifacético
Rosita Peña
Bailarina
Carmencita Rodríguez
Cancionista
Adolf
El Fred Astaire español
Pepe Martínez
Concertista de guitarra
F. de la Marta
Dirección musical
José León
Guitarrista
Equipo microfónico: Radio Carmona. Decorado propiedad. Representante en ruta: F. JIMENEZ.
Taquilla desde las 2 de la tarde.

DE 1952

Gran Teatro

Desde las SEIS.
ULTIMO DIA de la gran producción

El ladrón de Bagdad

EN TECNICOLOR
No apta para menores.

CINEMA RABIDA.—A las cinco. Estreno de la producción 20 Century-Fox "Entre dos juramentos", por Joseph Cotten, Linda Darnell, Jeff Chandler y Cornel Wilde.
Tolerada para menores.

CINE ORIENTE.—A las cinco. "La mujer del otro", por Armando Calvo y "La rebelión de los fantasmas", por Gilbert Roland. No aptas para menores.

CINE ISLA CHICA.—A las ocho. "Yo soy tu padre", por Luis Sandrini y "Muchachas en libertad" por Jean Kent.
Toleradas para menores.

Encargue sus trabajos de
FOTOGRABADOS
en este periódico.

INFORMACION LOCAL

Recorte del diario "Odiel" de Huelva, del día 24 de octubre de 1952, en el que se anuncia el espectáculo "Noche de Coplas".- *Archivo: Servando Repetto López.*

26 de febrero de 1953.- Actuación de **Victoria Vallejo** en el Teatro Alcázar de Elche.

26 de marzo de 1953.- Por la publicidad aparecida en el diario ABC, tanto del día 25, como del mismo 26, sabemos de la presentación del espectáculo "Noche de Coplas" en el Teatro Álvarez Quintero de Sevilla, con la intervención de **Victoria Vallejo**. Por cierto que en cartel insertado en el ABC de ese 26 de marzo, nuestra artista figura como Victoria Romero.

06 al 15 de junio de 1953.- Actuación de **Victoria Vallejo** en el madrileño Circo Price. A la terminación de la representación del último día, el 15 de junio, es testigo de la entrega de la "Banda del Estrellato" (uno de tantos premios inventados por el sagaz empresario Pascual Saavedra con fines meramente comerciales y publicitarios) a la Niña de Antequera, se la impone la célebre artista sevillana Amalia Molina tal como podemos ver por foto publicada más arriba. En el diario ABC del 16 de junio podemos leer lo siguiente al respecto:

> "Se celebró anoche en el Price la función en homenaje y despedida a la compañía que ha venido actuando con el espectáculo "Noche de Coplas". Terminada la actuación de los distintos artistas que componen este programa, se procedió por Amalia Molina a la imposición de la "banda del estrellato" a la excelente cantaora "Niña de Antequera". Muchos aplausos premiaron todas las intervenciones, y finalmente el público dedicó una calurosa ovación a la homenajeada."

17 de julio de 1953.- En esta ocasión **Victoria Vallejo** actúa en Barcelona ante miles de espectadores en la Plaza de Toros las Arenas. Os dejo anuncio de La Vanguardia de dicho día 17 de julio:

> "Hoy viernes día 17 Noche a las 11 *El espectáculo sensacional del año* Noches de Coplas. Los divos del cante flamenco: Niña de Antequera, Niño de la Huerta, Niña de la Puebla, Niño de Barbate, Luquitas de Marchena y Niña de Dos Hermanas y otros formidables artistas de la ópera flamenca. Ballet flamenco Andalucía, 4 guitarristas y 15 bailaoras."

25 de julio de 1953.- Actuación de **Victoria Vallejo** en la Plaza de Toros de la Maestranza de Sevilla.

Se inaugura la temporada nocturna de La Maestranza con un espectáculo mixto de toros y flamenco en el que se lidiaron tres erales y un utrero. Termina con un grandioso fin de fiesta en el que Organizaciones Saavedra presenta el siguiente elenco, en el que acompañan a nuestra paisana: Niña de Antequera, Niña de la Puebla, Niño de la Huerta, Luquitas de Marchena, Niño de Barbate, Niña de Dos Hermanas, Chiquita Macarena, Toni Ceballos, Chiquito de la Cava, Mary Castuera, Manolita Florido, Hermanos Molina, Pilar Corrientes, Segundo Ramos, Francisco de la Marta, Isabel Escalona y las guitarras de Pepe Martínez, José León y Paco Ávila.-

29 de agosto de 1953.- Actuación de **Victoria Vallejo** en Granada, en su Plaza de Toros.

Se presenta en el coso granadino *El más grandioso alarde Espectacular de todos los tiempos"* y en donde **Victoria Vallejo**, *"cancionera flamenca"*, se codea con la Niña de Antequera, Niña de la Puebla, Niño de la Huerta (*"El As de Ases del cante flamenco que se* *despide de los públicos en la plenitud de su arte"*), Niña de Dos Hermanas, Niño de Barbate, Luquitas de Marchena, Manolita Florido, Chiquita Macarena, Hermanos Molina, Marisol de Castuera, el humorista Tony Ceballos, Chiquito de la Cava, Ballet Flamenco "Andalucía" y los guitarristas Pepe Martínez, José León y Paco Ávila. En el diario "Ideal" de la capital granadina, se publicó la correspondiente publicidad del espectáculo.

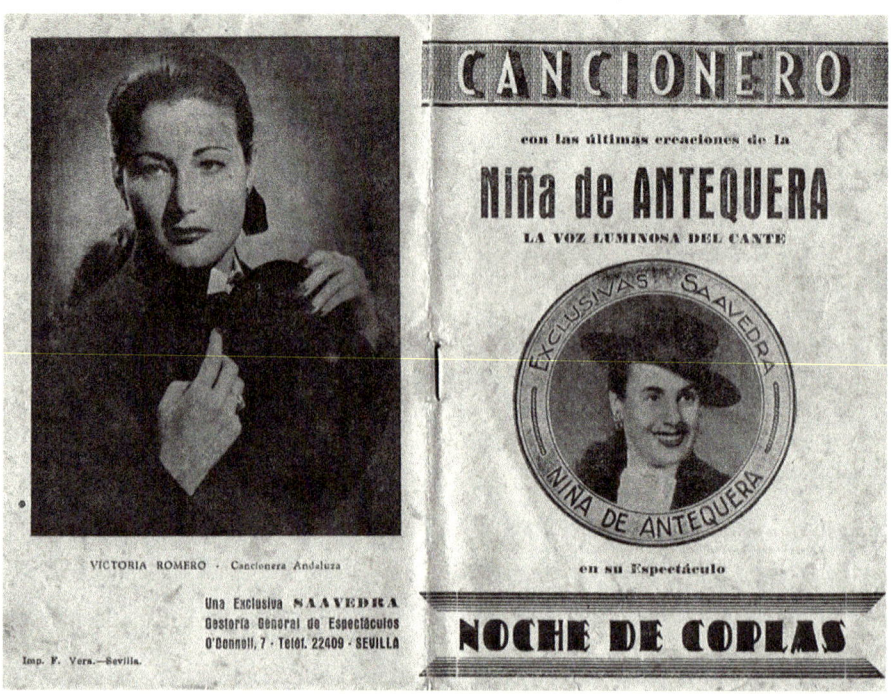

Cancionero de la Niña de Antequera, del espectáculo "Noche de Coplas", año 1953.
En contraportada foto de **Victoria Vallejo** (por error figura Victoria Romero, en vez de Vallejo).-
Archivo: Servando Repetto López.

Victoria Vallejo se ríe mientras a su derecha, a Juanito Valderrama y Pascual Saavedra parece no hacerles mucha gracia el chiste.- *Archivo: Servando Repetto López.*

Plaza de Toros de SEVILLA

SABADO-25 de Julio de 1953-SABADO
Con permiso de la Autoridad y si el tiempo no lo impide

Inauguración de la Temporada Nocturna
¡Sensacional y Espectacular Programa!

PRIMERA PARTE.—Lidia y muerte de **TRES ERALES**, de la acreditada ganadería de Don MANUEL GOMEZ, por los valientes noveles

ANTERO LORENTE
DE LA MACARENA

PEPIN GOMEZ
DE UTRERA, Y

JEAN CLAUDE DE PARIS
NOVEL DIESTRO FRANCES, QUE HACE SU DEBUT EN ESTA PLAZA

SEGUNDA PARTE.—Lidia y muerte de **UN UTRERO**, de la citada ganadería, por el AUTENTICO e INIMITABLE artista, único en su genero

Atohon Aughus EL INDIO APACHE
Jefe Indio, que burla toros bravos en los ruedos como burlaba búfalos y fieras salvajes en las praderas del Far West.

TERCERA PARTE: **7 GRANDES Y VALIOSOS REGALOS AL PUBLICO, 7**

1.º Viaje de ida y vuelta en 1.ª clase, estancia de una semana en hotel de 1.ª categoría en Cádiz y asistencia a la gran corrida de Toros del día 26 en dicha plaza.

REGALO VALORADO EN 2.000 PESETAS, (El agraciado podrá optar por el regalo o su valor en pesetas.)

2.ª Un valioso **RELOJ marca "CONTEX" obsequio de RELOJERIA SUIZA, Plaza Falange Española, 3, Concesionaria exclusiva de estos Relojes.**

3.º Una ARAÑA de cristal azul 4 luces, obsequio de CASA NUÑEZ, Rioja, 10.

4.º Una PESCADORA CREMALLERA para caballero y una ZAHARIANA niño, obsequio de SASTRERIA BURGOS, Avda. Queipo de Llano, 32.

5.º Un estupendo, formidable, fantástico y maravilloso BOLSO BLANCO, obsequio de la CASA DE LOS BOLSOS, Sierpes, 79.

6.º Un precioso JUEGO DE CAFE de 15 piezas, obsequio de ESTABLECIMIENTOS ALVAREZ, calle Tetuán.

7.º Una CAJA DE VINO SURTIDA, obsequio de BODEGAS CEPEJON, Chicarreros, 10.

¡PRECIOS POPULARISIMOS! — desde 5 PESETAS — ¡ENTRADAS!

CUARTA PARTE. = **GRANDIOSO FIN DE FIESTA**, con la PRESENTACION del formidable espectáculo **NOCHE DE COPLAS** con las celebridades flamencas

Niña de Antequera - Niño de la Huerta - Niña de la Puebla
Niña de Dos Hermanas-Niño de Barbate-Luquitas de Marchena-Victoria Vallejo, el gran guitarrista **Pepe Martinez** y el **Ballet Flamenco Andalucía** compuesto por afamados artistas del género.

SE INSTALARA UN POTENTE EQUIPO DE MICROS Y ALTAVOCES

A las ONCE de la NOCHE

PRECIOS de las localidades y sus impuestos

LOCALIDADES	Empresa		Contribución 5 por 100 Produccion y consumo 5 por 100 de Ceb.		10 por 100 de Ceb.		TOTAL
	Pts.	Cts.	Pts.	Cts.	Pts.	Cts.	Pts.	Cts.	Pts.
SOMBRA							
Barreras 1.ª fila	28	60	4	45	1	50	4	45	40
" 2.ª	24	30	3	90	1	30	3	90	35
" 3.ª	19	30	3	38	1	10	3	38	30
Tendidos	16	50	2	78		90	2	80	28
Billón de Tendidos	35	80	4	80	1	30	4	80	30
Gradas	11	10	1	68		66	1	70	16
1.ª fila de Palcos	25	90	4	80	1	30	3	90	35
" " "	14	80	2	90		78	2	70	20
Sillas de Palco especial	11	10	1	66		66	1	70	15
Palcos bajo 1 y 2	25	90	3	90	1	30	3	90	35
" " 3 y 8 vo	20	30	3	30		80	3	30	20
S O L								
Barreras 1.ª fila	11	10	1	66		66	1	70	16
Sol bajo y 1.ª fila bajos	7	10	1	46		65	1	16	10
Sol alto	3	70	1	65		20	1	50	5

Los señores abonados tendrán reservadas sus localidades en los despachos de la Empresa, calle Zaragoza 30, la víspera del espectáculo, de 10 a 1 y de 5 a 9, donde podrán adquirirlas a precios de cartel previa presentación del carnet; pasado este día se dispondrá libremente de ellas.

A las mismas horas de este día, podrán adquirirse por el público en general toda clase de localidades de las no abonadas.

El día del espectáculo estará abierto al público el mismo despacho, de 10 de la mañana a 1 de la tarde, y de 4 de la tarde a 9 y media de la noche, y en los de la Plaza de Toros, instalados en el Paseo de Colón, desde esta hora en adelante.

Los niños que no sean de pecho no podrán entrar sin billetes. Se tendrán vigentes las disposiciones del Reglamento y prevenciones de la Autoridad.

FINO **EL TORUÑO** Coñac **Mayorazgo**

SALVADOR GUARDIOLA, S. A.-Bodegas A. R. Ruiz, Hnos. fundadas en 1810.-JEREZ

Imp. Acuña, Placentines, 47-49-Sevilla

Cartel de la Plaza de Toros de Sevilla, de fecha 25 de julio de 1953.-
Archivo: Servando Repetto López.

Cartel de la Plaza de Toros de Granada, del día 29 de agosto de 1953.-
Del libro: "La Ópera flamenca en Granada", de José Guardia.

1954.-

Título del Espectáculo: "NOCHE DE COPLAS"

En este año **Victoria Vallejo** acompaña a la Niña de Antequera en el acto de la concesión a ésta de la "Medalla al Mérito Artístico". Se la entrega Pepe Marchena en el Circo Price.

11 al 13 de enero de 1954.- Nuevamente, actuación de **Victoria Vallejo** en el Circo Price madrileño, según leemos en la crónica aparecida en el diario ABC del 12 de Enero:

> "Entre los dos programas de circo que continúan la temporada de Price, María Barrull "Niña de Antequera", ha presentado su espectáculo "Noche de Coplas", en el que ella, sobre todos, y la guitarra de Pepe Martínez, llevan lo flamenco con garbo. **Victoria Vallejo** cantó, también, pero en otro tono, como cupletista, y Mercedes Astilleros fue la bailarina que afirma el conjunto. Un "cuerpo de baile" y otras figuras completan la velada, agradable para los aficionados, que no son escasos."

Título del Espectáculo: "TRIANA EN COPLAS"

13 al 27 de mayo de 1954.- Vuelve, como en otras muchas ocasiones, **Victoria Vallejo** al Circo Price de Madrid. Durante todos los días de actuación se anuncia el espectáculo tanto en la prensa madrileña como en la barcelonesa. Precisamente en La Vanguardia del día 22 de Mayo leemos:

> "Circo Price. 7 y 11 ¡Exitazo! "Triana en Coplas". Niña de Antequera, Niña de la Puebla, Centeno, Fregenal, Niña de Marchena, Peluso, Luquitas de Marchena, etc. 60 ases del género. ¡Precios popularísimos!"

Debido al éxito del espectáculo, a petición del público se prorrogó varios días más la representación en el Price, contratando la Compañía a 15 nuevos artistas, entre ellos Lola Carmona, Manuela de Ronda, Luis Rueda, Lucy Morales, Poeta Gitano, Topolino y otros.

En el diario ABC del 29 de mayo podemos ver la siguiente reseña extractada:

> "... Circo de Price un espectáculo de variedades, gitanas y andaluzas, calificado de fantasía folclórica. Con la Niña de Antequera, que ya había trabajado en el anterior espectáculo ofrecido al público en este mismo lugar, actuaron entre otros artistas del cante, el baile, el recital y la guitarra, el "Poeta Gitano", la cancionista Lucy Morales, las cantaoras Lola Carmona y Manuela de Ronda, el humorista "Topolino", el ballet flamenco La Giralda y el llamado galán cantante Luis Rueda. El heterogéneo espectáculo resultó entretenido y para todos los intérpretes hubo aplausos abundantes de un público cordial y sencillo apasionado en su mayoría por el cante jondo."

Título del Espectáculo: **"ASÍ CANTA ANDALUCÍA"**

03 de julio de 1954.- Actuación de **Victoria Vallejo** en la ciudad de Cartagena, en el llamado Cartagena-Parque El Copo.

10 y 11 de julio de 1954.- Barcelona recibe en sus plazas de toros, Las Arenas y Monumental, a **Victoria Vallejo** que actuará solo dos días junto a, nada más y nada menos, el estupendo elenco que se cita en anuncio publicitario y crónica insertados en el diario La Vanguardia del 9 de julio. Dice así:

> "Así canta Andalucía", el más grandioso conjunto flamenco del año, actuará el sábado por la noche en la Plaza de Toros Arenas, y el domingo, noche, en la Plaza de Toros Monumental. Tan solo dos actuaciones, con un elenco de artistas jamás igualado, ya que en ambas actuarán los nombres prestigiosos de Pepe Pinto, "Niña de Antequera", "Cojo de Huelva", Manuel Centeno, "Niña de la Puebla", Luis Rueda, y los grandes cuadros flamencos, con "Chiquita de la Casa" *(quiere decir "Chiquito de la Cava")*, "El Poeta Gitano", Melchor de Marchena y Pepe Martínez."

17 de julio de 1954.- Nuevamente, en la Plaza de Toros de Granada y organizado por Circuitos Saavedra, **Victoria Vallejo**, calificada como *"Perla de Andalucía"*, figura en el espectáculo "Así Canta Andalucía", encabezado por Pepe Pinto y la Niña de Antequera.

De la publicidad insertada en el diario granadino "Ideal", reproducimos a continuación todo el elenco:

> "Pepe Pinto, el caballero del cante; Niña de Antequera, la voz flamenca de Andalucía; Cojo de Huelva, el artista del momento; Niña de la Puebla, la insuperable artista flamenca; Manuel Centeno, el decano del cante grande; Luís Rueda, galán cantante; Lucy Morales, Maleni Torres, Lola Carmona, tres figuras de la canción andaluza; el Poeta Gitano, insuperable; **Victoria Vallejo** y Antoñita Machado, dos perlas de Andalucía; Pepe Martínez y Melchor de Marchena, dos primeros guitarristas, dos maestros; Cuadro Flamenco de Chiquito de la Cava, la solera del baile andaluz sin mixtificaciones; Manolo Carmona y Manuel Rojas, guitarristas"

01 de septiembre de 1954.- Actuación de **Victoria Vallejo** en Sevilla, en el cine La Gloria situado en la Gran Plaza. Por el ABC de ese mismo día podemos ver nómina de artistas:

> "La Gloria.- (Gran Plaza). A las 10 "Así canta Andalucía". Grandioso espectáculo de variedades flamencas presentado por Circuitos Saavedra y con la actuación de la insuperable Niña de Antequera y los no menos artistas de este arte Cojo de Huelva, Niña de la Puebla, Manuel Centeno, Niño de Barbate, Lucy Morales, el Poeta Gitano, Pepe Martínez, el Gran Baeza, y muchos artistas más. Autorizado."

Plaza de Toros de Granada

Sábado, 17 de Julio de 1954 - A las ONCE de la noche

Circuitos SAAVEDRA, presenta el más grandioso alarde espectacular presentado en España

Asi Canta Andalucía
CON
Pepe PINTO
El caballero del cante

Niña de Antequera
La voz flamenca de Andalucía

Cojo de Huelva
El artista del momento

Niña de la Puebla
La insuperable artista flamenca

Manuel Centeno — Luis Rueda
El decano del cante grande   Galán cantante

Lucy Morales - Maleni Torres
Lola CARMONA
Tres figuras de la canción andaluza

EL POETA GITANO
Insuperable

Victoria Vallejo - Antoñita Machado
Dos perlas de Andalucía

Pepe Martínez - Melchor de Marchena
Dos primeros guitarristas - Dos maestros

CUADRO FLAMENCO DE CHIQUITO DE LA CAVA
La solera del baile andaluz sin mistificaciones

Manolo Carmona - Manuel Rojas.- F. de la Marta
Guitarristas   Dirección musical

Equipos microfónicos: ANDALUCIA RADIO - Locutor: RIVERO - Regidor: CARMONA - Gerencia: MONTILLA - Maquinaria: A. NUÑEZ
Representante: FRANCISCO JIMENEZ

PRECIOS
Sillas de Ruedo . . . . . 14 ptas.
General de Tendido . . . . 8 id.
Especial de Tendido para
Señoras . . . . 5 id.

A la terminación del espectáculo habrá un servicio especial de tranvías para las líneas de Pinos Puente, Fuente Vaqueros, Gabia, La Zubia, Alhendín y Otura.

Por primera vez las máximas figuras de Andalucía reunidas en un mismo espectáculo

Cartel de la Plaza de Toros de Granada, del día 17 de julio de 1954.-
Del libro: "La Ópera flamenca en Granada", de José Guardia.

63

1955.-

Título del Espectáculo: "NOCHE DE COPLAS"

08 de enero de 1955.- En esta ocasión vuelve **Victoria Vallejo** a compartir cartel y escenario con el ganador de la Segunda Llave de Oro del Cante, Manuel Vallejo. Lo hace en Sevilla en el cine Nervión, tal como podemos comprobar por anuncio aparecido en el diario ABC de dicho día 8:

> "Nervión.- (Gran Plaza). A las 7'30 y 10'30. "Noche de Copla", grandioso espectáculo de variedades, con Niña de Antequera, Manuel Vallejo, Dora la Algabeñita, Carmen y Mario, Antoñita Machado y otros destacados artistas de este género. Autorizada."

28 de enero de 1955.- Actúa **Victoria** en Jijona (Alicante), según deducimos de los datos del reverso de la foto en la que aparece con Antonio Peana y la Niña de Antequera y que podemos ver a la izquierda.

El guitarrista Antonio Peana entre **Victoria Vallejo** y La Niña de Antequera en Jijona (Alicante), enero de 1955 (datos tomados del reverso de la foto).- *Archivo: Servando Repetto López.*

04 de junio de 1955.- Actuación de **Victoria Vallejo** en el Cine Victoria de Coria del Río, con Pepe Marchena y la Niña de Antequera como principales figuras.

09 de julio de 1955.- Otra vez se enfrenta **Victoria Vallejo** a miles de espectadores en la Plaza de Toros Las Arenas, de Barcelona. Esta vez con los artistas Pepe Pinto, Niña de Antequera, Manolo el Malagueño, el grupo Los Gaditanos y la novedad de la *"Colaboración especial de los locutores de Radio Nacional en Sevilla Manolo Bará y Aurelio de la Viesca"*. Podemos ver el anuncio correspondiente en el diario La Vanguardia de esa fecha.

16 al 19 de julio de 1955.- Allá que va **Victoria Vallejo** de Barcelona a Madrid, nuevamente al Circo Price. En la sección "Guía del Espectador" del diario ABC del 16 de julio leemos lo siguiente:

> " ¡Ya está aquí Pepe Pinto!. Con la famosa Niña de Antequera, Manolo"El Malagueño", Los Gaditanos, en el colosal superespectáculo *Así canta Andalucía*, 60 "ases" del género. Hoy, sábado, once noche. Cuatro únicos días. Circo Price. (Localidades desde 4 pesetas). Despáchase para los cuatro días."

23 de julio de 1955.- Actuación de **Victoria Vallej**o en la Plaza de Toros de Lorca, anunciándose el festival en la cartelería con el rimbombante título de *¡Las trompetas del triunfo pregonan la llegada de Los Reyes del Cante!*. Efectivamente allí estaban Pepe Marchena, Niña de Antequera, Manolo el Malagueño, Los Gaditanos y un largo etc. de príncipes y princesas.

28 de julio de 1955.- Y de la capital de España a Andalucía, a Sevilla concretamente, donde actúa **Victoria Vallejo** en el Cine Trinidad con la Niña de Antequera, Manolo el Malagueño, Los Gaditanos y 20 artistas más. Ver cartel en ABC del citado 28 de julio.

04 de agosto de 1955.- Seguimos en la capital andaluza y **Victoria Vallejo** se sube al escenario del sevillano Cine Alfarería, nuevamente con la Niña de Antequera, Manolo el Malagueño, Los Gaditanos y otros 20 artistas. Esta vez, al igual que sucediera en Barcelona, el espectáculo es presentado por los locutores Manolo Bará y Aurelio de la Viesca. Ver cartel en el diario ABC del mismo día 4 de agosto.

30 de agosto de 1.955.- Siguen los éxitos de las actuaciones de toda la Compañía y de **Victoria Vallejo** por todos los cines y teatros sevillanos, esta vez lo hace en el Trinidad, según leemos en ABC del día 30:

> "Trinidad. Hoy martes, a las 10,45 de la noche. A petición del público. Reposición del Gran Espectáculo Así canta Andalucía con Niña de Antequera, Manolo el Malagueño, Los Gaditanos, El Gran Peluso y 30 artistas más."

01 de septiembre de 1.955.- Actuación de **Victoria Vallejo** en el Salón Imperial de Écija.

Título del espectáculo: "TU CANTE Y MI CANTE"

05 de diciembre de 1955.- Nuevamente viaje de **Victoria Vallejo** a la ciudad de Barcelona. También allí hubo un Price. En la Hoja del Lunes de aquella capital, sección "Cartelera", encontramos lo que sigue:

> "Gran Price. Hoy noche, 10,45. Única representación de Pepe Pinto (El Caballero del Cante) y Niña de Antequera en "Tu cante y mi cante", con la colaboración de Feli Suárez, Los Gaditanos, El Gran Peluso, El Ballet de Chiquito de la Cava y un gran elenco de calidad."

10 y 11 de diciembre de 1955.- Actuación de **Victoria Vallejo** en el Teatro Municipal de Gerona. Según publicidad insertada en el diario "Los Sitios" de la capital gerundense, la empresa "Espectáculos Montserrat" presenta tres únicas actuaciones, dos el sábado día 10 y una última el domingo 11. El cartel lo componen Pepe Pinto, Niña de Antequera, Los Gaditanos, el Gran Peluso, Hnos. Moreno, Baeza, Antoñita Mairena, Carmen y Mario y el ballet de Chiquito de la Cava y sus Trianeras.-

19 de diciembre de 1955.- Tras la gran aceptación del espectáculo en Barcelona, a petición del público volvieron a actuar, **Victoria Vallejo** y demás artistas, en el Gran Price. El evento lo recoge la Hoja del Lunes barcelonesa del propio 19 de diciembre.

1956.-

Título del Espectáculo: "TU CANTE Y MI CANTE"

10 al 12 de enero de 1956.- Ya vemos este continuo ir y venir de **Victoria Vallejo** de Barcelona a Madrid y viceversa. En esta ocasión vuelve a actuar en el madrileño Price. Son varios los diarios que se hacen eco de la noticia, traemos aquí la crónica aparecida en el ABC del 12 de enero, en ella nos comentan:

> "Espectáculo folclórico en el Price. El martes se presentó en Price el espectáculo "Tu cante y mi cante", del cual es figura principal el popular Pepe Pinto, que con su peculiar estilo y mando "jondo", ofreció al público -según dijo- sus "nuevas grabaciones" al lado de sus creaciones más conocidas, y fue muy aplaudido. El resto del programa lo componen el trío flamenco "Los Gaditanos", los hermanos Moreno -con originales entrecruzamientos de guitarra-, la pareja de baile Carmen y Mario, las cancionistas **Victoria Vallejo** y Antonia Mairena, el "Gran Peluso" -que posee positiva gracia en la canción-, los guitarristas Melchor de Marchena y Antonio Peana -buenos sonantistas los dos-, Chiquito de la Cava y su cuerpo de baile y el presentador y narrador humorístico Antonio Baeza, que cumplió con gracejo y rapidez su cometido. De intento hemos dejado para hacer de ella párrafo aparte a la "Niña de Antequera", en la plenitud de sus facultades de "cantaora", con ancho aliento, con amplio registro, que entusiasmó al auditorio en todas sus intervenciones y que es, en el cante chico y en el grande, una figura digna de consideración y elogio. Para ella fueron las mayores y más merecidas ovaciones."

14 al 23 de mayo de 1956.- Por 8 únicos días vuelve el espectáculo "Tu cante y mi cante" al Circo Price madrileño y **Victoria Vallejo** sigue triunfando con sus bailes y sus coplas. De las varias reseñas aparecidas en los diarios de esos días, hemos de escoger la aparecida en el diario ABC del 16 de mayo, ahí va:

> "Tu cante y mi cante, en el Price. Se presentó en Price el espectáculo "Tu cante y mi cante", en el que son primeras figuras la Niña de Antequera, Los Gaditanos y Pablo del Río, que con otros artistas de la canción andaluza y flamenca fueron muy aplaudidos por el público aficionado a esta clase de expansiones folclóricas."

Título del Espectáculo: "ASÍ CANTA ANDALUCÍA"

21 de junio de 1956.- En esta fecha tiene lugar el debut del espectáculo en la Plaza de Toros de Valencia. En cartel anunciador figura **Victoria Vallejo**, en *"canto y baile"*, entre el *"reparto más espectacular de figuras"*: Pepe Marchena, Niña de Antequera, Manolo el Malagueño, Canalejas, Los Gaditanos, Hermanos Valderrama, Rafaela de Córdoba, María de Castro, Hermanos Moreno, Gran Baeza, Pepe Azuaga, las guitarras de Benito de Mérida, Tomás Moreno y Paco Gutiérrez, y el Gran Cuadro Andaluz, con Ignacia la Jerezana, Lola Gutiérrez, Carmen Macarena, Natividad Vargas, Concha Triana, Juanito Díaz y Enrique Moreno. En el diario valenciano "Jornada" del día 22 de junio de 1956 apareció, con el título de "Así canta Andalucía, un espectáculo de cante jondo en la Plaza de Toros", la crónica correspondiente de la que extractamos lo más interesante:

> "Compartieron las ovaciones con Marchena, la Niña de Antequera, veterana y magnífica intérprete del cante flamenco, con sus famosos fandangos y colombianas; Manolo el Malagueño, otro excelente cantaor; Canalejas; ese trío estupendo que son Los Gaditanos; los Hermanos Valderrama; Rafaela de Córdoba con sus bellas canciones andaluzas; María de Castro; **Victoria Vallejo**; hermanos Moreno; el humorista Baeza, excelente elemento; Pepe Azuaga y Manuel Montoro"

23 de junio de 1956.- Actuación de **Victoria Vallejo** en la Plaza de Toros (Coliseo Balear) de Palma de Mallorca. En la prensa de la capital mallorquina "Última Hora", "Diario Balear" y "Diario Mallorca" de los días previos, aparecieron los correspondientes anuncios del espectáculo de donde hemos sacado la nómina del elenco artístico, que estaba formado por: Pepe Marchena, Niña de Antequera, Manolo el Malagueño, Canalejas de Puerto Real, Los Gaditanos, Hnos. Valderrama, Rafaela de Córdoba, María de Castro, **Victoria Vallejo** (*"Canto y Baile"*), Hermanos Moreno, Gran Baeza, Pepe Azuaga, Manuel Montero, los *"concertistas"* de guitarra Antonio Peana y Benito de Mérida, las guitarras de Tomás Moreno y Pascual Moya, terminando un Gran Cuadro Andaluz.

A continuación reproducimos parte de la crónica aparecida en el "Diario Mallorca" del 22 de junio de 1956:

> "Este año, apenas aparecido el verano, ya se anuncia para la noche del próximo sábado, el primer acontecimiento extrataurino, lucha libre aparte. Nada menos que el gran espectáculo "Así Canta Andalucía", una síntesis por todo lo alto de los valores del cante y baile flamencos. Lo encabeza Pepe Marchena, el auténtico ruiseñor del cante andaluz, intérprete inigualable del repertorio flamenco. Por sí solo, sin acompañamientos, el Niño de Marchena es capaz de arrastrar tras de sí las multitudes. Pero no viene solo. A su lado la genial Niña de Antequera, diva inimitable de las canciones castizas del sur español. Con estas dos figuras, un cortejo de valores que puntea de categoría el espectáculo Así Canta Andalucía. No cabe duda de que el sábado por la noche, la legión de aficionados al género castizo llenará el ruedo y los tendidos del Coliseo Balear."

Igualmente, transcribimos a continuación la reseña completa aparecida en el diario "Baleares", de fecha 23 de junio de 1956:

"Para esta noche, a las 10,45, en la Plaza de Toros de Palma, se anuncia la presentación del llamado espectáculo "Así Canta Andalucía", en el cual figuran las más famosas figuras del cante y baile español. Las figuras grandes del espectáculo no necesitan de presentación, ya que figuran entre las mismas los populares Pepe Marchena, Niña de Antequera, Manolo el Malagueño, Canalejas de Puerto Real y el famoso trío Los Gaditanos. También forman parte del mismo los Hermanos Valderrama, una grata novedad con Rafaela de Córdoba en sus canciones andaluzas; la cantaora María de Castro; la bailarina **Victoria Vallejo**; los bailes (sic) Hermanos Moreno; el humorista Gran Baeza, los actores Pepe Zaga (sic) (quiere decir Azuaga) y Manuel Montoro y los guitarristas Antonio Peana, Benito de Mérida, Tomás Moreno y Pascual Moya, así como un Gran Cuadro Andaluz. Así Canta Andalucía, sólo actuará esta noche en nuestra Plaza de Toros, rigiendo precios populares, ya que habrá localidades a partir de siete pesetas."

26 de junio de 1956.- De las Baleares pasa **Victoria Vallejo** a Cataluña, esta vez es en el pueblo de Igualada, en su Círculo Mercantil, donde representa su función con el resto de artistas. Veamos lo que nos aclara la publicidad aparecida unos días antes en el periódico Igualada del 23 de junio:

"Martes, día 26, Tarde y Noche en Círculo Mercantil. Un colosal espectáculo que está recorriendo triunfalmente todas las principales ciudades de España y que el día 28 debuta en la Plaza de Toros de las Arenas en Barcelona, para pasar el día 30 a la Monumental de dicha ciudad. Así canta Andalucía con la primerísima figura del cante andaluz Pepe Marchena y las grandes figuras Niña de Antequera, Manolo el Malagueño, Canalejas del Puerto Real, Los Gaditanos formidable trío, Hermanos Valderrama y Rafaela de Córdoba y el Gran Ballet Las Trianeras, 5 bellísimas mujeres y dos formidables bailarines. 40 artistas 40."

29 de junio de 1956.- Actuación de **Victoria Vallejo** en la Plaza de Toros de Manresa.

30 de junio de 1956.- Actuación en la Plaza de Toros Las Arenas, de Barcelona, figurando **Victoria Vallejo** en el elenco con el subtítulo de *"canto y baile"* y actuando junto a Pepe Marchena, Niña de Antequera, Manolo el Malagueño, Canalejas, Los Gaditanos, Hermanos Valderrama, Rafaela de Córdoba, María de Castro, Hermanos Moreno, Gran Baeza, Pepe Azuaga, Manuel Montoro, las guitarras de Antonio Peana, Benito de Mérida, Tomás Moreno y Pascual Moya, cerrando el cartel un "Gran Cuadro Andaluz".

02 de julio de 1956.- Actuación, nuevamente, en la Plaza de Toros de Valencia. **Victoria Vallejo** es testigo, esta vez, de la entrega a Pepe Marchena de la "Medalla de Oro de Circuitos Saavedra". Amadrinaba dicha entrega la Niña de Antequera.

Las figuras más destacadas son: Pepe Marchena, la Niña de Antequera, Manolo el Malagueño, Canalejas, Los Gaditanos, hermanos Valderrama y Rafaela de Córdoba, *"y 20 figuras más del arte andaluz"*.

05 de julio de 1956.- Actuación de **Victoria Vallejo** en la ciudad de Alicante.

Anuncio en el Diario Baleares del 23 de junio de 1956.- *Archivo: Servando Repetto López.*

10 de julio de 1956.- Actuación de **Victoria Vallejo** en Almería, en la terraza del Tiro Nacional.

En el diario "Yugo" de Almería, de fecha 10 de julio de 1956, encontramos la publicidad del espectáculo *"con el reparto más espectacular de figuras del cante"*, tales como Pepe Marchena, Niña de Antequera, Manolo el Malagueño, Canalejas, Los Gaditanos, Hermanos Valderrama y *"un plantel de primerísimas figuras"*.

Al día siguiente, 11 de julio, en el mismo diario "Yugo", tenemos la crónica correspondiente, de la que entresacamos lo siguiente:

"Capitaneado por Pepe Marchena se presentó anoche en la terraza del Tiro Nacional un conjunto folclórico flamenco que a nuestro juicio es de lo más completo y notable que hoy existe en su género.", "… y un buen plantel de bailaores, tocaores y cómicos, que hacen del conjunto un espectáculo atrayente y divertido. Así lo estimó el público que abarrotó el amplio local y que premió con grandes aplausos la actuación de divos y divas de esta estupenda selección de variedades."

11 de julio de 1956.- Actuación de **Victoria Vallejo** en la localidad de Adra (Almería).

14 de julio de 1956.- Actuación de **Victoria Vallejo** en Murcia. En el diario murciano "La Verdad", del jueves 12 de julio, apareció anuncio correspondiente a este espectáculo:

"Próximo sábado. Un acontecimiento artístico verdaderamente excepcional. Las mejores figuras en el espectáculo folclórico triunfador ante todos los públicos. Así Canta Andalucía, con Pepe Marchena, Niña de Antequera, Manolo el Malagueño, Canalejas, Los Gaditanos, Hermanos Valderrama y un gran cuadro andaluz. 40 artistas. Cinco espectáculos en uno solo, presentado por Circuitos Saavedra. Único día de actuación."

17, 18 y 19 de julio de 1956.- Actuación de **Victoria Vallejo** en el Circo Price de Madrid. Como figuras estelares Pepe Marchena, que tan solo actuará dos días, el 17 y 18, la Niña de Antequera, Manolo el Malagueño, Canalejas, Los Gaditanos y Hermanos Valderrama. Amén de un sinfín de componentes más y un gran cuadro andaluz, hasta un total de cuarenta artistas. Durante la Gala del día 18, Boby Deglané le impone a Pepe Marchena el "Laurel de Oro" en nombre de la Peña de Artistas de Madrid. Y el día 19 le toca el turno a la Niña de Antequera, a la cual se le condecoró con la medalla al Mérito Artístico, instituida por Circuitos Saavedra, como la artista de más éxito del año. Dicha medalla le fue impuesta por Pepe Marchena, figurando como testigo del acto el torero Miguel Báez "Litri" y rodeado de todos los componentes del espectáculo "Así Canta Andalucía". A través del diario madrileño Dígame, podemos seguir la pista de tales reconocimientos y "condecoraciones": Así, en el de fecha 15 de julio de 1956, se nos anuncia:

"Pepe Marchena, al terminar sus dos únicas actuaciones los días 17 y 18 del actual en el Circo Price, de la capital de España, donde la Peña de Artistas de Madrid, le impondrá el Laurel de Oro, …"

y por otro lado:

"La Niña de Antequera. Después de sus grandes éxitos en las plazas de toros de Barcelona y Valencia, el día 19 de este mes, en el circo de Price, de Madrid, le será impuesta la medalla de oro de Circuitos Saavedra, siendo padrinos del acto don Juan Carcellés y Pepe Marchena."

Posteriormente, en el del día 17 de julio de 1956, leemos:

"Pepe Marchena reaparece hoy en el circo de Price de la capital de España. 2 únicos días de actuación. Boby Deglané impondrá al maestro de maestros Pepe Marchena el Laurel de Oro de la Peña de Artistas de Madrid."

Concluimos con el ejemplar del 24 de julio de 1956 en donde se da amplia cobertura gráfica y escrita al acontecimiento, bajo el título "A la Niña de Antequera":

"Después de tres días de llenos y aplausos apoteósicos, en la función del jueves por la noche le fue impuesta a esta famosa artista la medalla de oro al Mérito Artístico por los grandes éxitos conseguidos a través de sus triunfales actuaciones."

Ilustran la crónica varias fotografías en las que podemos ver, tal como ha quedado dicho, como Pepe Marchena le impone la referida medalla en presencia del torero Miguel Báez "Litri" y del empresario Pascual Saavedra, arropados por todo el elenco de "Así Canta Andalucía".

Circo Price, 19 de julio de 1956, Pepe Marchena hace entrega a La Niña de Antequera de la Medalla al Mérito Artístico. De izquierda a derecha: Antonio Peana (guitarrista), Miguel Báez "Litri", Canalejas de Puerto Real, Niña de Antequera, Pepe Marchena, Flores el Gaditano, Chiquetete (padre de Isabel Pantoja), Pascual Saavedra (empresario y promotor del premio), y al margen superior derecho asoma **Victoria Vallejo**.- *Archivo: Servando Repetto López.*

28 y 29 de julio de 1956.- Actuación de **Victoria Vallejo** en el Campo de Deportes Unión África Ceutí de la ciudad de Ceuta. Presentado por el locutor de radio Agustín Embuena y encabezado por los ases Pepe Marchena, Niña de Antequera, Manolo el Malagueño, Canalejas de Puerto Real y el trío los Gaditanos, el espectáculo se completaba hasta una treintena de artistas entre las que podemos citar a los Hermanos Valderrama, Rafaela de Córdoba, María de Castro, Hermanos Moreno, el Gran Baeza, Pepe Azuaga y los guitarristas Antonio Peana, Tomás Moreno, Benito de Mérida y Paco Gutiérrez. En el diario El Faro de Ceuta de fecha 29 de julio de 1956 y con referencia al espectáculo celebrado el día anterior, sábado 28, encontramos crónica de la que, bajo el título de *"Enorme éxito de Así canta Andalucía en el África Ceutí"*, podemos entresacar los siguientes párrafos:

"**Victoria Vallejo**, tan buena canzonetista como deliciosa bailarina y ... mujer que despide la sal a raudales el vuelo de su falda gitana", "El amplio espacio del campo de baloncesto del África Ceutí se hallaba anoche lleno hasta reventar y es que el espectáculo bien lo merecía".

Con posterioridad, en el número del día 31 de dicho diario, se publicó una extensa crónica sobre las representaciones de ambos días, de la que vamos a reflejar aquí lo que respecto a esta biografía nos atañe:

"Otra figura estelar de Así Canta Andalucía es la deliciosa bailarina y canzonetista **Victoria Vallejo**. Su juventud corre parejo con su arte, gracia y salero de Sevilla que, en Victoria, artista mil por mil, plena de genialidad y donaire, se funden como en un crisol. Su temperamento artístico, su cadencia y su ritmo, han de llevar a esta joven estrella a un puesto destacado en el género de la canción andaluza, en el que tenemos la seguridad que, en breve plazo, ha de destacar con potente luz propia. **Victoria Vallejo** es también una excelente rumbera y en este género hispano-americano como en el español, ha conseguido imponer su atractiva y juvenil figura", "Tanto **Victoria Vallejo** como los Hermanos Moreno podrían –a nuestro criterio- figurar en los carteles de propaganda del espectáculo, junto a las primeras figuras, porque su arte y sus cualidades escénicas bien lo merecen y puede que no transcurra mucho tiempo sin que los veamos encabezando espectáculos de primera magnitud" y por último "...el numeroso público que asistió a esta representación aplaudió sin reserva a los artistas, muchos de los cuales, ante la insistencia de los aplausos, se vieron precisados a bisar sus números"

02 de agosto de 1956.- Actuación de **Victoria Vallejo** en el Cine Trinidad de Sevilla capital. En la publicidad aparecida en la prensa se anuncia como *"Magno acontecimiento artísticos"*, *"el más grandioso espectáculo de todos los tiempos"* y a continuación el elenco artístico: Pepe Marchena, Niña de Antequera, Manolo el Malagueño, Canalejas, Los Gaditanos y los mejores artistas del género. Al día siguiente se publicó la siguiente crónica en el diario ABC, edición de Andalucía:

"Cine Trinidad. Presentado por Circuitos Saavedra, actuó anoche en este local un espectáculo íntegramente consagrado al cante flamenco, y en cuyo elenco figuraban diversas estrellas de tan popular arte, que hicieron las delicias del incondicional respetable que llenaba el Cine Trinidad. Encabezaba la compañía el cinematográfico y personalísimo Pepe Marchena, que interpretó sus más celebradas creaciones. Manolo el Malagueño cantó muy bien por diversos estilos, y a orquesta nos hizo oír algunas de sus creaciones difundidas por la radio. La Niña de Antequera, los Gaditanos y Canalejas hicieron gala de su dominio en terrenos del cante grande y el cante chico. Una buena velada, en suma, para los muchos aficionados al arte flamenco con que cuenta Sevilla."

31 de agosto de 1956.- Actuación de **Victoria Vallejo** en la Plaza de Toros de Cádiz. Al cante: Pepe Marchena, Niña de Antequera, Manolo el Malagueño, Canalejas de Puerto Real, Los Gaditanos, Hermanos Valderrama, Rafaela de Córdoba, María de Castro, Hermanos Moreno, el humorista Gran Baeza, los actores Pepe Azuaga y Manuel Montoro. Un Gran Cuadro Andaluz con: Ignacia la Jerezana, Lola Gutiérrez, Marisa Amado, Natividad Vargas, Concha Triana, Juanito Díaz y Enrique Moreno. Todo ello con las guitarras de Antonio Peana, Benito de Mérida, Tomás Moreno y Pascual Moya.

06 de septiembre de 1956.- Actuación de **Victoria Vallejo** *(cante y baile)* en el Cine Victoria de Coria del Río, según podemos ver en cartelito publicitario correspondiente.

29 de septiembre de 1956.- De "Cai" a Sevilla donde, en esta ocasión, en su cine Delicias de la Avenida de la Cruz Roja, interviene **Victoria Vallejo** junto al mismo elenco que actuó hace un mes en la Tacita de Plata. Ver ABC del día 28 de septiembre.

16, 17 y 18 de noviembre de 1956.- Actuación de **Victoria Vallejo** en el Teatro Apolo de Valencia. En crónica aparecida en el diario "Jornada" de Valencia de fecha 17 de noviembre, podemos leer lo siguiente:

"Ayer reapareció en el teatro Apolo un espectáculo que ya en su presentación alcanzó un buen éxito. Nos referimos al elenco de Así canta Andalucía en el que forman artistas de indudable interés como son el cantaor Pepe Marchena y los no menos notables Pepe Pinto, Niña de Antequera, Manolo el Malagueño y el conjunto de Los Gaditanos. Estas son las principales figuras de este espectáculo que anoche fue acogido con indudables muestras de agrado. Y es que la compañía, dentro del género que cultiva, lleva elementos de gran valía. Por otra parte en Valencia existe gran afición a la canción flamenca y esto motivó que la sala de Apolo registrase una magnífica entrada. Fueron, pues, todos los artistas que componen este espectáculo muy aplaudidos y estamos seguros que el éxito conseguido anoche se repetirá durante los tres días que esta formación actuará en el Apolo".

19 de noviembre de 1956.- Actuación de **Victoria Vallejo** en el Teatro Circo de la ciudad de Cartagena. Por cartel anunciador aparecido en el diario "El Noticiero" de Cartagena, de fecha 17 de noviembre de 1956, podemos ver los artistas que le acompañaban: Pepe Marchena, Pepe Pinto, Niña de Antequera, Manolo el Malagueño, Los Gaditanos y un gran conjunto artístico.

20 de noviembre de 1956.- Actuación de **Victoria Vallejo** en el Teatro Romea de Murcia.
Al día siguiente apareció, en el diario "La Verdad", la siguiente crónica:

"Anoche en Romea. Alcanzó un gran éxito, dentro de lo peculiar del género que se cultiva en esta clase de espectáculos el presentado por Circuitos Saavedra, en el que actuaron Pepe Marchena, Pepe Pinto, la Niña de Antequera, Manolo el Malagueño, Los Gaditanos; los guitarristas Melchor de Antequera (sic) (quiere decir Melchor de Marchena), Antonio Peana, Benito de Mérida; los hermanos Moreno, con canciones modernas; el humorista Baeza, y las canzonetistas Mari Tere Navarro, Antonia Mairena y **Victoria Vallejo**, con un ballet de arte español. Muy cuidada la presentación, destacando la actuación del Pinto y de la Niña de Antequera"

Curiosa foto de **Victoria Vallejo** (centro) en bañador con una amiga y su hermano Juan, al que colocó de mozo en la Cía. de la Niña de Antequera.- *Archivo: Servando Repetto López.*

Cartel de la Plaza de Toros de Cádiz, de fecha 31 de agosto de 1956.-
Archivo: Servando Repetto López.

22 de noviembre de 1956.- Actuación de **Victoria Vallejo** en el Gran Teatro de la ciudad de Elche.

Cartel del Teatro Principal de Alicante, de fecha 24 y 25 de noviembre de 1956.-
Archivo: Servando Repetto López.

24 y 25 de noviembre de 1956.- Actuación de **Victoria Vallejo** en el Teatro Principal de Alicante. Los principales artífices del espectáculo, según el programa de mano lanzado al efecto, eran: Pepe Marchena, la Niña de Antequera, Manolo El Malagueño, Los Gaditanos, la colaboración especial de Pepe Pinto, las guitarras de Melchor de Marchena, Antonio Peana y Benito de Mérida; Hermanos Moreno, Mari Tere Navarro, Antonia Mairena, el Gran Baeza y un gran Ballet de Arte Español. En el diario alicantino "Información" del día 25 y firmado por Contreras, apareció la crónica de este espectáculo y del que reproducimos algunos retazos:

"Así Canta Andalucía" es un espectáculo con suficientes atractivos para llenar las exigencias del más extremado gustador del arte flamenco", "No es de extrañar, pues, que una atmósfera de apasionamiento se apoderara del salón desde que el telón se alzó por primera vez hasta que descendió definitivamente".

Y termina comentando:

"Ni que decir tiene que los aplausos abundaron y que el público salió satisfecho del espectáculo".-

27 de noviembre al 03 de diciembre de 1956.- Actuación de **Victoria Vallejo** en el Poliorama de la ciudad de Barcelona. De reseña aparecida en el diario madrileño Dígame, del día 11 de diciembre de 1956, sabemos de otro de los múltiples reconocimientos que tuvo la figura estelar del espectáculo:

"Pepe Marchena, el maestro de maestros, fue agasajado el pasado día 2 con un vino de honor por la crítica de Barcelona. En la concurrencia figuraban el famoso pianista Arturo Rubinstein, los señores Balañá, …"

06 de diciembre de 1956.- Actuación de **Victoria Vallejo** en el Teatro Principal de Castellón de la Plana.

07 al 10 de diciembre de 1956.- Actuación de **Victoria Vallejo**, nuevamente, en el Teatro Apolo de Valencia. En el diario Jornada, edición del día anterior, 6 de diciembre, aparece cartel anunciando estos tres únicos días de actuación.

11 al 18 de diciembre de 1956.- Actuación de **Victoria Vallejo** en el Teatro La Latina de Madrid. Los principales artistas que conformaban la Compañía eran Pepe Marchena, la Niña de Antequera, Pepe Pinto, Manolo el Malagueño y Los Gaditanos. A continuación reproducimos un trozo de la crónica aparecida en el diario "Dígame" de fecha 18 de diciembre de 1956:

"Triunfó, una vez más, Pepe Marchena, como triunfaron todos los artistas que llenan el espectáculo Así Canta Andalucía, pues, como hemos dicho, las salvas de aplausos fueron continuadas y el público no cesó en sus demostraciones de satisfacción por la presencia de las descollantes figuras del arte jondo."

25 de diciembre de 1956.- Actuación de **Victoria Vallejo** en el Teatro Andalucía de la ciudad de Cádiz. En el "Diario de Cádiz" de la fecha, encontramos que el espectáculo tenía tres puntos de apoyo principales: Niña de Antequera, Pepe Pinto y Pepe Marchena. En cuarto término estaban "Los Gaditanos". De la Niña de Antequera dice que fue la más vibrante y que cantó con orquesta la popular copla "Con los bracitos en cruz" de una forma perfecta.

28 al 31 de diciembre de 1956.- Actuación de **Victoria Vallejo** en el Gran Teatro Cervantes de Sevilla. Del anuncio publicitario aparecido en la prensa ese mismo día, podemos destacar que *"por primera vez en su larga y fecunda vida artística, unidos, cantan en Sevilla Pepe Marchena, Pepe Pinto y la Niña de Antequera."* Como figura igualmente destacable, se unían a ellos Los Gaditanos. También figuraban en el plantel el humorista Gran Baeza, las Hermanas Moreno (error, es Hermanos Moreno), Mari Tere Navarro, Antonia Mairena, el gran ballet de Juanito Díaz y las guitarras de Antonio Peana, Benito de Mérida y Manolo Molina. A continuación transcribimos los párrafos más significativos de la crónica aparecida el 29 de diciembre de 1956 en el diario ABC, edición de Andalucía:

"Pocas veces se puede reunir en un espectáculo un trío de ases del cante como el que Circuitos Saavedra presentó anoche en esta sala." "… la finura de las Hermanas Moreno, cancionistas modernas; figuras como **Victoria Vallejo**, Mari Tere Navarro, Antonio Mairena (sic) (error, es Antonia Mairena) y el gran ballet de arte español de Juanito Díaz. Que así es el espectáculo de variado y atrayente Pero, sin duda, como es lógico, la máxima atracción la constituyen el famoso Pepe Marchena, que cerró la primera parte, y Pepe Pinto y la Niña de Antequera, que actuaron en la segunda" Para terminar el cronista Gil de esta manera: "Un excelente espectáculo, genuinamente flamenco, y una desusada intervención de tres figuras del género. Los aficionados al cante tuvieron una sesión pródiga en estilos"

1957.-

Título del Espectáculo: "ASÍ CANTA ANDALUCÍA"

01 de enero de 1957.- Último día de actuación de **Victoria Vallejo** en el Gran Teatro Cervantes de Sevilla. Es el quinto y último, desde que empezara el 28 de Diciembre del año anterior.

03 de enero de 1957.- Actuación en el Teatro Victoria de la localidad de Nerva (Huelva), donde **Victoria Vallejo** *(canto y baile)* comparte cartel junto con las siguientes figuras: Pepe Marchena, Niña de Antequera, Los Gaditanos, la colaboración especial de Pepe Pinto, Hermanos Moreno, Mari Tere Navarro, el Gran Baeza, Antonia Mairena, con las guitarras de Antonio Peana, Benito de Mérida y Manolo Molina, además del Gran Ballet de Arte Español, de Juanito Díaz, con Loli Vargas, Dolores Arroyo, Maruja Galisteo, Lola Vargas, Pili Navarro, Carmen Marchena, Luís Vargas y Manolo Moreno.

Cartel del Teatro Victoria, Nerva, de fecha 3 de enero de 1957.- *Archivo: Servando Repetto López.*

27 de enero de 1957.- En este día, domingo, **Victoria Vallejo** participa en una comida celebrada en la localidad de Marchena, en homenaje al "maestro de maestros" Pepe Marchena, organizada por don Manuel Montes en nombre de la "Peña Marchena". Acuden personalidades de todos los ámbitos: profesionales, políticos, artistas, gentes del mundo del toro, empresarios y un largo etcétera del que destacamos a los siguientes: Juan Belmonte, Rafael el Gallo, Antonio Márquez, Conchita Piquer, la Niña de Antequera, Gracia de Triana, Pedro Balañá, Álvaro Domecq, Domingo Ortega, Pascual Saavedra, Pepe Pinto, Canalejas de Puerto Real, Rafaela de Córdoba, María de Castro, Manolo el Malagueño, Niño de la Huerta, Los Gaditanos, Hermanos Moreno, Benito de Mérida y Aurelio de Cádiz.

Título del Espectáculo: **"ASÍ CANTA ANDALUCÍA"**

20 de febrero de 1957.- Actuación de **Victoria Vallejo** en la ciudad de Liria (Valencia). Según cartel del espectáculo, que se reproduce en la página siguiente, le acompañan Pepe Pinto, La Niña de Antequera, Los Gaditanos, Hermanos Moreno, Mari-Tere Navarro, Antoñita Mairena, el Gran Baeza, el Gran Ballet de Arte Español de Juanito Díaz, acompañados todos a la guitarra por Antonio Pena y Manolo Martínez.

12 de marzo de 1957.- Actuación de **Victoria Vallejo** en Elda (Alicante).

Díptico del espectáculo "Así Canta Andalucía" en el Teatro Banda La Primitiva, de Liria (Valencia), de fecha 20 de febrero de 1957.- *Archivo: Juan Rondón Rodríguez.*

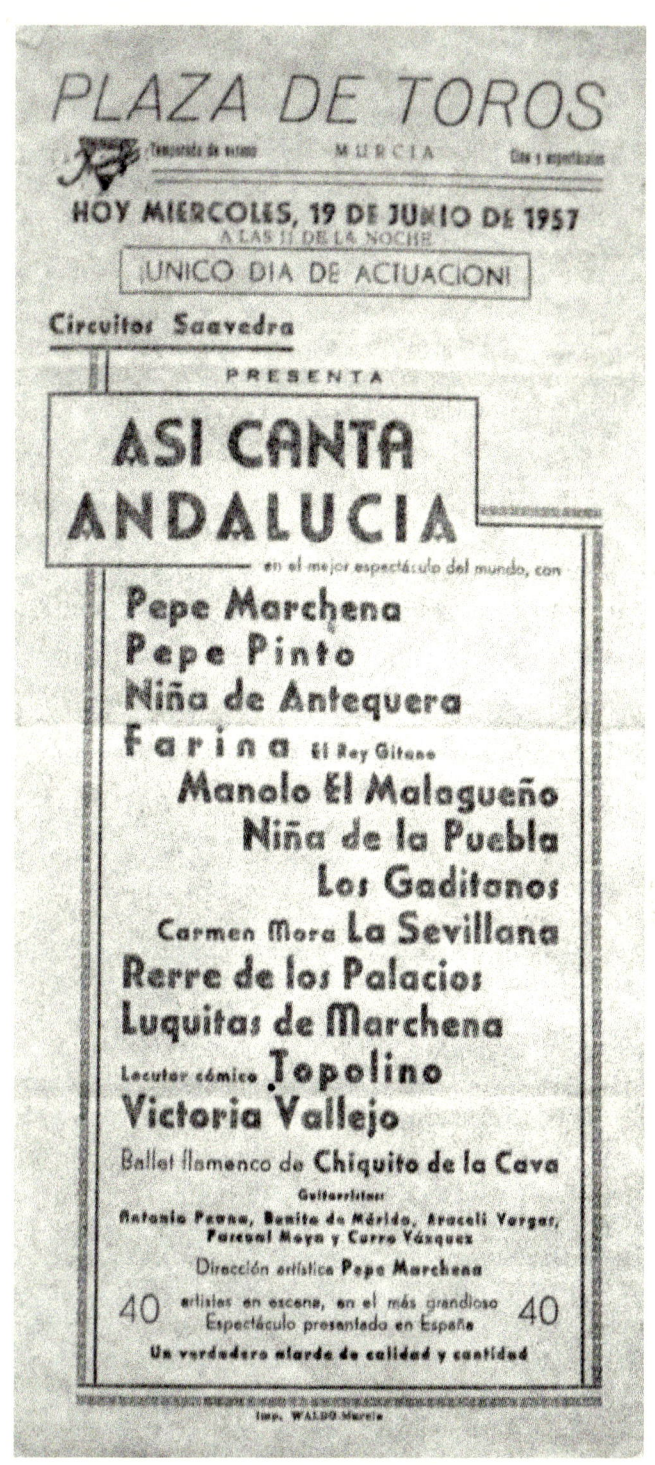

Cartel de la Plaza de Toros de Murcia, espectáculo "Así Canta Andalucía", del 19/06/1957.-
Archivo: Servando Repetto López.

81

18 de junio de 1957.- Actuación de **Victoria Vallejo** en la Terraza Imperial de la ciudad de Almería. La relación de artistas podemos verla en el anuncio aparecido en el diario almeriense "Yugo", del 16 de junio de 1957 y que era la siguiente: Pepe Marchena, Niña de Antequera, Pepe Pinto, Farina, Manolo el Malagueño, Niña de la Puebla, Los Gaditanos, Carmen Mora "La Sevillana", Luquitas de Marchena, Rerre de los Palacios y otras figuras del cante flamenco. Reproducimos a continuación la sucinta crónica aparecida en "Yugo" el día 19 de junio de 1957 y que es del tenor siguiente:

> "En función única, Circuitos Saavedra presentó anoche, en la Terraza Imperial, su espectáculo Así canta Andalucía, participan en él renombradas figuras del cante andaluz. Son los más destacados Pepe Marchena, Niña de Antequera, Pepe Pinto, Farina, Manolo el Malagueño, Niña de la Puebla y Los Gaditanos, quienes, con su auténtico arte, deleitaron a la gran concurrencia de aficionados que hicieron rebosar la Terraza Imperial."

19 de junio de 1957.- Actúa **Victoria Vallejo** en la Plaza de Toros de Murcia en *"el mejor espectáculo del mundo",* formado por: Pepe Marchena, Pepe Pinto, Niña de Antequera, Farina "El Rey Gitano", Manolo el Malagueño, Niña de la Puebla, Los Gaditanos, Carmen Mora "La Sevillana", Rerre de los Palacios, Luquitas de Marchena, el locutor cómico Topolino, Ballet Flamenco de Chiquito de la Cava y las guitarras de Antonio Peana, Benito de Mérida, Araceli Vargas, Pascual Moya y Curro Vázquez.

20 de junio de 1957.- Actuación de **Victoria Vallejo** en la ciudad de Lorca (Murcia). Al espectáculo acudieron más diez mil personas, tal como podemos leer en la curiosa nota aparecida en el diario "La Verdad" de la capital murciana, de fecha 27 de junio de 1957:

> "Lorca. Después de presenciar un espectáculo de flamenco arman una gran reyerta.- Después del espectáculo de flamenco celebrado en la Plaza de Toros de esta ciudad, al que acudieron más de diez mil personas, varios individuos provocaron una espectacular riña, agrediéndose con tal violencia que todos ellos resultaron lesionados."

Sin duda se trataba de la actuación del espectáculo "Así Canta Andalucía", pues según el aficionado lorquino Miguel Quiñonero, en comunicación al escritor flamenco José Gelardo Navarro, actuaron la Niña de la Puebla y la Niña de Antequera entre otros artistas y lo recuerda muy bien porque asistió personalmente con su padre a dicho espectáculo.

22 de junio de 1957.- Actuación de **Victoria Vallejo** en la Plaza de Toros de la ciudad de Cartagena. Las figuras que la acompañan, según cartel aparecido en el diario "El Noticiero" de Cartagena, son: Pepe Marchena, Niña de Antequera, Pepe Pinto, Farina "El Rey Gitano", Manolo el Malagueño, Niña de la Puebla, Los Gaditanos, Luquitas de Marchena, Carmen Mora "La Sevillana", Cuadro Flamenco de Chiquito de la Cava y las guitarras de Antonio Peana, Benito de Mérida, Araceli Vargas, Pascual Moya y Curro Vázquez.

27 de junio de 1957.- Actuación de **Victoria Vallejo** en Valencia, concretamente en la Plaza de Toros. Gracias al anuncio publicado en el diario valenciano "Jornada" de ese día 27, podemos saber la composición del cartel de este *"mejor espectáculo del mundo",* con

Pepe Marchena, Pepe Pinto, Niña de Antequera, Farina (El rey gitano), Manolo el Malagueño, Niña de la Puebla, Los Gaditanos, Carmen Mora la Sevillana, Luquitas de Marchena y Rerré (sic) de los Palacios. Completando el elenco, hasta un total de 40 artistas, el Ballet Flamenco de Chiquito de la Cava. Es curioso que figure hasta el presentador, Topolino, y no menciona para nada a los guitarristas.

28 de junio de 1957.- Actuación de **Victoria Vallejo** en Tarragona.

29 de junio de 1957.- Actuación de **Victoria Vallejo** en la Plaza de Toros Monumental de Barcelona que registró un lleno hasta la bandera, por lo que Victoria demostró su arte nada más y nada menos que ante 25.000 personas. Un éxito rotundo y multitudinario de toda la Compañía, tal como podemos leer en el anuncio insertado en el diario "Dígame" del día 02 de julio de 1957:

> "Con el espectáculo Así Canta Andalucía, magnífico compendio del arte folclórico del sur de España, se ha presentado el popular estilista del cante Pepe Marchena, abarrotando la Plaza de Toros Monumental en la tradicional verbena de San Pedro. El público aplaudió a Pepe Marchena con entusiasmo, lo mismo que a los muchos artistas de renombre que se alineaban en el espectáculo: Niña de Antequera, Pepe Pinto, Manolo el Malagueño, Niña de la Puebla, Luquitas de Marchena, Los Gaditanos y los Sevillanos (sic) (posiblemente sea La Sevillana)..."

En la siguiente referencia podemos ver al completo la nómina de artistas que fue, lógicamente, la misma en los dos días.

30 de junio de 1957.- Actuación de **Victoria Vallejo** en la Plaza de Toros Las Arenas de Barcelona. Del diario madrileño "Dígame" de fecha 09 de julio de 1957, en crónica referente a la actuación en La Monumental citada anteriormente, entresacamos lo que sigue:

> "Tan enorme fue el éxito, que la noche siguiente se repitió el espectáculo, esta vez en Las Arenas, con igual halagador resultado para los artistas y su empresario ocasional, el ducho Don Pedro Balañá."

En el diario "La Vanguardia" de fecha 30 de junio de 1957 encontramos la publicidad del espectáculo: *"El mejor espectáculo del mundo. Con todos los divos del Cante"* y a continuación relación de toda la compañía: Pepe Marchena, Pepe Pinto, Niña de Antequera, Farina el Rey Gitano, Manolo el Malagueño, Niña de la Puebla, Canalejas, Los Gaditanos, Hermanos Valderrama, Rafaela de Córdoba, Luquitas de Marchena, **Victoria Vallejo**, La Sevillana, Cuadro Flamenco de Chiquito de la Cava y hasta un total de 35 artistas del arte andaluz.

A continuación reproducimos el cartel aparecido en La Vanguardia el 29 de junio.

MONUMENTAL
HOY 29 Junio
Noche, a las 11

DOS

A R E N A S
MAÑANA 30 Junio
Noche, a las 11

UNICOS E IMPRORROGABLES DIAS
EL MEJOR ESPECTACULO DEL MUNDO

"ASI CANTA ANDALUCIA"

TODOS LOS DIVOS DEL CANTE REUNIDOS EN EL MAYOR CARTEL PRESENTADO HASTA LA FECHA

NIÑA ANTEQUERA
FARINA, EL REY GITANO
NIÑA DE LA PUEBLA
LUQUITAS DE MARCHENA
VICTORIA VALLEJO

PEPE PINTO
MANOLO EL MALAGUEÑO
LOS GADITANOS
LA SEVILLANA
Cuadro flamenco de
CHIQUITO DE LA CAVA

PEPE MARCHENA

Jamás tendrá otra oportunidad de presenciar un espectáculo tan colosal y único
Recuerde hoy, 29 de junio, en la Monumental
No olvide mañana, 30 de junio, en Las Arenas

Publicidad del espectáculo "Así Canta Andalucía" en Barcelona, 29 y 30 de junio de 1957. Vemos a **Victoria Vallejo** como siempre soñó: **una figura entre las figuras**.- *La Vanguardia, 29/06/1957.*

15 al 18 de julio de 1957.- Actuación de **Victoria Vallejo** en el Teatro Albéniz de Madrid. Reproducimos a continuación la propaganda aparecida en el diario Dígame, edición del 09 de julio de 1957:

> "El maestro de maestros Pepe Marchena, que con tanto éxito viene realizando sus conciertos de arte español por Cataluña y Levante, hará su presentación en Madrid, en el Teatro Albéniz, el día 16 del actual (en realidad fue el 15), al frente de su gran espectáculo Así Canta Andalucía."

En el cartel correspondiente se puede ver el conjunto artístico: Pepe Marchena, Pepe Pinto, Niña de Antequera, Rafael Farina, Niña de la Puebla, Carmen Mora, Luquitas de Marchena, Manolo el Malagueño y Los Gaditanos. En total *"5 máximas figuras. 30 seleccionados artistas"*.

20 de julio de 1957.- Actuación de **Victoria Vallejo** en la Plaza de Toros de Úbeda.

25 de julio de 1957.- Único día de actuación en el Coliseo San Andrés, de la ciudad de Córdoba. **Victoria Vallejo** participa junto a las figuras: Pepe Marchena, Pepe Pinto, Niña de Antequera, Rafael Farina, Manolo el Malagueño, Niña de la Puebla, Los Gaditanos, Rafaela de Córdoba, Carmen Mora "La Sevillana", Rerre de los Palacios, Luquitas de Marchena, el Ballet Flamenco de Chiquito de la Cava y la colaboración del locutor cómico Topolino. *"Cuarenta artistas en escena"*; según anuncio aparecido en Diario Córdoba del 25 de julio de 1957. En el citado "Diario Córdoba" del día siguiente, 26 de julio, encontramos la crónica correspondiente de la que reproducimos lo más interesante:

"En el bonito y agradable local del Coliseo San Andrés, se presentó ayer, en función de tarde y noche, el grandioso espectáculo folclórico "Así canta Andalucía" que lleva en exclusiva el dinámico e inteligente promotor Saavedra y que dirige el popular "divo" del "cante jondo", Pepe Marchena, que una vez más ratifica, con calidades superadas que es maestro de maestros."

"Así canta Andalucía", centrado en un marco escénico escueto, el necesario para demostrar valores de autenticidad en el género folclórico –cante del pueblo para el pueblo-, es algo de apoteosis. Por la selección de sus componentes, un grupo de ases a cuya cabeza va Pepe Marchena, podemos decir que más que un espectáculo parece un extraordinario concurso de competición nacional de los mejores cantes de Andalucía."

"La parte coreográfica está a cargo de Carmen Mora "La Sevillana" y el "Ballet" flamenco de "Chiquito de la Cava", que hicieron inspirados alardes de bien bailar, especialmente, los bailes "jondos" y andaluces de la mejor escuela flamenca."

Justo es que nos acordemos de los guitarristas, tan olvidados, y la mayor de las veces ausentes de la publicidad de los espectáculos:

"El acompañamiento de guitarra estuvo a cargo de los maestros Aracelis Vargas, Pascual Moya, Benito de Mérida y Antonio Peana."

Y termina la crónica:

"El público pasó unas horas inolvidables y los artistas, por el derroche de arte que hicieron gala, fueron premiados, al final de los respectivos números, con ovaciones tan prolongadas como merecidas. "Así canta Andalucía", en fin, más que un espectáculo, vino a ser como un gran certamen internacional de "cante jondo" y "bailes flamencos.""

31 de julio de 1957.- Actuación de **Victoria Vallejo** en el Cine Delicias de la Avenida de la Cruz Roja de la capital sevillana. En el diario ABC apareció la correspondiente publicidad del espectáculo con el siguiente cartel: Pepe Marchena, Pepe Pinto, Niña de Antequera, Rafael Farina *(El Rey Gitano)*, Manolo el Malagueño, Niña de la Puebla, Los Gaditanos, Carmen Mora, Luquitas de Marchena, Rerre de los Palacios, Trío Flamenco de Chiquito de la Cava y hasta un total de 30 artistas en escena. En el mismo diario ABC, edición de Andalucía, de fecha 1 de agosto de 1957 apareció, firmada por Don Camilo, la crónica de lo que pudo verse en el Cine Delicias y de la que entresacamos los siguientes párrafos:

"Justo es señalar que al incorporar a sus huestes aún varias figuras más, Así canta Andalucía ha ganado en atractivo del pasado año a éste." "En Marchena hay algo más: seguramente, la personalidad, el buen gusto que imprime a sus coplas, ese estilo inconfundible, suyo, de que sabe dotarlas." "Pepe Pinto cantó anoche su cante para todos y su cante grande, bebido éste en la purísima fuente del estilo gitano de los Pavón." "Manolo el Malagueño, como siempre, supo interpretar con sentimiento y arte sus creaciones." "Farina dramatiza, acciona su cante de gitano salmantino sobre el tablado." "Los Gaditanos nos trajeron los alegres fuegos de artificio de esas coplas chicas y alegres que canta Andalucía la Baja.". "Para todos ellos, y para esas dos excelentes cantaoras que son la Niña de Antequera y la de la Puebla, sonaron, en verdad, muchas y cálidas ovaciones."

06 de agosto de 1957.- Reaparición de **Victoria Vallejo** en la Plaza de Toros Las Arenas de Barcelona. Tenemos constancia de esta actuación por la noticia aparecida en el diario "Dígame" de fecha 02 de julio:

> "Pepe Marchena reaparecerá en la Plaza de Toros de las Arenas de Barcelona, por tercera vez el próximo día 6 de Agosto, al frente del gran espectáculo Así Canta Andalucía."

12 de agosto de 1957.- Es esta una de las pocas actuaciones de **Victoria Vallejo** en la capital gaditana, en su emblemático Teatro Falla. Gracias al cartelito de mano encontrado en la página web "Todocolección" sabemos de esta particular actuación de la compañía.

16 de agosto de 1957.- Actuación de **Victoria Vallejo** en el Cine San Francisco de Vejer.

17 de agosto de 1957.- Actuación de **Victoria Vallejo** en el Cine Avenida de la Plaza de Toros de Jerez de la Frontera. Según publicaba el Diario Ayer del día siguiente, esta fue la crónica de dicho espectáculo:

> "Teatro Cine Avenida. "Así canta Andalucía". El circo de la calle Zaragoza nos ofreció en la noche de ayer, trocando la muleta por la guitarra y la pantalla panorámica por las castañuelas, un bien conjuntado "elenco" artístico a base de conocidas figuras del flamenco. Pepe Marchena, Manolo el Malagueño, Pepe Pinto, el gran Farina y la Niña de la Puebla fueron las figuras que más interés despertaron y que hicieron registrar una buena entrada al improvisado "tablao" flamenco. Todos cumplieron a la perfección. El público salió satisfecho de los populares artistas, que supieron estar siempre a la altura de su fama. La Niña de Antequera, Carmen Mora, Rafaela de Córdoba, Rerre de los Palacios y el personal grupo de Los Gaditanos, recibieron también grandes aplausos. Un espectáculo veraniego, en resumen, bien conjuntado, que resultó del agrado del respetable."

24 de agosto de 1957.- Actuación de **Victoria Vallejo** en la Plaza de Toros de Granada.

01 de septiembre de 1957.- Actuación de **Victoria Vallejo** en la Plaza de Toros de Málaga.

02 de septiembre de 1957.- Actuación de **Victoria Vallejo** en la Plaza de Toros de Vélez-Málaga. Por cartel de mano facilitado por la Peña Flamenca "Niño de Vélez" de la ciudad veleña, sabemos que el cartel lo componían: Pepe Marchena, Pepe Pinto, Niña de Antequera, Farina *(el rey gitano)*, Manolo el Malagueño, Niña de la Puebla, Los Gaditanos, Carmen Mora La Sevillana, Luquitas de Marchena, Rafaela de Córdoba, Rerre de los Palacios, ballet flamenco de Chiquito de la Cava y hasta un total de 40 artistas en escena.

(¿) de septiembre de 1957.- Actuación de **Victoria Vallejo** en La Puebla de Cazalla, durante la Feria, en el cine de verano frente al Paseo. Transcribimos una anécdota ocurrida en esta actuación y que nos cuenta D. Miguel Morilla, propietario del cine y empresario que contrató a la Compañía de Pepe Marchena, y en la que, además de nuestra paisana. figuraban Pepe Pinto, Rafael Farina, la Niña de la Puebla, Canalejas, el Sevillano y la Niña de Antequera, entre otros. Esta última, la de Antequera, fue la protagonista de dicha anécdota ocurrida tras cantar Pepe Marchena. Habla el Sr. Morilla:

> "Creo que fue una de las actuaciones más completas, según los artistas que le acompañaban y también el parecer mío, al extremo de que la Niña de Antequera que era la que tenía que cantar a continuación para cerrar la primera parte, dijo lo siguiente: Buenas noches señoras y señores, a mí me corresponde cantar después de este monstruo y creo que, tanto yo como los artistas que quedan por salir, en lugar de cantar y habiendo escuchado como este hombre ha cantado, lo que tenemos que hacer es ponernos a barrerle el cine al Sr. Morilla."

09 y 10 de noviembre de 1957.- Actuación de **Victoria Vallejo** en el Teatro Lope de Vega de Sevilla, a beneficio de los damnificados de Valencia. Y es que las lluvias torrenciales de los días 13 y 14 del mes de octubre de este año 1957, sufridas por la ciudad de Valencia, provocaron una tremenda riada produciendo unas terribles inundaciones, con considerables pérdidas económicas. En toda España se celebraron festivales, subastas y todo tipo de actos encaminados a recaudar fondos para la ciudad hermana. Uno de ellos fueron estas dos actuaciones de la Compañía de Pepe Marchena.

Unos días antes, el 7 de noviembre, el diario ABC anunció así estos dos eventos:

> "Festivales pro damnificados de Valencia. El sábado día 9, a las 10,30 de la noche, y el domingo, a las 8 de la tarde, en función de gala, y 11 de la noche, se celebrarán en el Teatro Lope de Vega sendas funciones en pro de los damnificados de Valencia, bajo el patrocinio del gobernador civil de la provincia, con la intervención especial de las siguientes figuras del espectáculo de Pepe Marchena: Niña de Antequera, Manolo el Malagueño, Niña de la Puebla, Luquitas de Marchena, Rerre de los Palacios, Carmen Mora, Rafaela de Córdoba, Antonia Castuera, Lola Vargas, **Victoria Vallejo**, Teresita Vázquez, Mary Tere Navarro, Carmen y Mario, Manolita Moreno, Chiquito de la Cava, Juanito Díaz, Toddy Sant, Mary Pepa de Martos, Anita Estrella, los guitarristas Antonio Peana y Benito de Mérida, y los pianistas Francisco de la Marta y Antonio González Age. Pepe Marchena tendrá el honor de presentar ante el público sevillano a su continuador en el arte, Joselito II."

19 de diciembre de 1957.- Actuación de **Victoria Vallejo** en Alcira (Valencia).-

Título del Espectáculo: "I FESTIVAL NACIONAL DE ARTE ANDALUZ"

25 al 31 de diciembre de 1957.- Actuación de **Victoria Vallejo** en el Teatro Novedades de Barcelona. El mismo día de Navidad se inicia la gira del I Festival Nacional de Arte Andaluz, o Folclórico Andaluz, que también se le denominó. El debut es en Barcelona, en el Palacio Novedades. En esta ocasión **Victoria Vallejo** comparte cartel con Pepe Marchena, Pepe Pinto, Rafael Farina, Niña de Antequera, Manolo el Malagueño, Niña de la Puebla, Manuel Centeno, Hnos. Valderrama, Los Gaditanos, Canalejas, Luís Rueda y Joselito II.

Para darle más enjundia a este debut navideño, el empresario Pascual Saavedra se saca un as de la manga e instituye una competición por la "Copa Navidad 1957", cuyo ganador será elegido por el público, mediante votación. Los votos fueron para Pepe Marchena, Pepe

Pinto, Farina y Niña de Antequera. Pero los intereses comerciales de Saavedra estaban esta vez centrados en la promoción de Joselito II, *"el nuevo y joven divo"*, por lo que se le declara ganador de la "Copa Navidad 1957", a pesar de haber obtenido el quinto puesto.

1958.-

Título del Espectáculo: "I FESTIVAL NACIONAL DE ARTE ANDALUZ"

01 al 06 de enero de 1958.- El contrato del Palacio Novedades de Barcelona estaba previsto que concluyera el día 1 de Enero, pero fue prorrogado hasta el día de Reyes. El elenco que acompaña a **Victoria Vallejo** es, por tanto, el mismo que hemos visto en el párrafo anterior. Únicamente hemos de reseñar que durante la velada del día 2, en la función de noche, se procedió a la entrega de la "Copa Navidad 1957" al "ganador" de la misma, justificándose el fallo con la siguiente parrafada:

> "Vista la igualdad de votos por cada uno de estos excepcionales artistas, el Jurado y todos los artistas han acordado por unanimidad conceder la gran Copa Navidad 1.957 al nuevo y joven divo Joselito II".

09 al 12 de enero de 1958.- Actuación de **Victoria Vallejo** en el Teatro Calderón de Madrid. Nuevo éxito rotundo del espectáculo que, encabezado por Pepe Marchena, contaba además con la colaboración de un sin fin de artistas, destacando la Niña de Antequera, Rafael Farina, Manolo el Malagueño, la Niña de la Puebla, Finita Imperio, Canalejas, Manuel Centeno, Joselito II, Luís Rueda y los Hermanos Valderrama. Del diario "Dígame" de fecha 14 de enero de 1958 es el siguiente extracto de reseña:

> "Y en verdad que el público no salió defraudado, ya que todos los artistas que intervinieron en el espectáculo recibieron muchas y calurosas ovaciones, ..."

Título del Espectáculo: "MENSAJE ANDALUZ"

24 al 26 de enero de 1958.- Actuación de **Victoria Vallejo** en el Teatro Apolo de Valencia. Otra vez vuelve al Teatro Apolo con la novedad de que se presenta por primera vez *"al auténtico niño prodigio, ganador de la Gran Copa Navidad 1957, del Primer Festival de Arte Andaluz celebrado en Barcelona"* Joselito II. El resto de artistas que componían el elenco, podemos sacarlo de la reseña aparecida en el diario "Jornada" de Valencia del 23 de enero, que reproducimos en su totalidad:

> "Circuitos Saavedra anuncia para mañana la presentación, en Apolo, de un espectáculo folclórico, en el que figuran destacados artistas del cante flamenco. Nada menos que la Niña

de Antequera, Joselito II y la Niña de la Puebla, encabezan esta formación. En este Mensaje andaluz forman también: Finita Imperio, Luquitas de Marchena, Manolita Moreno, **Victoria Vallejo**, Toddy Sant, Chiquito de la Cava con su ballet flamenco, Los Trianeros, Carmen y Mario, Mokins, Mary Castuera, Lola Vargas, Mary Martos, Antonio Peana y Paco Ávila".

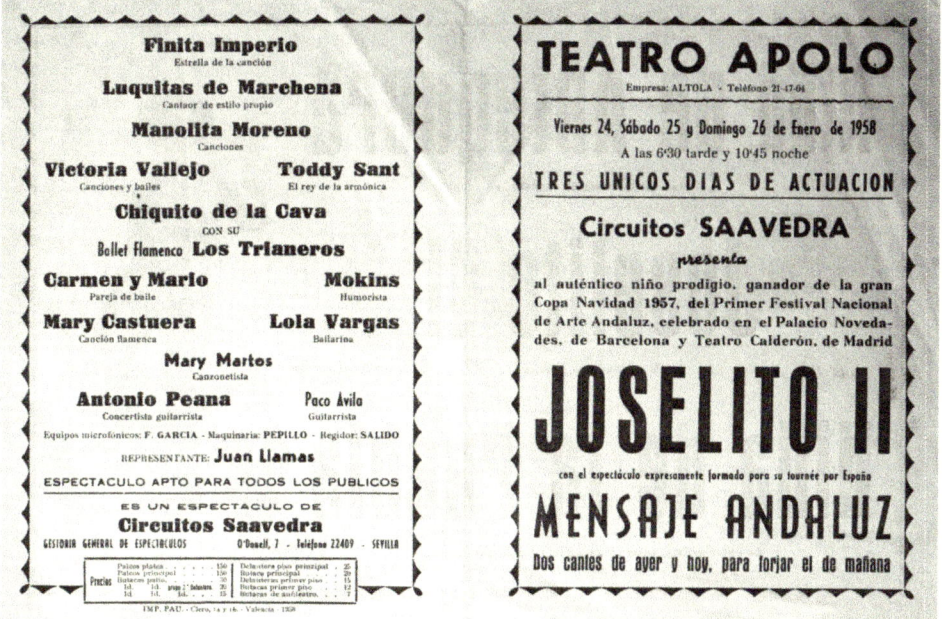

Cartel del Teatro Apolo de Valencia, 24, 25 y 26/01/1957.- *Archivo: Servando Repetto López.*

06 de febrero de 1958.- Actuación de **Victoria Vallejo** en la población murciana de Mula, en su Cine del Centro. Como atracción sigue figurando Joselito II.

18 de marzo de 1958.- Actuación de **Victoria Vallejo** en Córdoba, en el Teatro Duque de Rivas. En esta ocasión **Victoria** es testigo de la presentación de una nueva adquisición de "Circuitos Saavedra", un chaval de tan sólo 12 años llamado Manuel Rojo, de nombre artístico "Chiquilín", el *"niño revolucionario del cante"*. De este debut se hizo eco el Diario Córdoba de fecha 19 de marzo de 1958. A continuación destacamos lo más significativo de la crónica:

"Pepe Marchena, en brevísima estancia en Córdoba, ha venido de Madrid para hacer la presentación del niño Manolito Rojo "Chiquilín", verdadero revolucionario del cante andaluz, dentro del espectáculo "Mensaje andaluz", el más flamante de Circuitos Saavedra."

Más adelante podemos seguir leyendo:

"Como prueba de esas sorpresas que Pepe Marchena suele darnos, fuimos testigos de una especie de doctorado del "cante" en la simpática y encantadora figura de Manolito Rojo "Chiquilín", "cantaor" de doce años, al que el maestro de maestros impuso la "Banda del

Arte", que vino a ser como una histórica consagración. Manolito Rojo "Chiquilín", se reveló como un "cantaor" seguro, de voz bien timbrada, de buen estilo y facilidad en los cambios de tono y de inspiraciones personalísimas. Los espectadores tributaron a este singular y pequeño artista continuas ovaciones." "En "Mensaje andaluz" actuaron, logrando también los aplausos del público, la "Niña de Antequera" que cantó con su peculiar estilo; Joselito II, un muchacho que canta con mucho sentido; "Toddy S`ant", rey de la filarmónica; la cancionista Manolita Moreno; la pareja de baile, Carmen y Mario; el simpático y joven humorista "Mokins"; **Victoria Vallejo**, que cantó con mucho salero y temperamento flamenco; el bailarín "Chiquito de la Cava"; Mary Martos, canzonetista; la bailarina Lola Arroyo; el gran concertista de guitarra Antonio Peana y los guitarristas Eduardo Martínez y Paco Ávila; así como Mary Castuera, gran intérprete de la canción flamenca."

En el Diario de Córdoba de fecha 20 de marzo de 1958 encontramos una reseña curiosa sobre la celebración de la onomástica de Pepe Marchena en la ciudad de Córdoba, acto al que, como en tantas otras ocasiones, asistió como testigo de excepción **Victoria Vallejo**:

"Ayer, en un restaurante de la localidad, el popular "divo" del cante andaluz, Pepe Marchena, ofreció un agasajo a un grupo de amigos, con motivo de su fiesta onomástica, aprovechando su actuación en nuestra localidad en el espectáculo "Mensaje andaluz". A dicho acto asistieron don Antonio Cabrera Díaz, el conocido empresario y don Francisco Cabrera Perales, subjefe provincial del Movimiento, don Pascual Saavedra, promotor de espectáculos, el agente del mismo Sr. Montilla, algunos artistas de la compañía y diversos amigos."

Título del Espectáculo: "I FESTIVAL NACIONAL DE ARTE ANDALUZ"

19 y 20 de abril de 1958.- Actuación de **Victoria Vallejo** en Sevilla. En estos días se celebra en Sevilla su mundialmente conocida Feria de Muestras, lo que aprovecha Circuitos Saavedra para presentar su espectáculo en el Teatro Lope de Vega de la capital sevillana, ubicado dentro del recinto ferial, por lo que en el cartel anunciador podemos leer la curiosa nota: *"en el precio de las localidades va incluida la entrada al recinto de la Feria de Muestras"*.

Se da otra curiosidad y es que nuestra **Victoria Vallejo** figura haciendo doblete, primero como *"primera bailarina"* de los famosos *"Cuadros de Baile de Andalucía"* y segundo formando una de las *"famosas parejas de baile"* con Chiquito de la Cava. Conforman el cartel la siguiente nómina artística: Pepe Marchena, Niña de Antequera, Porrina de Badajoz, Chiquilín, Carmen Mora, la *"colaboración especial"* de Pepe Pinto, Cuadros de Baile de Andalucía con Manolita Moreno, Antonia Mairena, María de Martos, Carmen Estrella, Gabriela Heredia, Antonia Puerto Real, Dolores Arroyo, Salud Vargas, Carmen Castro, Curro de Jerez, Pilarín Jiménez, Rosa Martínez, Carmen Lucena, Soleá Montoya, Enriqueta del Puerto, Manuela Mazantini, las parejas de baile *"Victoria y Chiquito"* y *"Carmen y Mario"*, acompañados todos por las guitarras de Benito de Mérida, Antonio Peana, Antonio Molina y Pepe el Antequerano.

30 de mayo al 05 de junio de 1958.- Actuación de **Victoria Vallejo** ¡*7 únicos días 7!* en el Teatro Calderón de Madrid. Reproducimos a continuación unos párrafos de la crónica recogida en el diario madrileño "Dígame" del 02 de junio de 1958:

> "Un festival de arte andaluz ha sido presentado para unos pocos días por Circuitos Saavedra en el teatro Calderón.", "Muchos más artistas pasaron por el escenario, entre grandes aplausos." y finalmente "Así supo estimarlo el público, un público buen catador de estilos, al que entusiasmaron –y muy justamente– las actuaciones de todas las figuras del programa."

Las primeras estrellas del espectáculo fueron Pepe Marchena, la Niña de Antequera, Manolo el Malagueño, la Niña de la Puebla, Juanito Varea, el Sevillano, Manuel Centeno y las guitarras de Antonio Peana, Manolo Molina, Benito de Mérida y Pascual Moya.

07 y 08 de junio de 1958.- Actuación de **Victoria Vallejo** en Vigo, en el Teatro García Barbón.

Según podemos ver en los anuncios publicados en el diario "Faro de Vigo" de esos mismos días 7 y 8 de junio, el plantel era el siguiente: Pepe Marchena, Niña de Antequera, Manolo el Malagueño, Niña de la Puebla, Rafaela de Córdoba, El Sevillano, Trini de las Casas, Don Manuel Centeno *(decano del cante grande)*, Carmen Mora con su gran cuadro andaluz. Y concluye con la correspondiente coletilla publicitaria:

> "Una oportunidad extraordinaria de admirar en el mismo espectáculo a los más destacados intérpretes de este maravilloso arte popular español, que logra los más clamorosos éxitos en todas sus actuaciones".

Actuación de **Victoria Vallejo** en un lujoso escenario.- *Archivo: Servando Repetto López.*

Cartel del Teatro Lope de Vega de Sevilla, de los días 19 y 20 de abril de 1958.-
Archivo: Servando Repetto López.

13 de junio de 1958.- Actuación de **Victoria Vallejo** en el Teatro Filarmónica de Oviedo.

En el diario de la capital ovetense "La Nueva España", de ese mismo día, apareció anuncio del espectáculo en estos términos: *"Festival Nacional de Arte Andaluz. Un espectáculo insuperable, integrado sólo de primerísimas figuras"*. Estas figuras eran: Pepe Marchena, Niña de Antequera, Manolo el Malagueño, Niña de la Puebla, Juanito Varea, El Sevillano, D. Manuel Centeno *(decano del cante grande)* y Gran Cuadro Andaluz, *"30 artistas en escena"*, entre las cuales se encontraba nuestra **Victoria Vallejo**. Al día siguiente, 14 de junio, en el mismo diario, encontramos una crónica en la que analiza la actuación de las figuras más relevantes y de la que entresacamos, como más significativo y curioso, lo siguiente referente al alto precio de las entradas:

> "Cincuenta pesetas en el patio, y en éste caras desconocidas. Por la taquilla, ambiente de inquietudes que la picaresca, en enfado, mueve con ímpetu peleón.", "Todo ello con un plantel de guitarristas con los que se va justificando, poco a poco, lo de los diez duros en taquilla que han llevado a ella los aficionados a este arte andaluz en número suficiente para que el éxito económico no defraude a las empresas."

14 y 15 de junio de 1958.- Actuación de **Victoria Vallejo** en el Teatro Jovellanos de Gijón.

Copiamos a continuación parte de la crónica aparecida en el periódico "Voluntad" de Gijón, del día 15:

> "Acostumbrados a tanto espectáculo arrevistado que por esos escenarios anda, causa sorpresa encontrarse con un verdadero recital de arte andaluz. Recital o festival puro, neto, sin brillos falsos, decente y digno".

16 de junio de 1958.- Actuación de **Victoria Vallejo** en el Teatro Pereda de Santander.

Único día de actuación en la capital montañesa, tal como se anuncia en publicidad aparecida tanto en el diario "Alerta", como en "El Diario Montañés", ambos de Santander y en la que se puede leer:

> "Presentación del superespectáculo Festival de Arte Andaluz, 10 espectáculos en uno, con Pepe Marchena, Niña de Antequera, Manolo el Malagueño, Niña de la Puebla, Juanito Varea, El Sevillano, Manuel Centeno, Rafaela de Córdoba, Carmen Mora, Gran Baeza, Trini de las Casas. El máximo conjunto del folclore andaluz. 30 artistas en escena."

Del diario "Alerta" de fecha 17 de junio de dicho año, es la siguiente crónica de la que entresacamos lo más significativo:

> "Con un desfile de excelentes intérpretes del cante andaluz, se presentó ayer en el Pereda un conjunto del que, como máximo elogio, anotaremos su sobriedad y su plausible honestidad artística. No es corriente en esta clase de espectáculos esta línea que nos concilia con un género del que tan desorbitado uso se hace. El buen cante tiene que manifestarse directo, sin arrequives ni mucho menos pretensiones de artificiosa exaltación folclórica. Cómo aplaudió el público que, numeroso, acudió ayer al Pereda. Pese a ciertas explosiones de fácil entusiasmo en ocasiones, porque el público sencillo está siempre pronto a entusiasmarse cuando le pulsean la fibra del corazón aunque sea a destiempo."

17 de junio de 1958.- Actuación de **Victoria Vallejo** en el Teatro Principal de San Sebastián.

El correspondiente anuncio publicitario apareció en la prensa de la época. Reproducimos aquí el que hemos localizado en el diario "Voz de España", de la capital donostiarra:

"Hoy acontecimiento artístico en el Principal, en único día, a las 7,15 y 11, Festival Nacional de Arte Andaluz, con Pepe Marchena, Niña de Antequera, Manolo el Malagueño, Niña de la Puebla, Juanito Varea, El Sevillano, D. Manuel Centeno (Decano del Cante Grande), guitarristas, Gran Cuadro Andaluz, etc. Diez Compañías en una sola."

Del espectáculo se hicieron eco los diarios de San Sebastián, en los que fueron publicadas las crónicas que copiamos seguidamente.

Del "Diario Vasco" del 18 de junio, día siguiente al evento, extractamos:

"Actuó ayer en el Teatro Principal la compañía encuadrada bajo la denominación de Festival Nacional de Arte Andaluz, y su presentación fue acogida con un interés enorme por los innumerables partidarios de este género artístico. Entre todos mantuvieron a la concurrencia en constante emoción, desarrollándose el programa con ovaciones y olés de los entusiastas de esta clase de espectáculos."

Del diario "Unidad" del referido 18 de junio:

"Circuitos Saavedra presentó ayer en el Teatro Principal, el espectáculo Festival Nacional de Arte Andaluz, un tantico pobre de vestuario y escenografía. Espectáculo flamenco de gran altura, integrado por un plantel de magníficos intérpretes de este género, encabezado por Pepe Marchena, Niña de Antequera –magnífica en su genial actuación- , Niña de la Puebla, Manolo el Malagueño, Antonio el Sevillano, etc. Tres horas y cuarto de ininterrumpidas canciones, con la solera castiza de los divos del momento en el cante grande. El público, muy numeroso por cierto, no regateó su aplauso, más, si cabe, lo ofreció espontáneo y con largueza, premiando así el arte de la baja Andalucía. Abundó, como es de suponer, el público aficionado a este género, que jaleó y animó las canciones, haciéndonos creer, en algunos momentos, que un patio andaluz se nos había introducido dentro del teatro".

Y finalmente, en el diario "Voz de España" del citado día 18 de junio:

"Arte andaluz, o flamenco, por más ceñirnos a la verdad, hubo ayer en el Principal; y con asistencia de bastante público, ese público especial e incondicional del género, que, por cierto, aplaudió como suele hacerlo en estos casos: ruidosamente. Por la escena desfilaron buenos intérpretes del cante, con Pepe Marchena al frente, y a su lado se destapó – destapó y entusiasmó- Niña de Antequera. En conjunto, el espectáculo cumplió a satisfacción de todos."

20 de junio de 1958.- Actuación de **Victoria Vallejo** en el Gran Teatro Lope de Vega de Valladolid. Según publicidad insertada en el "Diario Regional" de Valladolid, de fecha 20 de junio de 1958, completaban el cartel los siguientes artistas: Pepe Marchena, Niña de

Antequera, Manolo el Malagueño, Niña de la Puebla, Juanito Varea, El Sevillano, D. Manuel Centeno *(decano del cante grande)*, Rafaela de Córdoba, Gran Baeza, Trini de las Casas, Carmen Mora, los guitarristas: Antonio Peana, Manolo Molina, Benito de Mérida y Pascual Moya. Y hasta un total de 30 artistas en escena.

Veamos algunos retazos de lo que se publicó en el diario vallisoletano "El Norte de Castilla", al día siguiente:

"Un conjunto seleccionado de las mejores figuras del arte andaluz (y esta vez no hay hipérbole en la afirmación), se ha agrupado bajo la denominación antedicha, haciendo su presentación ayer, por tarde y noche, en Lope de Vega.", "El éxito alcanzado corresponde a los méritos ya conocidos de cuantos componen la agrupación."

Transcribo a continuación, aparecidos en la misma crónica, un error curioso repetido en varias ocasiones y una referencia al cante más representativo de Sanlúcar de Barrameda.

Ahí va el error:

"Niño de Antequera escuchó pródigas ovaciones". (Evidentemente debía decir "Niña").

Y ahora la referencia sobre nuestro cante:

*"... D. Manuel Centeno, que ostenta el cargo de decano en el género y que demostró que aún posee condiciones para el mismo en un **Mirabrás** y en un cante malagueño antiguo ..."*

21 de junio de 1958.- Actuación de **Victoria Vallejo** en el Teatro del Liceo de Salamanca.

Recogemos el elenco detallado en los programas de mano lanzados al efecto:

"A las 8 y 11, único día, Circuitos Saavedra presenta Festival Nacional de Arte Andaluz con Pepe Marchena, Niña de Antequera, Manolo el Malagueño, Niña de la Puebla, Juanito Varea, El Sevillano, D. Manuel centeno (decano del cante grande), Rafaela de Córdoba, Gran Baeza, Trini de las Casas, Carmen Mora, Gran Cuadro Andaluz. Guitarristas: Antonio Peana, Manolo Molina, Benito de Mérida y Pascual Moya. 30 artistas en escena 30."

22 de junio de 1958.- Actuación de **Victoria Vallejo** en el Teatro Ortega de Palencia.

Lo hace junto a las primeras figuras: Pepe Marchena, Niña de Antequera, Niña de la Puebla, Manolo el Malagueño, Manuel Centeno, Juanito Varea y otros muchos artistas.

Aquí no gustó mucho el espectáculo, a juzgar por la crónica aparecida el día 24 en el "Diario Palentino" de dicha capital y que reproducimos en parte:

"Con el título de "Festival Nacional de Arte Andaluz", se presentó el domingo en el Ortega, el espectáculo que encabeza el conocido "cantor" Pepe Marchena. El espectáculo, desde el punto de vista artístico, dejó algo que desear. No tuvo alardes de presentación, y esto siempre contribuye a su flojedad. En fin un espectáculo colorista, aunque con poco color, de la Andalucía forzadamente pintoresca. Flamenco a todo trapo, bien servido por algunos "ases" del género, pero sin espectacularidad".

24 de junio de 1958.- Actuación de **Victoria Vallejo** en el Teatro Bretón de Logroño.

Encontramos publicidad del espectáculo en el diario logroñés "La Rioja" de los días 21, 22 y 24 de junio. En esta ocasión la entrada es bastante menos cara que en el Teatro Filarmónica de Oviedo: 35 pesetas en patio y 25 en butaca de palco. El cartel fue el que sigue: Pepe Marchena, Niña de Antequera, Manolo el Malagueño, Niña de la Puebla, Juanito Varea, El Sevillano, D. Manuel Centeno *(Decano del cante grande)*, Rafaela de Córdoba, Trini de las Casas, Carmen Mora y Gran Baeza. Cuatro guitarristas: Antonio Peana, Manolo Molina, Benito de Mérida y Pascual Moya. Gran Cuadro Andaluz compuesto por Maruja Amaya, Isabelita Fernández, Antoñita Gálvez, Rosita Orozco, Teresita Vázquez, Pepita Ortega, Juanito Díaz y Antonio Martín. Y apostilla: *"30 artistas en escena"*, *"Diez Compañías en una sola"*.

25 de junio de 1958.- Actuación de **Victoria Vallejo** en el Teatro Arriaga de Bilbao.

En el periódico "El Correo Español-El Pueblo Vasco" de Bilbao, del día siguiente, apareció la siguiente crónica:

> "Pues sí; eso estuvo bien. Muy digno y muy concurrido. Como las ovaciones fueron interminables en la totalidad de los números, y se vitoreó, y aplaudió y solicitó como nunca. Con muchísima razón. Como que sentimos que haya actuado tan notable conjunto un solo día, porque si repite, agota el papel", "Lo dicho, un exitazo, un programa muy dilatado y, por lo que hace al arte popular andaluz, totalmente representativo y valioso".

26 de junio de 1958.- Actuación de **Victoria Vallejo** en el Teatro Fleta de Zaragoza.

Tanto en el "Heraldo de Aragón", como en "El Noticiero", ambos de la capital zaragozana y de esta misma fecha, encontramos la publicidad de este espectáculo, con los siguientes *"ases del cante grande"*: Pepe Marchena, Niña de Antequera, Manolo el Malagueño, Niña de la Puebla, Juanito Varea, El Sevillano y D. Manuel Centeno *(decano del cante grande)*.

Al día siguiente, 27 de junio, aparece en el diario "El Noticiero" la correspondiente crítica, bajo el título de *"Presentación del espectáculo Festival Nacional de Arte Andaluz"*, y que a continuación vamos a reflejar aquí en lo más significativo:

> "El cante flamenco y todos sus géneros afines que sabemos que goza en nuestra ciudad de un prestigio grande y que aumenta de día en día." "Pasando a lo nuestro, diremos que no es de extrañar que ayer la sala, tan amplia, del Teatro Fleta, gozara de una excelente entrada, aunque el espectáculo, presentado por Circuitos Saavedra, haya prescindido en algo de la mencionada austeridad, llevando además un vistoso Cuadro Andaluz que quizás por lo avanzado de la hora, pasó sin pena ni gloria." "Lo que gustó plenamente son los cantaores de ambos sexos, que formaban un conjunto de firmas como rara vez hemos escuchado." "Todos pusieron su colaboración en este espectáculo y resultó francamente de alta calidad y muy del agrado del público."

28 de junio de 1958.- Actuación de **Victoria Vallejo** en el Cine Imperial de la localidad sevillana de Écija. Fueron una o varias actuaciones esporádicas fuera del circuito del I Festival Nacional de Arte Andaluz, iba con Chiquilín y el título "Camino de Coplas".

29 de junio de 1958.- Memorable actuación en la Plaza de Toros de Valencia, donde **Victoria Vallejo** tuvo que lidiar con los duendes de su arte nada más y nada menos que ante 21.000 personas.

Ya en plena temporada de verano el espectáculo se reforzó con la incorporación de importantes artistas. En el diario valenciano "Jornada" del 28 de junio, encontramos anuncio del espectáculo del que extraemos la relación de participantes que acompañaron a nuestra biografiada: Pepe Marchena, Niña de Antequera, Manolo el Malagueño, Niña de la Puebla, Juanito Varea, El Sevillano, D. Manuel Centeno, Rafaela de Córdoba, Gran Baeza, Trini de las Casas y Carmen Mora. Se completaba con un Gran Cuadro Flamenco de 30 artistas en escena.

02 de julio de 1958.- Según consta en publicidad del periódico Tarrasa Información, actúa **Victoria Vallejo** en la localidad catalana de Tarrasa, en el Gran Teatro Alegría, con el mismo espectáculo que unos días después se presentaba en las Plazas de Toros barcelonesas Las Arenas y Monumental, tal como podemos ver por cartel adjunto.

05 de julio de 1958.- Siguiendo la costumbre del empresario taurino Balañá, tal como hemos podido ver en las reseñas de años anteriores, **Victoria Vallejo** forma parte del gran grupo de artistas que se presentan un día en la Plaza de Toros Las Arenas y al día siguiente en la Monumental. Así lo comprobamos en el cartel que sigue, aunque en esta ocasión **Victoria** quede englobada en ese amplio, heterogéneo y clásico *"40 artistas en escena 40"*.

06 de julio de 1958.- Tal como hemos comentado para el día 5, hoy **Victoria** actúa en la Plaza de Toros Monumental de Barcelona. Igualmente viene reflejado el evento y el elenco en el cartel publicitario insertado en La Vanguardia del 6 de julio.

11 de julio de 1958.- Actuación de **Victoria Vallej**o en Málaga.

18 de julio de 1958.- Actuación de **Victoria Vallejo** en Almería, en la Terraza Imperial.

El elenco lo tenemos en el anuncio publicado en el diario "Yugo" de Almería de esta misma fecha: Pepe Marchena, Niña de Antequera, Manolo el Malagueño, Niña de la Puebla, Juanito Varea, El Sevillano, D. Manuel Centeno, Rafaela de Córdoba, Carmen Mora, Trini de las Casas, Gran Baeza y otras primerísimas figuras más. Del mismo Diario "Yugo" del día siguiente, 19 de julio, es la siguiente crónica:

> "Volvió a actuar en nuestra ciudad el famoso cantador Pepe Marchena con un buen conjunto folclórico en el que figuran nombres conocidísimos de nuestro público y que gozan de generales simpatías. Para todos hubo muchos aplausos y para Marchena cariñosas ovaciones."

Espectáculo "Festival Nacional de Arte Andaluz". *La Vanguardia, 5 (izquierda) y 6 de julio de 1958.*

19 de julio de 1958.- Actuación de **Victoria Vallejo** en la Plaza de Toros de Murcia.

Los días 15 y 19 de julio aparecieron en el diario "La Verdad" los correspondientes anuncios del espectáculo. Del segundo tomamos la relación de los que actuaron: Pepe Marchena *(Maestro de Maestros)*, Niña de Antequera, Manolo el Malagueño, Niña de la Puebla, Juanito Varea, El Sevillano, Manuel Centeno, Rafaela de Córdoba, Gran Baeza, Trini de las Casas, Carmen Mora y Gran Cuadro Andaluz. *"30 Artistas en escena, 30 "*.

25 de julio de 1958.- Actuación de **Victoria Vallejo** en el Coliseo San Andrés de Córdoba.

En el Diario Córdoba del 25 de julio de 1958 apareció la correspondiente publicidad, de la que sacamos la siguiente relación de artistas que acompañaron, en esta ocasión a la sanluqueña: Pepe Marchena, Niña de Antequera, Manolo el Malagueño, Niña de la Puebla, Juanito Varea, El Sevillano, Don Manuel Centeno, 20 artistas más, entre las que hay que destacar a nuestra biografiada, Rafaela de Córdoba, Carmen Mora "La Sevillana", Trini de las Casas, Juanito Díaz, las guitarras de Antonio Peana, Manolo Molina, Benito de Mérida y Pascual Moya, y un gran Cuadro Andaluz.

A continuación destacamos lo más relevante de la crónica aparecida al día siguiente, 26 de julio, en el citado Diario Córdoba:

"Circuito Saavedra presentó ayer uno de sus bien montados espectáculos, decididamente el mejor de cuantos pasaron por esta ciudad, no sólo por la categoría de los artistas que intervinieron, sino también por la calidad artística con que tales artistas trabajaron. Un espectáculo que se ofrece al público con el título de "Festival Nacional de Arte Andaluz", equivalencia folklore de Andalucía, esto es "cante jondo", en el que intervienen los "cantaores" de más postín de cuantos pisan escenarios, …" " "Festival Nacional de Arte Andaluz" gustó mucho y fue para los espectadores una auténtica demostración de "cante jondo", especialmente en el que Pepe Marchena, figura indiscutible, hizo gala de su personal estilo, junto al que se lucieron también los "cantaores" y "cantaoras" que le acompañan en esta gira flamenca del festival folclórico que Saavedra presenta."

26 de julio de 1958.- Actuación de **Victoria Vallejo** en la Plaza de Toros de Écija.

14 de agosto de 1958.- Actuación de **Victoria Vallejo** en el Teatro Andalucía de Cádiz.

Por crónica aparecida en el "Diario de Cádiz" de la fecha sabemos que el elenco lo componían: Pepe Marchena, Niña de Antequera, Manolo el Malagueño, Niña de la Puebla, Juanito Varea, El Sevillano, Don Manuel Centeno y otras destacadísimas figuras del arte flamenco.

23 de agosto de 1958.- Actuación de **Victoria Vallejo** en la Plaza de Toros de Granada.

Según cartel anunciador publicado en el diario "Ideal" de Granada, en fecha 21 de Agosto, reseñamos a continuación el elenco que figuraba en el mismo:

"Festival Nacional de Arte Andaluz con Pepe Marchena, Niña de Antequera, Manolo el Malagueño, Niña de la Puebla, Juanito Varea, El Sevillano, D. Manuel Centeno, Decano del Cante Grande, Rafaela de Córdoba, Gran Baeza, Trini de las Casas, Carmen Mora, Gran

Cuadro Andaluz, Maruja Amaya, Isabelita Fernández, Antoñita Gálvez, Rosita Orozco, Teresita Vázquez, Pepita Ortega, Juanito Díaz y Antonio Martín. 30 Artistas en escena 30."

28 (¿) de septiembre de 1958.- Actuación de Victoria Vallejo en Dos Hermanas, en el Preventorio de Santa Teresa.

Bajo la dirección artística de Pepe Marchena, se celebró una función benéfica con el fin de recaudar fondos para los niños del Preventorio de Santa Teresa, que se encontraba por aquel entonces bajo el patrocinio del Excmo. Sr. Gobernador de Sevilla D. Alfonso Ortí y MeléndezValdés. Varios fueron los actos previos al espectáculo flamenco que se celebró por la noche. Como por ejemplo una recepción por el citado Sr. Gobernador y visita al Preventorio (de la cual tenemos prueba por fotos en las que en su reverso vienen fechadas el 28 de septiembre de 1958, por lo que deducimos tuvieron lugar, si no ese día, en fecha muy aproximada). Un partido de fútbol por los niños allí acogidos, tal como podemos comprobar por foto en la que aparecen los pequeños futbolistas con un nutrido grupo de artistas, entre los que se encontraban La Niña de los Peines, Pepe Pinto, Niña de Antequera, Canalejas de Puerto Real, **Victoria Vallejo,** y algunas más. En cartel-invitación de la función en que, como hemos dicho, el maestro de maestros Pepe Marchena presentó su grandioso espectáculo, podemos comprobar el estupendo elenco reunido para tan humanitaria ocasión:

"Pepe Marchena, maestro de maestros, presentará su grandioso espectáculo, en el que toman parte las principales figuras de este género: La incomparable Niña de Antequera, la mejor cantadora de todos los tiempos; la famosa Niña de la Puebla, la voz melodiosa de la radio; el inconfundible Canalejas de Puerto Real, el eco flamenco más brillante de la historia; El galán cantante Manolo el Malagueño, en su nueva modalidad de sus últimas creaciones; el inimitable Luquitas de Marchena; la voz cristalina de Rerre de los Palacios, figura señera de esta época; la bailarina clásica en su pureza del baile español Carmen Mora; la gran tonadillera del cante y baile español **Victoria Vallejo**; la joven tonadillera Rafaela de Córdoba, que dará a conocer sus últimas grabaciones, entre ellas – María de los Monteros-; la cantadora clásica María de Castro; Carmen de Estrella, en sus originales canciones a la guitarra; la eminente tonadillera Antonia Castuera; Loli Vargas, el ciclón de la danza; Carmen y Mario, a su regreso a España darán a conocer la nueva modalidad de sus creaciones en la danza; Juanito Díaz, gran bailarín español que ha dirigido el montaje de estos grandes Ballets; Soledad Rendón, a palillos; los profesores de guitarra D. Pascual Moya, D. Antonio Peana y Benito de Mérida. La dirección musical correrá a cargo del maestro concertista D. Julio César Antolín. Este espectáculo será presentado por el famoso locutor de Radio Sevilla Rafael Santisteban o por su colaborador Pepe Da Rosa. El prestigioso empresario D. Pascual Saavedra ha prestado su colaboración, cediendo sus artistas de exclusiva para estos fines benéficos".

Gracias a la bendita "manía" de **Victoria Vallejo**, de ir guardando la mayoría de las fotos y documentos posibles de todos aquellos espectáculos y actos en los que participaba, podemos tener constancia de sus andanzas por diversos lugares de la geografía andaluza y española, de las cuales no se ha podido encontrar la correspondiente crónica o reseña periodística.

Una muestra de esa "pista" sobre algún hecho relevante en su vida artística que te dan las fotografías que forman ya parte de mi archivo, son las ilustraciones que siguen, por las cuales hemos sabido de la referida actuación en el sevillano pueblo de Dos Hermanas.

Victoria Vallejo en el "Preventorio de Santa Teresa" de Dos Hermanas, septiembre de 1958. Junto a ella Canalejas, Pascual Saavedra y Pepe Marchena.- *Archivo: Servando Repetto López.*

Victoria Vallejo (3ª por la izquierda) en el "Preventorio de Santa Teresa" de Dos Hermanas, en septiembre de 1958. En la foto vemos a Pepe Pinto, Niña de los Peines y Niña de Antequera (3º, 4ª y 5ª por la derecha).- *Archivo: Servando Repetto López.*

Victoria Vallejo con Pepe Marchena y su hijo "Piqui", en Dos Hermanas. Por detrás asoma Canalejas. Septiembre de 1958.- *Archivo: Servando Repetto López.*

El Preventorio

de

Santa Teresa

que rige bajo el patrocinio
del Excmo. Sr. Gobernador de Sevilla
D. ALFONSO ORTI Y MELÉNDEZ-VALDÉS
tiene el honor de invitarle a la Función
que ha de celebrarse esta noche, donde

PEPE MARCHENA

MAESTRO DE MAESTROS

presentará su grandioso espectáculo...

Portada del díptico que anuncia la función a beneficio del "Preventorio de Santa Teresa" de Dos Hermanas, en septiembre de 1958.- *Archivo: Servando Repetto López.*

En el que toman parte las principales figuras de este género.

La incomparable
Niña de Antequera
la mejor cantadora de todos los tiempos

La famosa **Niña de la Puebla**
la voz melodiosa de la radio

Canalejas de Puerto Real

Manolo "El Malagueño"

El inimitable **Luquitas de Marchena**

La voz cristalina de **Rerre de Los Palacios**

Carmen Mora

Victoria Vallejo

Rafaela de Córdoba

María de Castro

Antonia Castuera

Carmen de Estrella

Loli Vargas

Carmen y Mario

Juanito Díaz

Soledad Rendón

Los profesores de guitarra D. PASCUAL MOYA, D. ANTONIO PEANA y D. BENITO DE MÉRIDA

La dirección musical correrá a cargo del maestro concertista D. JULIO CESAR ANTOLIN

Este espectáculo será presentado por el famoso locutor de Radio Sevilla RAFAEL SANTISTEBAN o por su colaborador PEPE DA ROSA

Dirección artística: PEPE MARCHENA MAESTRO DE MAESTROS ** Organización: D. FRANCISCO MONTILLA

El prestigioso empresario D. PASCUAL SAAVEDRA ha prestado su colaboración, cediendo sus artistas de exclusiva para estos fines benéficos.

Interior del díptico citado en la ilustración anterior.- *Archivo: Servando Repetto López.*

Título del Espectáculo: "II FESTIVAL NACIONAL DE ARTE ANDALUZ"

25 al 31 de diciembre de 1958.- Al igual que ocurriera en las Navidades del pasado año, se presenta en Barcelona, en la Plaza de Toros Monumental, el espectáculo "II Festival Folklórico Andaluz".

El festival se celebró en el ruedo de la Plaza que, debidamente cubierto y acondicionado, quedó convertido en un suntuoso *"Palacio del Cante"*, con cúpulas iluminadas y dotado con todos los servicios, incluso calefacción. En la crónica aparecida en el diario La Vanguardia el día 25 de diciembre de 1958, podemos leer:

> "Esta tarde a las siete se inaugurará el II Festival Nacional Folklórico Andaluz", "El festival que comienza hoy se prolongará hasta el próximo día 4 del próximo mes de Enero, ofreciendo tarde y noche los más variados programas del cante y del baile popular andaluz con las primerísimas figuras: Pepe Marchena, Niña de Antequera, Antonio Núñez El Barbero de Sevilla, Fernanda Romero, El Sevillano, Joselito II, Juanito Varea, Silverio de Triana, Luís Rueda, El Peluso, Niña de Orihuela, Manolo Moreno, **Victoria Vallejo** y Pepe Pinto, que colabora especialmente en este certamen. El cuerpo de baile está compuesto por Las Rocieras de Almonte y los bailarines **Rafael el Negri**, **El Trompo**, Juanito Díaz y Mario. Los guitarristas Manolo de Málaga, Antonio Peana, **Manolo Sanlúcar**, Manolo Molina y Pascual Moya". (El resaltado en negrita es licencia del autor).

Aquí nos encontramos con un jovencísimo Manuel Muñoz Alcón, de nombre artístico "Manolo Sanlúcar", recién cumplidos los 15 años, que daba sus primeros pasos como guitarrista profesional. También contamos con la agradable sorpresa de nuestros paisanos, los "bailarines" "El Negri" y "El Trompo". Ahí tenemos, pues, juntos, a cuatro artistas sanluqueños triunfando nada más y nada menos que en la Plaza de Toros Monumental de Barcelona.

El espectáculo fue todo un éxito, tal como puede leerse en la crónica publicada en La Vanguardia el día 27 de diciembre de 1958, de la que extraemos las siguientes pinceladas:

"Como sucedió el año pasado, el festival del folklore andaluz ha constituido un clamoroso éxito. El público afluye a la Monumental con el fervor con que lo hace cuando hay corrida grande", "La función resultó, en conjunto, muy interesante. Todos los artistas respondieron, más o menos, a lo que se esperaba de ellos, y casi unánimemente levantaron grandes aplausos entre el público adicto a esta suerte de espectáculos que asistió al festival", "Es difícil decir cuál de los artistas estuvo mejor, así como extendernos en un juicio crítico sobre cada uno", "Los restantes artistas que componían el programa ratificaron igualmente su calidad, su brío y sus grandes cualidades, siendo no menos aplaudidos que los grandes que formaban la cabecera del cartel."

Para concluir con esta crónica, citaremos un par de curiosidades.

Una:

"Fuera de programa, como penúltimo número, actuó el jovencito de 14 años Manolín, que interpretó tres canciones andaluzas, demostrando poseer una extraordinaria voz y un gran sentido artístico". (Sin duda debe tratarse de Manuel Rojo "Chiquilín").

Y la otra:

"La noche del 31 de Diciembre se celebrará una gran función de fin de año, regalando al público las tradicionales uvas de la suerte".

1959.-

Título del Espectáculo: "II FESTIVAL NACIONAL DE ARTE ANDALUZ"

01 al 04 de enero de 1959.- Continúan las actuaciones que se iniciaron el día de Navidad de 1958 en la Plaza de Toros Monumental de Barcelona, con el mismo elenco relacionado anteriormente y en el que en compañía de **Victoria Vallejo** también participaron los jóvenes Joselito II y Manuel Rojo, Chiquilín.

07 al 20 de enero de 1959.- Actuación de **Victoria Vallej**o en el Teatro Calderón de Madrid.

En un principio estaba previsto que las actuaciones terminaran el día 11, pero a la vista del enorme éxito de público, estuvieron hasta el día 20. Son varias las referencias que encontramos en la prensa madrileña referente a este espectáculo. Una de ellas aparece en el diario "Dígame" del 18 de enero de 1959 y de la que entresacamos los siguientes renglones:

> "No es posible, porque el espacio no lo permite, analizar particularmente la actuación de cada uno, y hemos de limitarnos a señalar la categoría del espectáculo, dentro del arte andaluz, con tantas y tan sobresalientes figuras. Consten también los nombres de **Victoria Vallejo** y de Manolita Moreno y la admirable labor del cuerpo de baile, así como la de los guitarristas, y sinteticemos la jornada en el agrado y el aplauso que puso en la sala y que reacreditó cómo cuando el arte flamenco se da de verdad, queda subrayado por ovaciones entusiastas, como éstas que sonaron en el Teatro Calderón."

Otra, sacada del mismo diario y el mismo día, nos habla de un reconocimiento a la figura de Pepe Marchena que tuvo lugar durante la velada del penúltimo día de actuación de la Compañía:

> "Grandioso acontecimiento. 19 de enero de 1959. Madrid rinde un grandioso homenaje al maestro de maestros Pepe Marchena en el escenario del Teatro Calderón. En tan fausto acontecimiento, y en honor del sin par intérprete del cante flamenco, intervendrán grandes figuras de la literatura, cine, teatro, radio y televisión."

Título del Espectáculo: "MENSAJE ANDALUZ"

El elenco artístico podemos verlo en el díptico reproducido en la página siguiente y estaba compuesto por:

> "Niña de Antequera (la voz de oro de Andalucía), **Victoria Vallejo** (cancionera andaluza), Toddy-Amd-San (el rey de la armónica con su guitarra eléctrica), Manolita Moreno (y su guitarra mágica), Pepe Sevilla (cantaor flamenco), Paquita Durán (cancionista), Perla de Triana (bailarina), Pili de Castro (bailarina), Gran Chanini (unos minutos de humor), Carmen y Mario (bailes regionales), **Victoria** y sus muchachas (conjunto coreográfico), Antonio Peana (el mago de la guitarra) y Mokin (locutor humorista)".

28 de abril de 1959.- Actuación de **Victoria Vallejo** en el Teatro Colón de la localidad asturiana de Luarca.

En el diario "Eco de Luarca" de fecha 26 de abril de 1959 podemos ver anuncio del espectáculo que dice así (en el encabezamiento viene equivocada la fecha y pone mayo en vez de abril):

> "Martes, 7,30 y 10,30. Circuitos Saavedra presenta el Súper Espectáculo Mensaje Andaluz. Con la Niña de Antequera, la voz de oro de Andalucía; **Victoria Vallejo**, cancionera andaluza; Toddy-Amd-San, el rey de la armónica con su guitarra eléctrica; Manolita Moreno

y su guitarra mágica; Paquita Durán, cancionista; Perla de Triana, bailarina; Pili de Castro, bailarina; el humorista Gran Mokin; Carmen y Mario, bailes regionales; **Victoria** y sus muchachos; y Antonio Peana, el mago de la guitarra."

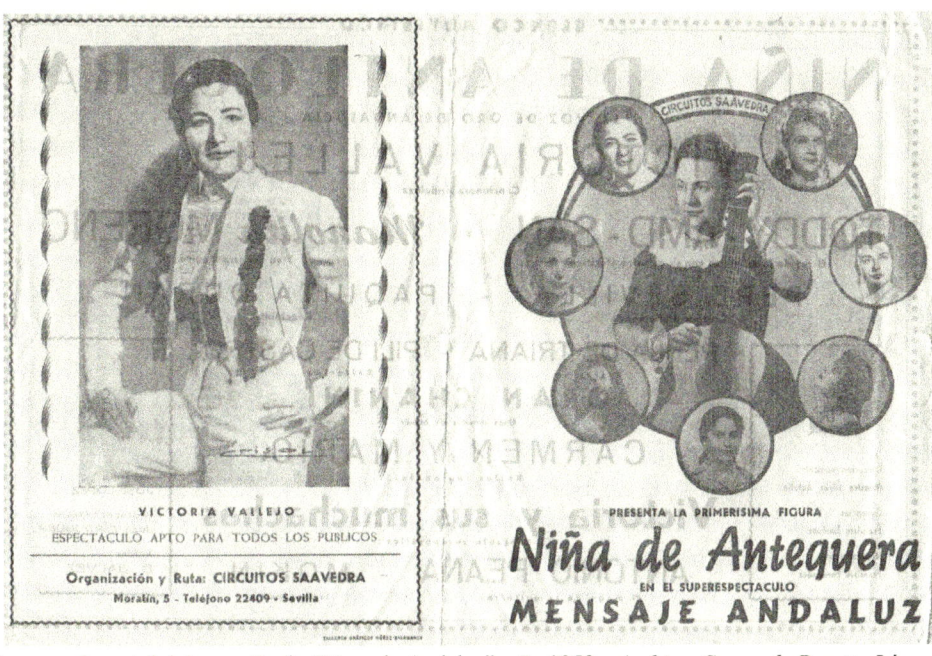

Anverso de cartel del espectáculo "Mensaje Andaluz", año 1959.- *Archivo: Servando Repetto López.*

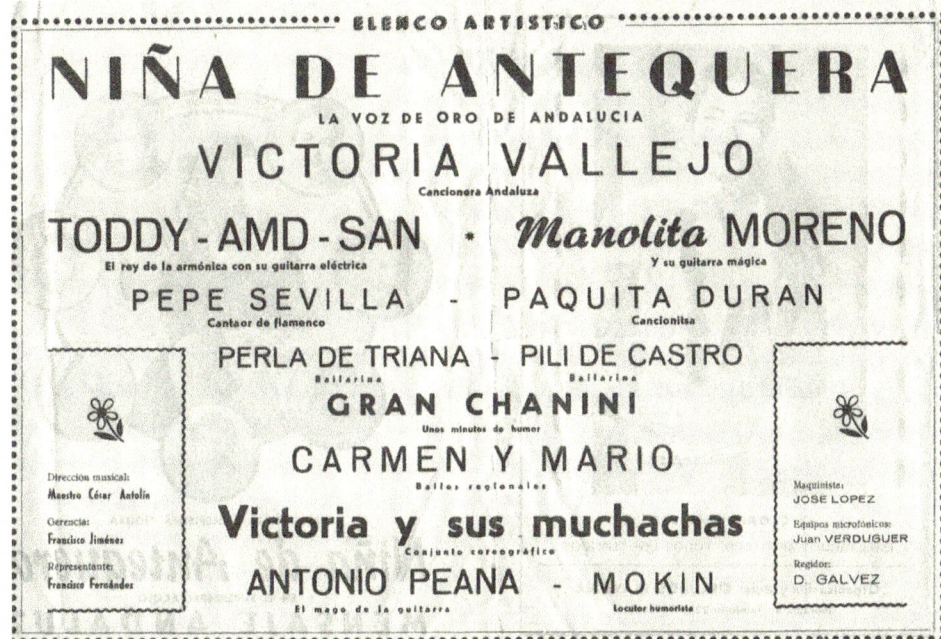

Reverso de cartel del espectáculo "Mensaje Andaluz", año 1959.- *Archivo: Servando Repetto López.*

26 de mayo de 1959.- Según podemos ver en sello estampado en la portada del libreto presentado a la censura y que reproducimos en la página 121, **Victoria Vallej**o actúa en la ciudad de Zaragoza.

17 de julio de 1959.- Actuación de **Victoria Vallejo** en Tarrasa, en su Gran Teatro Alegría.

Por cartel anunciador del espectáculo, aparecido en Tarrasa Información de este día, y que se reproduce a continuación, podemos ver los componentes de la Compañía. Es de resaltar que, al igual que en actuaciones anteriores, **Victoria** no solo actúa como artista solista y *"cancionera andaluza"*, sino que forma cabecera y parte del ballet *"Victoria y sus muchachas"*.

19 de julio de 1959.- Actuación de **Victoria Vallejo**, una vez más, en la Plaza de Toros Las Arenas de Barcelona. En diario La Vanguardia del día anterior se publicó el anuncio pertinente. Lo adjuntamos también a continuación.

17 al 23 de agosto de 1959.- *"¡Siete únicos días! de un espectáculo de pura solera, Mensaje Andaluz. Teatro Fuencarral. Lunes 17. Tolerado."* Así rezaba el anuncio del nuevo programa del Fuencarral de la capital madrileña aparecido en el ABC del día 15 de Agosto, y en cuyo elenco figuraba nuestra biografiada **Victoria Vallejo** junto a las figuras de Niña de Antequera, Niño de la Huerta, Chiquilín y el Loreño, entre otros y otras artistas. Como curiosidad citaremos que las localidades costaban *"Butaca 30 pesetas"*.

Izquierda: Publicidad del espectáculo "Mensaje Andaluz".- *Tarrasa Información de 17/7/1959.*
Derecha: Publicidad del espectáculo "Mensaje Andaluz".- *La Vanguardia de 18/07/1959.*

Título del Espectáculo: "PASAN LAS COPLAS"

22 al 28 de septiembre de 1959.- Actuación en el Teatro Apolo de Barcelona. Esta vez **Victoria Vallejo** figura en compañía de Pepe Marchena, la Niña de Antequera, Chiquilín y un nutrido grupo de artistas acompañados a la guitarra por Manolo Sanlúcar, Manolo Comitre y Antonio Peana. Completaban el cartel los humoristas Gran Baeza y Camilín.

29 de diciembre de 1959.- Actuación en el Teatro Cervantes de Sevilla.

El elenco que acompaña a **Victoria Vallejo** está compuesto, entre otros, por Pepe Marchena, Pepe Pinto, la Niña de Antequera y Los Gaditanos.

1960.-

Título del Espectáculo: "DUEÑA DEL CANTE"

14 al 17 de enero de 1960.- Actuación de **Victoria Vallejo** en el Teatro Fuencarral de Madrid. Posteriormente se ampliarían las representaciones como mínimo hasta el día 23.

Según foto tomada de la fachada del Teatro, puede verse el cartel anunciador y un letrero encima que dice: *"no hay billetes para la función de la tarde"*, prueba inequívoca del éxito obtenido por toda la Compañía, la cual estaba liderada por la Niña de Antequera y a la que seguían: Adelfa Soto, Manolita Moreno, **Victoria Vallejo**, Gran Baeza, Paquita Durán, Carmen y Mario, Niño de Aguadulce, Juan Ortega, Gran Mokin, Mercedes Rodríguez, Perla de Triana, Hermanos Moreno, Rosarito Vaquero y la guitarra de Antonio Peana.

Derecha:
Recorte de periódico con referencia a **Victoria Vallejo** y su paso por el Teatro Fuencarral de Madrid.-
Archivo: Servando Repetto López.

VICTORIA VALLEJO

gentil artista de la compañía que encabeza la Niña de Antequera con el espectáculo "Dueña del cante", que en el teatro Fuencarral tantos éxitos viene consiguiendo

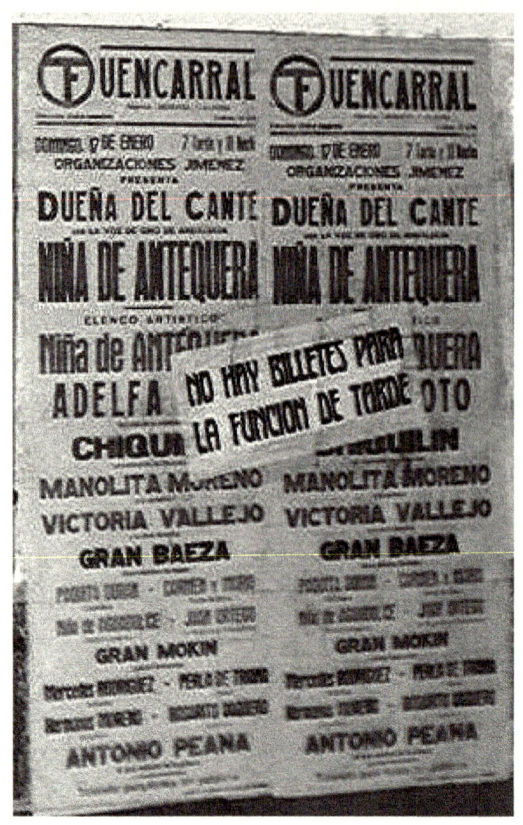

Izquierda:
Foto tomada de la fachada del Teatro Fuencarral de Madrid, en la que se aprecia cartel de fecha 17 de enero de 1960, del espectáculo "Dueña del Cante", con el rótulo de *"No hay billetes para la función de la tarde".- Archivo: Servando Repetto López.*

03 de marzo de 1960.- Actuación de **Victoria Vallejo** en el Teatro Cinema Cabrera de Écija. Se destaca la actuación de Chiquilín *"La Revelación del momento".*

01 y 02 de junio de 1960.- Actuación de **Victoria Vallejo** en el Teatro Principal de Zaragoza.

El día 1 tuvo lugar la presentación del espectáculo. En esta ocasión figura **Victoria** *"con su arte andaluz"*, junto a la Niña de Antequera, Chiquilín, Niña de Orihuela, Mari Tere Navarro, el humorista Gran Baeza, Paquita Durán, la pareja de baile Carmen y Mario, el locutor humorista Mokin, Amalia Valencia, Manolo Corriente, Dani y la guitarra de Antonio Peana.

En el diario "El Noticiero" de la capital zaragozana, de fecha 1 de junio, apareció cartel publicitario en el que se puede leer: *"breves días de actuación"*, por lo que deducimos que posiblemente tuvieron que ser más de dos días los que permaneció el espectáculo en el Principal.

Aunque la tónica general de las críticas de todos los espectáculos referenciados en este capítulo es positiva, muy positiva, también las hubo negativas, como por ejemplo la que reproducimos a continuación, aparecida en el "Heraldo de Aragón" de la ciudad de Zaragoza, del día 2 de junio. La copiamos íntegra para que compense los muchos renglones de alabanzas que hasta ahora hemos vertido y porque plantea algunas cuestiones interesantes como el tema del cante con micrófono. Impensable hoy en día un recital o un festival flamenco sin los "amplificadores" de sonido. Ahí va el repaso que el cronista da al espectáculo de la de Antequera:

"Un modestísimo espectáculo de variedades folklóricas, con predominio del cante y baile andaluz se presentó ayer en el Principal. Ni por su presentación, de viejos y sucios telones, ni por el elenco, es espectáculo para nuestro Teatro Municipal. Bien está que haya que admitir en su escenario todos los géneros escénicos, pero sin llegar a un nivel tan pobre. No vamos a descubrir a los viejos aficionados del cante a Niña de Antequera, la que domina todos los estilos como confirmó ayer en su deseo de complacer al público y tiene temperamento y gracia. Lástima que no pudiéramos apreciar cómo está de facultades, porque toda su actuación fue ante el micrófono. Lo mismo podemos decir de su sobrino (sic) Chiquilín, al que nos gustó oírle en bulerías, fandangos, alegrías, tanguillos de Cádiz, etc., porque todo lo canta con gusto y buen estilo. Ahora bien, tampoco pudimos conocer sus posibilidades de voz, porque con el amplificador el más leve hilo de voz es suficiente. No, señores, no; el cante andaluz y flamenco no es para esa falsificación del micrófono. El veterano guitarrista Antonio Peana acompañó muy bien a la de Antequera y a Chiquilín. Bastante vulgar todo lo demás del espectáculo, con inclusión de dos humoristas de escasos recursos. Lamentamos decir esto, pero nuestro deber es no engañar a los lectores. El mejor servicio que puede prestar la crítica es la de orientar, con la verdad, al posible espectador."

Título del Espectáculo: "COPLAS Y FALSETAS"

08 al 21 de junio de 1960.- Actuación de **Victoria Vallej**o en el Teatro Calderón de Madrid.

Reproducimos a continuación la crónica del espectáculo, aparecida en el diario "Dígame" el día 14, con el título de *"Niña de Antequera y Niño de la Huerta, en Calderón"*:

"El espectáculo lleva por título Coplas y Falsetas. Es un programa de arte andaluz, que tiene muy buenos especialistas, y de ellos los más descollantes y más aplaudidos Niña de Antequera y Niño de la Huerta. Ambas figuras poseen espléndidas dotes, buen gusto, buenos estilos y poderosa atracción para los aficionados al género. Tanto la de Antequera como el de la Huerta fueron jaleados y ovacionados con auténtico entusiasmo. Pero no quedaron limitados a ellos los aplausos, porque otros muchos de los elementos reunidos en el espectáculo alcanzaron también grandes ovaciones, lo que quiere decir que todo el programa transcurrió dentro del mejor éxito. Además de los popularísimos artistas mencionados están en Calderón **Victoria Vallejo**, Chiquilín, Rerre de los Palacios, Niña de Orihuela, El Loreño, Baeza, Mari Tere Navarro, Paquita Durán, Carmen y Mario, Mokin, Amalia Valencia, Manolo Corriente, Dani y los guitarristas Peana y Ávila. Como se ve, un elenco nutrido el reunido por Francisco Jiménez. Cante, baile, humorismo, canciones y cuanto hace de un espectáculo de esta índole feliz velada para la clientela. Hemos citado los nombres de quienes actúan en "Coplas y falsetas" y hemos de agregar el de J. César Antolín, maestro pianista, que también llevó adelante una buena labor. Para todos, repetimos, sonaron fuertemente los aplausos"

Como nota curiosa y hasta divertida, diremos que en el diario ABC del 8 de junio se puede leer: *"Calderón... Presentación espectáculo Coplas y **pesetas**"* en vez de Coplas y Falsetas. (Negritas y subrayado es nuestro). Imagino que al verlo el empresario diría: -¡eso, eso, muchas pesetas!

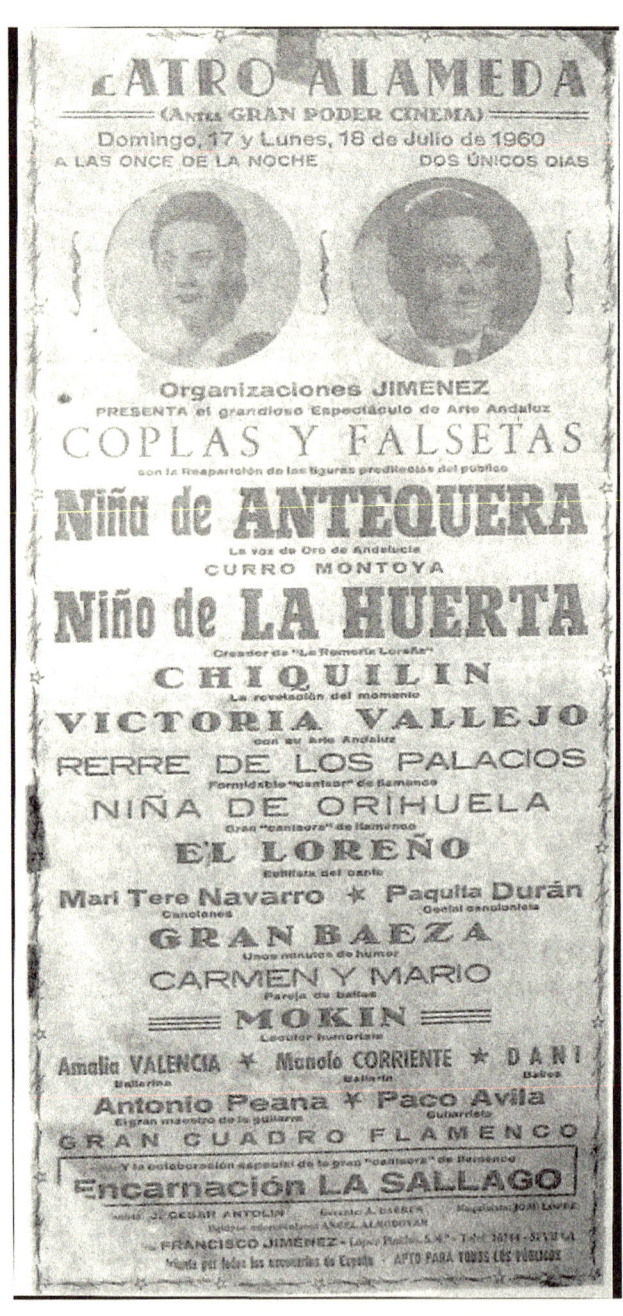

Cartel del Teatro Alameda, de fecha 17 y 18 de julio de 1960.-
Cortesía del Restaurante Curro Montoya, de Carmona.

07 de julio de 1960.- En el cartel publicado de este espectáculo, nuevamente en el Salón Imperial de Écija, se anuncia a **Victoria Vallejo** *con su arte andaluz.*

17 y 18 de julio de 1960.- Actuación de **Victoria Vallejo** en el sevillano Teatro Alameda (antes Gran Poder Cinema).

En el cartel que reproducimos en la página anterior, puede observarse el elenco completo del espectáculo, en el que destacan La Niña de Antequera y el Niño de la Huerta. Cabe resaltar, tal como puede leerse en la parte inferior de dicho cartel, la *"colaboración especial de la gran cantaora de flamenco Encarnación LA SALLAGO"*.

Nuevamente, las dos paisanas, **Victoria Vallejo** y La Sallago, actúan juntas al incorporarse esta última al espectáculo en el mes de julio del referido año 1960.

15 de octubre de 1960.- Siguen actuando juntas nuestras dos paisanas **Victoria Vallejo** y La Sallago, esta vez lo hacen en el Cine España de la localidad onubense de Lepe.

12 de noviembre de 1960.- Actuación de **Victoria Vallejo** en el Cine Teatro Crisfel de la localidad manchega de Alcázar de San Juan.

1961.-

Título del Espectáculo: **"COPLAS Y FALSETAS"**

7 y 8 de marzo de 1961.- Actuación de **Victoria Vallejo** en el Teatro Cervantes de Granada. Reproducimos aquí el cartel por su importancia.

Cartel de actuación en Granada, Teatro Cervantes, el 7 y 8/03/1961.- *Hoja del Lunes del 6/03/1961.*

Título del Espectáculo: **"BAJO EL SOL ANDALUZ"**

05 al 11 de mayo de 1961.- Durante *"7 únicos días 7"*, **Victoria Vallejo** *"con su arte andaluz"*, actúa en el Teatro Fuencarral de Madrid y es testigo excepcional del debut en la capital de España de su paisana La Sallago, a quien se anuncia de esta manera: *"por primera vez en Madrid la nueva revelación del cante flamenco"*.

Así podemos comprobarlo por la nota aparecida bajo una pequeña foto en el diario Dígame del día 9 de mayo de 1961:

> "Encarnación Marín La Sallago, la gran cantaora de Sanlúcar de Barrameda que por primera vez se ha presentado en Madrid, Teatro Fuencarral, con el espectáculo Bajo el Sol Andaluz que encabeza la Niña de Antequera, consiguiendo atronadores aplausos en todas sus brillantes intervenciones."

Ya vemos que el debut de Encarnación no pudo ser mejor, pues en la misma edición del diario citado anteriormente figura una breve reseña del espectáculo y de la que reproducimos lo siguiente:

> "Igualmente hubo inmensas ovaciones para Porrinas de Badajoz, que cada día acierta a calar más fuertemente en el público, y para La Sayago, que es figura muy importante en el género."

El elenco de la Compañía lo completaban la Niña de Antequera, Porrinas de Badajoz, Maite Galán, Niña de Orihuela, Mari Tere Navarro, Paquita Durán, El Loreño, Milagritos y Babi, Manolo Corriente, Dani y las guitarras de Antonio Peana y Teodomiro García (viene en cartel J. Vallejo, hermano de **Victoria**, en equipos microfónicos).

Victoria Vallejo con su clásico traje blanco en pleno baile.- *Archivo: Servando Repetto López.*

Foto de cartel expuesto en la puerta del Teatro Fuencarral de Madrid y que anuncia el espectáculo "Bajo el Sol Andaluz" para los días 5 al 11 de mayo de 1961.- *Archivo: Servando Repetto López.*

FIESTA DE GALA

ofrecida por el

EXCELENTISIMO AYUNTAMIENTO DE MADRID

en honor de la

DELEGACION ARGENTINA

Jardines de Cecilio Rodríguez
del Parque de Madrid (Retiro)

Día 26 de mayo de 1961
A las once de la noche

Programa de la Fiesta de Gala ofrecida por el Excmo. Ayuntamiento de Madrid a la Delegación Argentina, el 26 de mayo de 1961.- *Archivo: Servando Repetto López.*

PROGRAMA

ELENCO FOLKLORICO ESPAÑOL

DE LA COMPAÑIA

NIÑA DE ANTEQUERA

CON SU ESPECTACULO

BAJO EL SOL ANDALUZ

EN EL QUE TOMAN PARTE LOS SIGUIENTES ARTISTAS

NIÑA DE ANTEQUERA

LA SALLAGO - VICTORIA VALLEJO - MAITE GALAN

NIÑA DE ORIHUELA - MARI TERE NAVARRO
PAQUITA DURAN - EL LOREÑO - MILAGRITOS Y BABI
MANOLO CORRIENTE - DANI

GUITARRISTAS:

ANTONIO PEANA - TEODOMIRO GARCIA

MAESTRO PIANISTA:

J. CESAR ANTOLIN

ORQUESTA DEL TEATRO CALDERON

Interior del programa citado en la ilustración anterior, en él podemos ver juntas a **Victoria Valle**jo y La Sallago.- *Archivo: Servando Repetto López.*

26 de mayo de 1961.- En esta fecha se celebra en los Jardines de Cecilio Rodríguez del Parque del Retiro de Madrid, una "Fiesta de Gala" organizada por el Excelentísimo Ayuntamiento de Madrid en honor de la Delegación Argentina.

El programa lo componían el *Elenco Folklórico Español de la Compañía de la Niña de Antequera, con su espectáculo Bajo el Sol Andaluz"* y un *"Conjunto Folklórico Argentino"*.

En esta ocasión la Niña de Antequera encabeza el cartel seguida de **Victoria Vallejo** y su paisana La Sallago, con Maite Galán, Niña de Orihuela, Mari Tere Navarro, Paquita Durán, El Loreño, Milagritos y Babi, Manolo Corriente, Dani, las guitarras de Antonio Peana y Teodomiro García, el maestro pianista J. César Antolín y la Orquesta del Teatro Calderón. El diario ABC del día siguiente, 27 de mayo, recogió la noticia:

> "Comida de Gala ofrecida por el Ayuntamiento. El alcalde de Madrid ha ofrecido anoche una comida de gala a los miembros de la Delegación argentina que se halla en España con motivo de la inauguración del monumento al general San Martín. Se celebró en el pabellón de los jardines de Cecilio Rodríguez, del Parque del Retiro, y al final hubo un festival folklórico de danzas y canciones argentinas y españolas."

05 de junio de 1961.- Actuación de **Victoria Vallejo** en la ciudad de Cuenca. Sabemos de esta actuación por el sello de Visado de la Censura que figura en la portada del libreto que debían presentar ante las autoridades antes de cada espectáculo y en el que figuraban las letras del repertorio, las cuales tenían que ser revisadas y autorizadas por la censura. En la ilustración de la página 121, reproducimos la portada del libreto que **Victoria Vallejo** presentaba a las autoridades para que pasara la censura. Podemos comprobar en ella lo que hemos comentado, los sellos de autorización de la Delegación de Información y Turismo.

MONUMENTAL	ARENAS
Hoy sábado, 1º julio	Mañana domingo, 2 julio
Noche, a las 11	Noche, a las 11

ACONTECIMIENTO ARTISTICO
OPERA FLAMENCA
—— DESAFIO ——

Antonio MOLINA - Pepe PINTO
NIÑA DE ANTEQUERA - MANOLO EL MALAGUEÑO
LA SALLAGO - NIÑO RICARDO
LAS PAQUIRAS - VICTORIA VALLEJO
TERE VAZQUEZ - ANGELITA ARRABAL - LINA Y ANDRES
Y SU GRAN «BALLET» DESAFIO
HUMORISTA: CHANINI

¡UN ESPECTACULO SENSACIONAL!
SOLO POR DOS UNICOS DIAS

Cartel del "Desafío" en Barcelona, 1 y 2/07/1961.- *Diario La Vanguardia del 01/07/1961.*

Título del Espectáculo: **"DESAFÍO"**

01 y 02 de julio de 1961.- Tal como podemos ver en el cartel reproducido en la página anterior, se repite la historia, nuevamente **Victoria Vallejo** dos días en Barcelona en las Plazas de Toros Monumental y Las Arenas. Podemos ver también a su paisana La Sallago.

04 de julio de 1961.- Se repite el programa y el cartel anterior, esta vez en la ciudad de Mataró, en la Pista del Velódromo, tal como se recoge oportunamente en el "Diario Comarcal Mataró" de dicha fecha.

Título del Espectáculo: **"I FESTIVAL DE LA CANCIÓN FLAMENCA"**

14 al 19 de julio de 1961.- Actuación de **Victoria Vallejo** en el Price-Hall de Madrid. En el diario ABC del 15 de julio viene esta jugosa e interesante crítica de la que sale muy bien parada nuestra paisana La Sallago. Veámosla:

> "Anoche en el Circo de Price, comenzó el primer festival español de la canción flamenca... El festival terminará el día 29, probablemente, si no hay inundaciones, galernas, terremotos u otros males menores. Uno, que no es flamenco, pero que estima el cante, diría que para flamencos "La Sallago" y Pepe Pinto, pero "La Sallago" primero, y no por lo del sexo femenino: por flamenca."

21 de julio de 1961.- En el Price-Hall de Madrid, **Victoria Vallejo** participa en este Primer Festival y es testigo de la reñida "pelea" cantaora entre la Niña de Antequera y Gracia de Triana, siendo la primera la que se alzaría finalmente en justa ganadora del Trofeo Price-Hall.

10 de agosto de 1961.- Actuación de **Victoria Vallejo** en la Plaza de Toros de Valencia.

12 de agosto de 1961.- Actuación de **Victoria Vallejo** en el Cine Mery de la localidad murciana de La Unión. Se da la triste casualidad que durante la representación de este día, el veterano cantor sevillano Manuel Centeno se sintió indispuesto cuando cantaba. Fue trasladado rápidamente al hospital de Cartagena, ciudad donde fatalmente falleció y fue enterrado. De la noticia se hizo eco el ABC del 19 de Agosto, terminando la crónica con estos tristes renglones para más desgracia del excelente cantaor Centeno, *"rey de la saetas"*:

> "... trasladado a Cartagena y en ella dejó de existir, pese a los auxilios médicos. Y en ella ha recibido sepultura, porque su viuda, Josefa Pacheco Vasco, que no llegó a tiempo de cambiar con él las últimas, tremendas palabras, carecía de dinero suficiente para traer sus restos a Sevilla."

Título del Espectáculo: **"YO SOY EL CANTE"**

17 de agosto de 1961.- Esta vez toca la región murciana y es la localidad de Lorca la que recibe, en la terraza de verano del Gran Cinema, a toda la Compañía de "Yo soy el cante" en la cual figura **Victoria Vallejo**, junto a Pepe Marchena, Niña de Antequera, Canalejas de Puerto Real, Pastora Quintero, las Paquiras y Gracia de Triana.

19 y 20 de agosto de 1961.- La Compañía sigue su periplo y pasa a tierras catalanas. La historia se repite una vez más, **Victoria Vallejo** va a Barcelona y actúa el día 19 en la Plaza de Toros Monumental y al día siguiente en la de Las Arenas.

25 de agosto al 03 de septiembre de 1961.- **Victoria Vallej**o actúa nuevamente en Madrid, en el Circo Price, junto a Pepe Marchena, la Niña de Antequera, Gracia de Triana, Canalejas, Pastora Quintero, Manolo de la Rivera, Paquita Durán, Mari Tere Navarro, Tomy García, Antonio Pérez, Antonio Peana, Pascual Moya y el locutor ,y humorista, Baeza.

La crítica fue muy positiva y así lo atestiguan las crónicas de Alfredo Marqueríe en ABC:

"Para los indígenas y para los extranjeros que quieran conocer la entraña íntima de nuestro folklore, este Festival de la Canción Flamenca constituye una coyuntura pocas veces asequible para comprobar cómo la prima y el bordón tienen su exacta equivalencia en los trémolos apasionados de la voz de Marchena, el mejor de nuestros cantaores".

La de Leocadio Mejías en "Diario Madrid":

"Sobre la pista de Price-Hall los grandes del cante en extraordinaria competición, apasionado y apasionante espectáculo para los devotos de nuestro más genuino arte popular, que se desarrolló anoche entre ovaciones y olés , y en cuya cabeza figura el sensacional artista Pepe Marchena, dominador de todos los cantes y todas las facetas de lo jondo, …".

O la de Luís Pérez Jaén aparecida en "El Alcázar":

"Con el propósito de hacer desfilar por su pista a los más populares intérpretes de la canción flamenca y coronar así de forma solemne la programación veraniega de su cartelera, fue presentado ayer en Price un nuevo y nutrido programa de atracciones de este tipo, programa que alcanzó un éxito rotundo y excepcional."

Y finalmente, la publicada en la "Hoja del Lunes" madrileña:

"Un gran festival de flamenco. Si el Price no se vino abajo con las ovaciones del público durante la extraordinaria exhibición de cante flamenco presentada el viernes y al conjuro, sobre todo, de la emocionante lección que nos brindó Pepe Marchena, fue por verdadera casualidad."

Portada del libreto, con las letras del repertorio de **Victoria Vallejo**, que se presentaba a las autoridades para el Visado de la Censura. Pueden verse los sellos de los visados de Zaragoza (1959) y Cuenca (1961).- *Archivo: Servando Repetto López.*

23 de agosto de 1961.- Siguiendo el recorrido por Cataluña, esta vez van a Mataró, donde **Victoria Vallejo**, junto con toda la Compañía, actúa en el Velódromo de dicha localidad. Esta vez lo hacen con un fin benéfico, tal como nos aclara el diario Mataró del 22 de Agosto:

"El festival es a beneficio del Patronato Local de la Vejez, y se espera determine un lleno en el monumental velódromo mataronés."

25 de agosto al 3 de septiembre de 1961.- *¡Diez únicos días!. ¡Un acontecimiento sin precedentes en la historia del flamenco!* De esta forma tan exagerada se anunciaba el espectáculo "Yo soy el cante" para estos días finales de agosto y principios de septiembre en el Price-Hall de Madrid. Como si fuera la primera vez que **Victoria Vallejo** y sus compañeros y compañeras de cartel actuaran en el Price madrileño. Las cosas de Pascual Saavedra que, por cierto, buenos éxitos le dieron.

La crónica, nuevamente de Alfredo Marquerie en ABC del día 26, nos da detalles:

"Y por la pista de Price desfilaron, entre los aplausos del público, el ballet "Las Trianeras", Tomy García, Antonio Pérez, Antonio Peana, Pascual Moya, Mary Tere Navarro, Paquita Durán, Pastora Quintero, Manolo de la Ribera… Cancionistas, bailarinas y "bailaores", "sonantistas", etc. Y como figuras estelares de la especialidad, Canalejas de Puerto Real, firme y entero de voz, recio de estilo; Gracia de Triana, que en los fandangos y en las bulerías demostró, una vez más, su fidelidad a la tradición de la mejor escuela; la Niña de Antequera, para la que no tiene secretos el auténtico son andaluz, en plena forma y potencia. Atracción máxima del espectáculo: Pepe Marchena."

Título del Espectáculo: **"ASÍ CANTA ANDALUCÍA"**

27 de noviembre al 3 de diciembre de 1961.- Actuación *"Por 7 únicos día, Acontecimiento"* de **Vitoria Vallejo** en el Teatro Poliorama de Barcelona. En el diario La Vanguardia del día 18 aparece crónica del espectáculo, de la cual destacamos lo concerniente a nuestra artista, debiendo hacer notar un nuevo error pues viene como Victoria Moreno:

"En el resto del espectáculo, todo él acogido, según hemos dicho, con desbordante entusiasmo, tuvieron excelentes intervenciones los guitarristas Melchor de Marchena, Antonio Peana y Benito de Mérida, que trabajaron de lo lindo; los hermanos Moreno, con sus canciones modernas; las cancionistas Mari Tere Navarro y Antonia Moreno, **Victoria** Moreno (sic) que canta y baila, y el Gran Baeza…".

Título del Espectáculo: **"RETABLO GITANO"**

22 al 31 de diciembre de 1961.- Actuación de **Victoria Vallejo** en el Teatro Alcalá de Madrid. El espectáculo se dio también el día de año nuevo, 1 de enero de 1962. Así lo atestigua el cartel aparecido en Hoja del Lunes del día 18 y que se inserta a continuación, en la página siguiente.

Publicidad del espectáculo "Retablo Gitano".- *Hoja del Lunes del 18/12/1961.*

1962.-

Título del Espectáculo: **"RETABLO GITANO"**

25 de enero de 1962.- Actuación de **Victoria Vallejo** en Burgos, en el Cine Avenida, según consta en el apartado "Guía del Espectador" del Diario de Burgos del mismo 25 de enero.

05 de febrero de 1962.- Actuación de **Victoria Vallejo** en Logroño, en el Teatro Bretón, también llamado Bretón de los Herreros. Puede verse la publicidad del espectáculo en el diario La Rioja del día 3 de febrero.

09 de mayo de 1962.- Tal como se anuncia en el diario Libertad de esta fecha, actuación de **Victoria Vallejo** en el Teatro Carrión de Valladolid.

12 de mayo de 1962.- Actuación de **Victoria Vallejo** en el Teatro Ramos Carrión de Zamora. En el diario Imperio de Zamora, del propio día 12, vemos el anuncio, y en el del día 13, la crónica correspondiente.

Publicidad del espectáculo "Retablo Gitano".- *Diario Imperio de Zamora del 12/05/1962.*

Título del Espectáculo: "FESTIVAL DEL CANTE"

30 de mayo al 11 de junio de 1962.- Actuación, por enésima vez, de **Victoria Vallejo** en el Price-Hall de la capital de España. Así se recoge breve crónica en el diario ABC del día 31:

"Anoche asistimos a la presentación del segundo programa del Festival del cante en Price. Con "Perlita de Huelva", "Los Sevillanos", "El Chozas", la graciosa Angelita Font. "Los Paquiros", July y Víctor, "bailaores" y "bailaoras" animan coreográficamente el espectáculo. Son atracciones del mismo Enrique Montoya -que combina lo flamenco con lo sincopado, acompañado de la orquesta "Los Flamingos"-, Camilín -veterano de la narración cómica, simpático y popular-, y la magnífica "Niña de Antequera" -admirablemente acompañada a la sonanta por don Antonio Peana-. Es una ·cantaora" que además de buen estilo, oído y sentimiento y variedad de registros tiene un ruiseñor escondido en la garganta."

Título del Espectáculo: "TRONO DE COPLAS"

14 de junio de 1962.- Actuación de **Victoria Vallejo** en el Teatro Ramos Carrión de la capital zamorana. En el diario Imperio de Zamora del día 14 podemos ver la publicidad pertinente.

Publicidad del espectáculo "Trono de Coplas".- *Diario Imperio de Zamora, del 14/06/1962.*

16 de junio de 1962.- Siguiendo su gira por tierras de Castilla y León, **Victoria Vallejo** actúa en el Teatro Zorrilla de Valladolid. Nos lo dice el diario Libertad del día anterior, 15.

27 de junio de 1962.- Por breve reseña publicada en el periódico Nueva Alcarria del día 23, sabemos de la actuación de **Victoria Vallejo** en el Teatro Liceo de Guadalajara.

18 de julio de 1962.- Actuación de **Victoria Vallejo** en la Plaza de Toros de la localidad sevillana de Écija, con *"Los Titanes del Flamenco"* Niña de Antequera y Enrique Montoya.

10 de agosto de 1962.- Por fin nuevamente tierras andaluzas, actuación de **Victoria Vallejo** en Sevilla, en el Cine Alameda. Lo dice el Abc del mismo día 10.

09 de noviembre de 1962.- Según viene reflejado en la publicación Flores y Abejas del día 6 de noviembre, actuación de **Victoria Vallejo** en el Teatro Liceo de Guadalajara.

22 de diciembre de 1962.- Actuación de **Victoria Vallejo** en el Teatro Cinema Río de la localidad de Ibi (Alicante).

1963.-

Título del Espectáculo: **"TRONO DE COPLAS"**

18 de febrero de 1963.- Actuación de **Victoria Vallejo** en Zamora, en el Teatro Ramos Carrión. Veamos extracto de la crónica aparecida en el diario Imperio de Zamora del día 19:

"El público siguió con interés y entusiasmo el desarrollo del programa y tributó a los actuantes aplausos calurosos. Naturalmente las más calurosas ovaciones se dedicaron a la "Niña de Antequera". Con ella compartieron las mieles del triunfo y del favor popular "Curro de Utrera", cantaor de pura solera; Julio Robledo, ventrílocuo; Tona Sanz, cantante melódica; Jesús "El Choza", estilista del cante; Paco Márquez, cancionero y bailarín; Paquita Durán, canzonetista; Pepita Fernández, bailarina; Esmeralda, tonadillera; los maestros de la guitarra, don Antonio Peana y A. García, y demás artistas que forman esta notable compañía, a la cual le cabe únicamente el reparo de abusar demasiado del micrófono y de los altavoces."

Título del Espectáculo: **"SEVILLA EN <<TWIS>>"**

06 de mayo de 1963.- Actuación de **Victoria Vallejo** en el Cine Versalles de Barcelona, tal como viene recogido en La Vanguardia de la víspera, día 5 de mayo.

Título del Espectáculo: **"GLORIAS DE ANDALUCÍA"**

22 de agosto de 1963.- Actuación de **Victoria Vallejo** en el Cine Español, Dos Hermanas.

31 de agosto de 1963.- Una de las pocas incursiones de **Victoria Vallejo** por tierras gaditanas, concretamente en San Fernando, en su Plaza de Toros y a la vez Cine Avenida.

21 de octubre de 1963.- Actuación de **Victoria Vallejo** en el Teatro Pradera de la Plaza Zorrilla de Valladolid. Al día siguiente, 22 de octubre, apareció la pertinente crónica en el periódico Libertad.

1964.-

Título del Espectáculo: **"GLORIAS DE ANDALUCÍA"**

13 de enero de 1964.- Actuación de **Victoria Vallejo** en el Teatro Cinema Cabrera de la localidad sevillana de Écija.

Título del Espectáculo: "NOMBRES SELECTOS"

16 de abril de 1964.- Actuación de **Victoria Vallejo** en la localidad barcelonesa de Igualada, concretamente en el Salón Teatro del Centro Nacional. Podemos ver una completa reseña en la publicación Igualada del 18 de abril.

10 de mayo de 1964.- Actuación en el Teatro Municipal de Gerona. Por publicidad insertada en el diario "Los Sitios" de dicha capital, sólo podemos aclarar que habla de la reaparición de la Niña de Antequera, con un elenco de primeras figuras y con la Orquesta del Maestro Mérida. Para más detalles nos remite a los programas de mano.

20 de mayo de 1964.- Actuación de **Victoria Vallejo** en el Teatro Bretón de Logroño. No tuvo mucho éxito el espectáculo a tenor de la crónica aparecida en la publicación Nueva Rioja del día siguiente y que reproducimos como documento a continuación.

«Nombres selectos», en el Bretón

La "Niña de Antequera" presentó ayer en el escenario del Bretón su espectáculo de variedades, teniendo como plato fuerte el cante y baile flamencos. Entre éstos se intercalaron algunos números de canciones modernas e incluso cuadros cómicos.

El espectáculo en sí resultó muy flojo. Salvo algunas individualidades, el arte brilló por su ausencia y el resultado no pasó de ser discreto.

La "Niña de Antequera" cumplió sin demasiado acierto, lo mismo que Mary Carlota. Los Canasteros gustaron, a pesar de que corrieron el riesgo de hacerse pesados por el número de sus intervenciones. Muy deficientes las interpretaciones de canciones modernas y los grupos de baile "de los años veinte".

Resumiendo: Espectáculo muy flojo, pero indicado para los amantes del flamenco.

J. O.

Crónica del espectáculo "Nombres Selectos".- *Nueva Rioja del 21/05/1964.*

01 y 02 de junio de 1964.- Actuación de **Victoria Vallejo** en el Teatro García Barbón de la ciudad de Vigo.

Anverso del programa de mano del espectáculo "Así es el Cante", del año 1964.-
Archivo: Servando Repetto López.

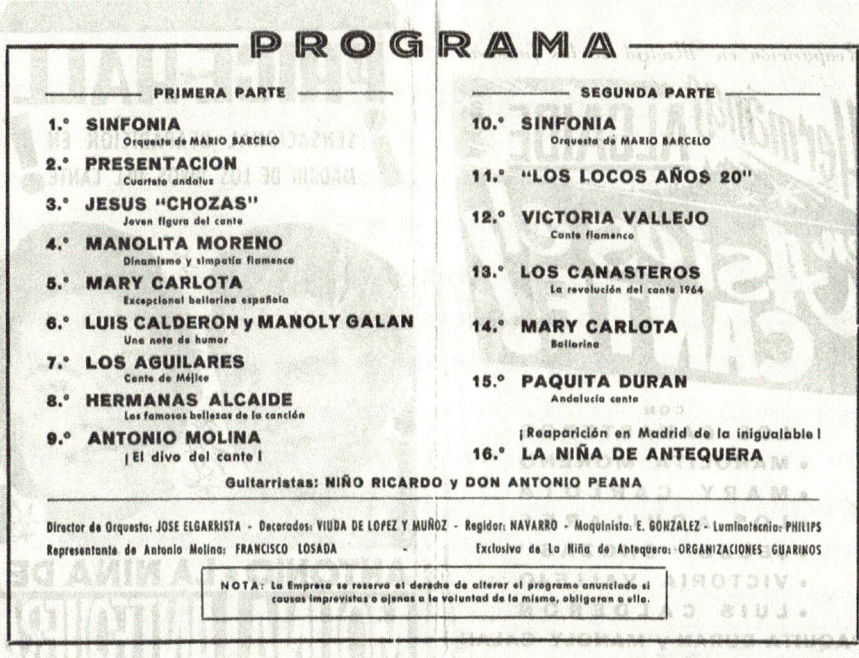

PROGRAMA

PRIMERA PARTE

1.° **SINFONIA**
Orquesta de MARIO BARCELO

2.° **PRESENTACION**
Cuarteto andaluz

3.° **JESUS "CHOZAS"**
Joven figura del cante

4.° **MANOLITA MORENO**
Dinamismo y simpatía flamenca

5.° **MARY CARLOTA**
Excepcional bailarina española

6.° **LUIS CALDERON y MANOLY GALAN**
Una nota de humor

7.° **LOS AGUILARES**
Cante de Méjico

8.° **HERMANAS ALCAIDE**
Las famosas bellezas de la canción

9.° **ANTONIO MOLINA**
¡ El divo del cante !

SEGUNDA PARTE

10.° **SINFONIA**
Orquesta de MARIO BARCELO

11.° **"LOS LOCOS AÑOS 20"**

12.° **VICTORIA VALLEJO**
Cante flamenco

13.° **LOS CANASTEROS**
La revolución del cante 1964

14.° **MARY CARLOTA**
Bailarina

15.° **PAQUITA DURAN**
Andalucía canta

¡Reaparición en Madrid de la inigualable !

16.° **LA NIÑA DE ANTEQUERA**

Guitarristas: NIÑO RICARDO y DON ANTONIO PEANA

Director de Orquesta: JOSE ELGARRISTA - Decorados: VIUDA DE LOPEZ Y MUÑOZ - Regidor: NAVARRO - Moquinista: E. GONZALEZ - Luminotecnia: PHILIPS
Representante de Antonio Molina: FRANCISCO LOSADA - Exclusiva de La Niña de Antequera: ORGANIZACIONES GUARINOS

NOTA: La Empresa se reserva el derecho de alterar el programa anunciado si causas imprevistas o ajenas a la voluntad de la misma, obligaran a ello.

Reverso del programa de mano del espectáculo "Así es el Cante", del año 1964.-
Archivo: Servando Repetto López.

Título del Espectáculo: **"ASÍ ES EL CANTE"**

05 de septiembre al 05 de octubre de 1964.- Reaparición en Madrid, en el Price-Hall, de los divos del cante Antonio Molina y Niña de Antequera, también de las famosas Hermanas Alcalde. El elenco lo componían entre otros: Niña de Antequera, Antonio Molina, Jesús Chozas, Manolita Moreno, Mary Carlota, **Victoria Vallejo** *(cante flamenco)*, Los Canasteros, Paquita Durán y las guitarras de Niño Ricardo y Antonio Peana. Están en la cartelera nada más y nada menos que un mes.

Título del Espectáculo: **"SOLERA DE BRONCE"**

19 de diciembre de 1964.- Actuación de **Victoria Vallejo** en la localidad valenciana de Alpera, en su Cine Montecarlo. Como curiosidad figura en el reverso del díptico editado al respecto el hermano de **Victoria**: *"Maquinista: Juan Vallejo"*.

1965.-

Título del Espectáculo: **"SOLERA DE BRONCE"**

23 de enero de 1965.- Actuación de **Victoria Vallejo** en el Teatro Cinema Río de la localidad alicantina de Ibi. Vemos cómo el empresario Saavedra va alternando los títulos.

Título del Espectáculo: **"ASÍ ES EL CANTE"**

25 de febrero de 1965.- Actuación de **Victoria Vallejo** en el Cine Versalles de Barcelona. Sabemos de este evento por La vanguardia del día anterior, 24 de febrero.

Según el cantaor Jesús Chozas, en este año estuvo junto a la Niña de Antequera, Juanito Valderrama, Dolores Abril y **Victoria Vallejo**, dos meses actuando en el Teatro Cómico de Madrid y luego realizaron una gira de un año por toda la geografía española.

Título del Espectáculo: **"SOLERA DE BRONCE"**

26 de febrero de 1965.- Actuación de **Victoria Vallejo** *"el terremoto del baile"*, en el Teatro Cine Victoria de la ciudad barcelonesa de Badalona.

09 de marzo de 1965.- Actuación de **Victoria Vallejo** en Igualada (Barcelona), en el Salón Teatro del Centro Nacional.

14 de marzo de 1965.- Actuación de **Victoria Vallejo** en el Teatro Municipal de Gerona.

Reproducimos a continuación el artículo aparecido dos días después, el 16 de marzo, en el diario "Los Sitios", de Gerona:

"El domingo volvió al escenario del Teatro Municipal el espectáculo presentado por la Niña de Antequera bajo el título *"Solera de Bronce"*. La estampa del teatro esta vez si no lleno, con buena entrada de público aficionado a esta clase de representaciones, volvió a repetirse. El primero que caldeó el ambiente fue Jesús Chozas, que llevó su interpretación *flamenca* con muchos humos. Antes el *Cuarteto de Andalucía* se hizo aplaudir en unos bailes típicos. Seguidamente fueron pasando por las tablas Manolita Moreno que con su guitarra estuvo acertada y convincente; Mary Carlota, bailarina de mucho nervio, que recibió muchos aplausos tras su labor; el maestro Cendejas y su acordeón, cosechó la estima del respetable en sendas interpretaciones, los Rikel`s, músicos internacionales, que tocaron con vistosa espectacularidad y ritmo trepidante; además **Victoria Vallejo**, Luis Calderón, cómico muy popular en sus chistes y parodias, Antonio Peana, Paquita Durán y otros que llevaron el espectáculo consiguiendo divertir y levantar las ovaciones de los asistentes. El número fuerte estuvo en la actuación de la Niña de Antequera, desarrollando y ampliando su repertorio ante las peticiones de los entusiastas. Y así, tras hacerse ovacionar en unos primeros tientos y bulerías, alborotó a los espectadores con sus canciones *"Ay, mi perro", "Con los bracitos en cruz"* y *"Como te quiere tu madre"*. Todavía sigue pues la Niña de Antequera con su inefable arte cosechando el éxito y reina de un estilo y de un temperamento flamenco por todo lo alto. Así lo demostró el domingo en el escenario del Teatro Municipal. *"Solera de Bronce"* entretuvo bien y cumplió una vez más dentro del género de variedades en las dos sesiones de tarde y noche."

14 de mayo de 1965.- Actuación de **Victoria Vallejo** en Valladolid, en la sala Carrión. El diario Libertad de la capital vallisoletana, dio debida cuenta del espectáculo al día siguiente.

05 y 06 de junio de 1965.- En esta ocasión actúa **Victoria Vallejo** en el *Gran Teatro Portátil Circo Moderno instalado en el Cine Manchego, calle Martínez de la Riva 176,* de la localidad madrileña de Vallecas.

Recorte de prensa del espectáculo "Solera de Bronce" del mes de junio de 1965, en el que figura **Victoria Vallejo**.- *Archivo: Servando Repetto López.*

30 de junio de 1965.- Actuación de **Victoria Vallejo** en Ciudad Real, en su Cine Plaza de Toros.

28 de julio de 1965.- Actuación de **Victoria Vallejo** en Sanlúcar de Barrameda, en el Gran Cinema.

19 de agosto de 1965.- Por el diario ABC del día anterior, conocemos esta actuación de **Victoria Vallejo** en Sevilla, en el Cine Enramadilla. Con ella la Niña de Antequera y el largo etcétera que podemos ver en el cartel que se reproduce en la página que sigue.

Retrato en tablilla al óleo, en color, aunque aquí no pueda apreciarse. Como curiosidad, además de tratarse de una pintura y no de una foto, es que vemos por primera vez a una **Victoria Vallejo,** como artista, vestida de mujer, mantilla incluida.- *Archivo: Servando Repetto López.*

Cartel del espectáculo "Solera de Bronce", del año 1965.- *Archivo: Servando Repetto López.*

"S O L E R A   D E   B R O N C E"

" N O M I N A "

ROCIO ARAGON Y BALLET......................	2,500 Pts.
SAN CHIS QUITET............................	1,900 "
LOS CANASTEROS.............................	1,250 "
LOS MILLONARIOS	1,200 "
GEN Y Y REINET.............................	800 "
AN-TON-IO PEANA	350 "
EL LOREÑO..................................	300 "
CENDEJAS...................................	125 "
VICTORIA VALLEJO...........................	350 "
	8,775 "
AUTOCAR Y CHOFER...........................	1,425 "
GERENTE....................................	350 "
MAQUINISTA.................................	350 "
REGIDOR....................................	200 "
DECORADO...................................	200 "
DESCARGA...................................	200 "
	11,500 "

TOTAL DE GASTOS II,500 Pts.

DIETAS EN CASO DE PARADA.	
ORQUESTA......................	950 Pts.
AUTOCAR Y CHOFER..............I	425 "
MAQUINISTA....................	350 "
REGIDOR.......................	200 "
CARGA.........................	200 "
	3,I25

Hoja original de gastos diarios del espectáculo "Solera de Bronce", del año 1965, en donde vemos que **Victoria Vallej**o cobraba 350 pesetas por actuación.- *Archivo: Servando Repetto López.*

Título del Espectáculo: "LA VERDAD DEL CANTE"

01 al 20 de octubre de 1965.- Nuevamente vuelve **Victoria Vallejo** y toda la compañía a actuar en el madrileño Circo Price. Durante esos 20 días se estuvo publicando el anuncio publicitario en la cartelera de espectáculos del diario ABC.

Título del Espectáculo: "ASÍ CANTA ANDALUCÍA"

12 de noviembre de 1965.- Actuación de **Victoria Vallejo** en el Cinema Cervantes de Elda.

1966.-

Título del Espectáculo: "SOLERA DE BRONCE"

19 de mayo de 1966.- Actuación de **Victoria Vallejo** en San Baudilio de Llobregat, en el Teatro Córdoba-París, instalado en la Feria.

09 de junio de 1966.- Hoy, festividad del Corpus, actuación de **Victoria Vallejo** en la ciudad catalana de Igualada. Como en ocasiones anteriores lo hace en el escenario del Salón Teatro del Centro Nacional. Lo podemos ver en la publicación Igualada del día anterior. Por la crónica del mismo Igualada del día 11, sabemos del poco éxito del espectáculo:

> "Ni la sesión de tarde tuvo la asistencia que podía esperarse, ni mucho menos en la de noche en la que se pudieran contar escasas filas completas. La frecuencia de las actuaciones de la "Niña de Antequera" y por añadidura con el mismo título de espectáculo, y un elenco correcto pero en el que no destaca ninguna figura en especial, salvo la cantante en cuestión, pueden ser las causas de esta floja entrada."

Título del Espectáculo: "VOCES FAMOSAS"

11 de agosto de 1966.- Actuación de **Victoria Vallejo** en Sevilla, en el Cine Emperador. Con ella salen al escenario, según la publicidad en ABC de ese día 11, las voces famosas de Niña de Antequera, Enrique Montoya, Antonio el Sevillano y El Loreño, amén de un largo etcétera de artistas, menos famosos, claro.

10 de septiembre de 1966.- Actuación de **Victoria Vallejo** en la "Terraza Cine La Merced", de la ciudad de Ronda (Málaga), figurando en el gran espectáculo en el que, encabezado por la Niña de Antequera, figuran además: Gordito de Triana, Anita Rosa, Rerre de los Palacios, Carmen Mora, Manolo Fregenal, Estrella Paredes, Mari LLedó, Conchita Martín, la guitarra de Benito de Mérida y la "Orquesta Bahía" con el maestro Galipienso.

A continuación reproducimos el cartel de esta actuación en la citada ciudad malagueña.

Cartel de la Terraza Cine "La Merced" de Ronda, de fecha 10 de septiembre de 1966.-
Archivo: Servando Repetto López.

14 de septiembre de 1966.- En el diario ABC de este mismo día se puede encontrar cartel de este espectáculo celebrado en Sevilla. En esta ocasión **Victoria Vallejo** actúa en el *Cine "El Ranchito". El cine más popular de la Barriada de Torreblanca y el más original de Sevilla.*

Título del Espectáculo: "TODAS CONTRA MÍ"

6 al 19 de octubre de 1966.- Durante todos estos días **Victoria Vallejo** actúa en Madrid, en el Teatro Calderón, en el también llamado *"Primer Festival Femenino de Cante Flamenco"*, un invento de Juanito Valderrama que haciendo honor a lo de *"Todas contra mí"*, se rodeó además de las artistas Niña de Antequera, Flor de Córdoba, Lolita Valderrama, Isabelita Garcés y Amina.

Título del Espectáculo: "TODOS CONTRA MÍ"

20 al 24 de octubre de 1966.- Sigue la Compañía en el Teatro Calderón. Esta vez con otro título reiterativo y poco imaginativo de Juanito Valderrama. Claro, como en este espectáculo se rodea de cantaores como, Curro de Utrera, Jacinto Almadén y Jarrito, pues se cambia el "todas" por el "todos" y se acabó. A pesar de constar en el cartel como *Primer Festival masculino de Cante Grande*, Valderrama sigue contando en el espectáculo con féminas como **Victoria Vallejo** y la Niña de Antequera.

Título del Espectáculo: "YO CONTRA TODOS"

25 de octubre al 6 de noviembre de 1966.- **Victoria Vallejo** continúa actuando en el Calderón y es testigo de cómo Valderrama sigue rizando el rizo, ahora pone como cabecera del elenco a Juanito Maravillas y lo hace competir con él, con Curro de Utrera y Jarrito, así justifica el nuevo título. En el diario ABC del día 6 de noviembre podemos leer la finalización del espectáculo: *Hoy, noche, homenaje a Juanito Valderrama, gran fin de fiesta y despedida...*

07 al 13 de diciembre de 1966.- Actuación de **Victoria Vallejo** en Sevilla. En esta ocasión Valderrama presenta su "Yo contra todos" en el Teatro San Fernando de la capital del Betis e incorpora al espectáculo varios artistas más, como pueden ser Enrique Montoya, El Chocolate, El Chiquetete, El Perlo de Triana, Jesús Heredia y otros.

24 y 25 de diciembre de 1966.- Tanto en Nochebuena como en Navidad, **Victoria Vallejo** tiene que actuar y lo hace en Barcelona, en el Cine Diana. Aquí no se descansa ni en las fiestas más entrañables y familiares del año.

1967.-

Título del Espectáculo: "TODOS CONTRA MÍ"

04 de enero de 1967.- Actuación en Barcelona en el Teatro Apolo. **Victoria Vallejo** forma parte de este espectáculo de Juanito Valderrama, en el que también figuran la Niña de Antequera, el humorista Astigi, la bailarina Esther Escudero y Pepe Martínez a la guitarra.

12 de enero de 1967.- Actuación de **Victoria Vallejo** en la localidad jiennense de Úbeda, en su Teatro Ideal Cinema.

Título del Espectáculo: "FESTIVAL FLAMENCO 1967"

26 de marzo al 9 de abril de 1967.- Actuación de **Victoria Vallejo** en Barcelona en el Teatro Victoria. Durante todos estos 15 días se anunció debidamente el espectáculo en La Vanguardia.

12 de abril de 1967.- Actuación de **Victoria Vallejo** en la ciudad barcelonesa de Súria.

13 de abril de 1.967.- Actuación de **Victoria Vallejo** en el Cine Versalles de Barcelona.

Título del Espectáculo: "DESAFÍO FLAMENCO"

16 de junio al 18 de julio de 1967.- Actuación de **Victoria Vallejo**, durante más de un mes ininterrumpido, en el Circo Price de Madrid. Como novedad el cartel trae la presentación de "La Paquera de Jerez", y como curiosidad la actuación de la agrupación carnavalesca gaditana "Los Biters de Cádiz".

13 de agosto de 1967.- Que hace "mucha caló" en los madriles, vámonos para el sur, para las playas de Huelva en busca del fresquito... y las buenas gambas. Actuación de **Victoria Vallejo** en la Cafetería Castilla de La Antilla (Huelva).

24 de octubre de 1967.- Actuación de **Victoria Vallejo** en el Cine Imperial de la localidad manchega de Puertollano.

1968.-

Título del Espectáculo: "NOCHE FLAMENCA"

22 de julio de 1968.- Actuación de **Victoria Vallejo** en la Plaza de Toros de Sevilla en un *espectáculo folklórico-taurino-musical*, en el que se alternaban el cante, baile y guitarra, con la música y el toreo en serio.

24 de julio de 1968.- Nuevamente actuación de **Victoria Vallejo** en la Plaza de Toros de la Maestranza sevillana, como el pasado día 22, con el espectáculo mixto de flamenco y toros.

11 de noviembre de 1968.- Actuación de **Victoria Vallejo** en el Cine Estrella de la localidad sevillana de Coria del Río. En esta ocasión se presenta al público *la nueva revelación del momento actual Juanito Maravillas el revolucionario del fandango*.

Título del Espectáculo: "I FESTIVAL NACIONAL DE CANTE FLAMENCO"

25 al 29 de diciembre de 1968.- Actuación en el Cine Salamanca de Madrid. En este espectáculo, encabezado por Juanito Valderrama, el *"mejor de los mejores"*, **Victoria Vallejo** forma parte de un nutrido elenco: Fosforito, Juanito Maravillas, Manolo el Malagueño, El Güito, Ángel Valderrama, la Caracola, Niño Ricardo, Juan Carmona "Habichuela", Paco Martín, Manuel Cepero, Andrés Conde, María Isabel, Manolo Sanlúcar, María Soledad, Enrique el del Lunar y los artistas invitados Porrina de Badajoz y la Niña de Antequera. (Todo ello según cartel que figura en el libro "Flamencos del Campo de Gibraltar", de Luís Soler Guevara).

Se convocaron varios premios para aquellos artistas no profesionales que quisieran participar, pero quedaron todos desiertos, como puede leerse en el diario Dígame de fecha 31 de diciembre de 1968:

> "En el Teatro-Cine Salamanca se ha celebrado estos días el I Festival Nacional de Cante Flamenco, encabezado y dirigido por Juanito Valderrama. Actuaron muchos artistas espontáneos aspirantes a los premios señalados para los que tuvieran mejor actuación. Pero el jurado, tras largas deliberaciones, acordó declarar desiertos todos los premios por considerar que ninguno de los concursantes era acreedor a ellos."

1969.-

Título del Espectáculo: "GRAN GALA FLAMENCA"

02 de julio de 1969.- Actuación de **Victoria Vallejo** en Sevilla, en el Cine Candelaria. Junto a ella las figuras principales de Niña de Antequera, Manolo el Malagueño, Antonio Molina y Emilio el Moro.

13 de julio de 1969.- Actuación de **Victoria Vallej**o en la Plaza de Toros de Castellón. En el periódico Mediterráneo del día anterior se publicó el cartel del espectáculo.

16 de julio de 1969.- Actuación de **Victoria Vallejo** en el Gran Teatro, de Burgos. Se anunció el espectáculo en la Hoja del Lunes de la capital burgalesa del día 14.

16 de agosto de 1969.- Actuación de **Victoria Vallejo** en la localidad segoviana de Coca. El anuncio se hizo el día 11 en el diario El Adelantado, de Segovia:

> "El sábado, día 16, se presentará el espectáculo folklórico que encabeza Antonio Molina, y en el que, entre otras figuras, se encuentran Niña de Antequera, Rafaela de Córdoba, Isabelita Garce y Manolo El Malagueño."

23 de agosto de 1969.- Actuación de **Victoria Vallejo** en la Plaza de Toros de Valladolid. La víspera se anunció el espectáculo en el diario Libertad.

Título del Espectáculo: "LOS MEJORES DEL CANTE"

12 de septiembre al 12 de octubre de 1969.- Vuelve **Victoria Vallejo**, y toda la Compañía, a Madrid al Circo Price donde actúan, después de ser prorrogado el espectáculo, durante un mes. En el diario ABC del 5 de octubre leemos:

> "Los Mejores del Cante, en Price. Antonio Molina, Niña de la Puebla, Porrinas de Badajoz, Niña de Antequera, Manolo El Malagueño, Pepe Soto, Los Trianeros, María Dolores, Ballet Torre del Oro, Moreno y Esmeralda y muchas otras voces famosas. ¡Últimos días! ¡Prorrogado hasta el domingo 12!"

1970.-

Título del Espectáculo: "NOMBRES FAMOSOS"

21 de febrero de 1970.- Actuación de **Victoria Vallejo** en el Teatro Álvarez Quintero de la capital sevillana. En el diario ABC del día siguiente se publicó la crónica del espectáculo, cuyo encabezamiento decía:

> "En el Álvarez Quintero la Niña de Antequera se presentó con un espectáculo flamenco de categoría."

Título del Espectáculo: "NO ME QUIERAS TANTO"

20 de marzo de 1970.- Actuación de **Victoria Vallejo** en el Teatro Principal de Sanlúcar de Barrameda.

Por documento del Archivo Municipal de Sanlúcar de Barrameda, me consta actuación de este espectáculo en Sanlúcar, en su Teatro Principal, el dicho 20 de marzo de 1970.

Título del Espectáculo: "GRAN FESTIVAL FLAMENCO"

17 de abril al 17 de mayo de 1970.- Actuación de **Victoria Vallejo** en el Circo Price de Madrid. La Compañía estuvo actuando durante un mes ininterrumpidamente. Durante todo ese tiempo se anunció en las carteleras de los diarios. Vemos ésta del ABC del 18 de abril en la ilustración que sigue a continuación.

> CIRCO PRICE (Teléf. 231 46 07. Plaza del Rey. Metro Banco España).—¡Sensacional acontecimiento! 6,45 y 10,45: Gran Festival Flamenco. La verdad del cante al rojo vivo. Presentación, por vez primera en Price, del coloso de la canción el Príncipe Gitano. La Niña de Antequera. Enrique Montoya. Niña de la Puebla. Juanito Maravillas. Adelfa Soto. Curro de Utrera. Pepe Soto. Los Trianeros. María Jesús. Ballet español Pepita Cachero La pareja de la simpatía. Geny y Reynet y otras muchas voces famosas. Funciones: 6,45 y 10,45. Localidades desde 30 pesetas. Se despachan con cinco días. (Apto.)

Anuncio del Gran Festival Flamenco en la cartelera de espectáculos.- *ABC del 18/4/1970.*

Título del Espectáculo: "FANTASÍA FLAMENCA"

Según Juanito Valderrama, en este espectáculo tiene lugar la presentación de Camarón cantando solo, ya que hasta entonces actuaba en el Tablao Torres Bermeja de Madrid, cantando para bailar. Debutaron en Vic (Barcelona), al aire libre, después fueron a Valencia, Alicante, Murcia, todo en Plazas de Toros.

Luego en Linares, allí le quisieron pegar porque Camarón no gustaba entonces (**Victoria Vallejo** no comparte esta opinión y asegura que Camarón gustó en todos sitios y desde el primer momento), pero después en Sevilla estuvieron en Triana, en un cine de verano muy grande que había, y allí los gitanos se rompían las camisas y se lo comían. Luego fueron a Sanlúcar de Barrameda y ya por toda Andalucía.

21 de julio de 1970.- Actuación de **Victoria Vallejo** en Almería. En el espectáculo, capitaneado por Juanito Valderrama y Dolores Abril, fueron sus compañeros de cartel: Niña de Antequera, Niña de la Puebla, Juanito Maravillas, Pepe Soto, Curro de Utrera, Mª Jesús Molina, Luís Calderón, Antonio de Almería y Manolo de Puente Genil; siendo el primer guitarrista Juan Carmona "Habichuela".

31 de julio de 1970.- Actuación de **Victoria Vallejo** en el Teatro Principal de Sanlúcar de Barrameda. Por documento del Archivo Municipal de Sanlúcar de Barrameda, me consta actuación de este espectáculo en Sanlúcar el 31 de julio de 1970.

JUANITO VALDERRAMA presenta
al valor más puro del cante flamenco de todos los tiempos

EL CAMARON DE
LA ISLA

LUIS CALDERON
JUAN CARMONA
(HABICHUELA)
Primer guitarrista

Guitarristas:
ANTONIO ALMERIA
MANOLO DE PUENTE GENIL

Detalle del cartel del Cine Alfarería, en Sevilla. *ABC del 18/08/1970.*

Otro retrato de **Victoria Vallejo** en tablilla, al óleo y a color (aquí en blanco y negro).-
Archivo: Servando Repetto López.

SU RETIRADA DE LOS ESCENARIOS
(la pérdida de la ilusión)

Posiblemente, la actuación de **Victoria Vallejo** en su Sanlúcar natal, aquel 31 de julio de 1970, fuera una de las últimas de su larga vida artística.

En contra de lo que muchos piensan, e incluso hablan, la causa de la retirada de los escenarios de nuestra paisana **Victoria Vallejo** no fue debida al fallecimiento de la Niña de Antequera. Indudablemente fue una pérdida irreparable para **Victoria**, un mazazo inesperado y cruel. No olvidemos que fueron 20 años juntas por todos los escenarios de España, compartiendo la vida prácticamente minuto a minuto, durante las 24 horas del día. Eran inseparables. Pero cuando falleció María, la Niña de Antequera, en agosto de 1972, ya **Victoria** llevaba retirada de los escenarios casi dos años.

Entonces, ¿qué fue lo que pasó por la mente de **Victoria Vallejo** para retirarse, cuando tan sólo contaba 42 años y estaba pletórica de facultades? La respuesta, aunque difícil de entender si no se está en su pellejo, es muy fácil: no perdió la voz, indispensable para sus cantes; no se quedó coja, que le hubiera impedido bailar tan bien como lo hacía; lo único que perdió fue el motor que desde pequeña impulsó toda su vida; el que le hizo soportar en Sanlúcar el hambre y la miseria cantando y bailando; el que la llevó lejos de su casa y de su gente, a la aventura; el que la paseó por todos los escenarios de la geografía española, con sus rosas y sus espinas; el que la izó hasta lo más alto en su profesión; el mismo que le permitió conocer, tratar, tutear y querer a las más grandes figuras del cante flamenco; ese motor que se gripó, no fue otro más que LA ILUSIÓN.

Siempre, siempre, desde el primer día en que se subiera encima de unas tablas medio podridas en cualquier teatrillo ambulante de la Calzada, hasta 30 años después entre las candilejas del Teatro Calderón, o la pista del Circo Price en Madrid, disfrutó ilusionada cantando y bailando para el público. Pero llegó un día en que sin saber como ni por qué, trabajaba sin alegría, dejó de divertirse mientras actuaba y comprendió que la ilusión la había perdido, ya ninguna otra cosa le compensaba seguir con su vida de artista. Decidió dejarlo todo, retirarse con la cabeza bien alta, con la misión cumplida. En cierto modo, siempre es mejor irse a que te echen, pensó.

Victoria Vallejo solo cambió de vida, únicamente había perdido en el camino la ilusión de estar frente al público. Le quedaban otras mil y una ilusiones, mucha vida por delante, cientos de amigos y amigas, su pisito en la Macarena, fruto de los ahorros durante su carrera artística. Así que se dedicó a vivir y disfrutar, a gozar de sus amistades, a compartir un millón de recuerdos, a seguir siendo tan feliz o más que antes.

Y así siguió durante muchos años, en la Sevilla que la acogió, pero diciendo a voz en grito: *-eh, que yo soy de Sanluca, no se te vaya orviá.* Cuando contaba ya más de 80 años y más tiesa que un ajo, con el mismo buen humor que siempre tuvo, con las ganas de juerga de una chiquilla de 15 años, pasaba el tiempo tratando de buscar una excusa para venirse unos días a su pueblo, a Sanlúcar, y hartarse de galeras de coral, y si no las había, pues vengan bandejas de pescaíto frito. Y así que lo hacía las veces que tenía oportunidad, que fueron muchas, y las cuales, afortunadamente, pude disfrutarlas con ella y su amiga sevillana Consuelo Caballos (profesora de guitarra), la que siempre le ayudó, y la que en los últimos años de su vida, tuvo a bien recogerla en su casa y cuidarla hasta su muerte, como hemos indicado ya, el pasado mes de enero de 2024.

Victoria Vallejo con el autor en una de sus visitas a Sanlúcar en el 2011, ¡qué tiempos!-
Archivo: Servando Repetto López.

NOTAS AL CAPÍTULO 2

1- Principalmente la obra: "Vida y Cante de Pepe Marchena", de Eugenio Cobo.-

2- "Juanito Valderrama, mi España querida", de Antonio Burgos.-

Capítulo 3

VICTORIA VALLEJO COMPOSITORA

VICTORIA VALLEJO Y LA SOCIEDAD GENERAL DE AUTORES Y EDITORES (SGAE)

Otra de las facetas artísticas de **Victoria Vallejo**, posiblemente la menos conocida, es la de compositora de canciones y coplas. Desde siempre le gustó eso de inventarse (¿rememorar?) historias de amores y desamores que luego iba plasmando en el papel, dándole forma de canción, con el ritmo y la cuadratura que ella tan bien conocía y dominaba después de tantos años dedicados a cantar por todos los escenarios de España. Así, casi sin darle importancia, como un entretenimiento en las largas horas de autobús, fue escribiendo y componiendo multitud de letras para ser cantadas, letras que fue celosamente guardando, pero sin pasársele ni siquiera por la imaginación que algún día pudieran ver la luz y, menos aún, ser interpretadas por algún artista.

Cuando **Victoria** se retira de los escenarios, tras tantos años dedicados a bailar y cantar, no puede permanecer ajena al mundillo artístico que había sido toda su vida y decide seguir en la primera fila de la actividad artística, pero esta vez como letrista. Para ello empieza a tomarse en serio esa afición que siempre tuvo de componer y sacude el polvo a tantísimos escritos que con mimo conservaba, haciendo que adquirieran definitivamente forma de canción, con letra y música, para que saliendo de alguna privilegiada garganta, pudieran llegar a los oídos de todos los buenos aficionados al cante, la copla, o la canción.

En entrevista que le hice para este libro, me contaba:

> "Yo he compuesto muchas canciones. Algunas me las cantaban Las Paquiras y las tengo registradas en la Sociedad de Autores y todo. Hacía las letras y luego se las mandaba al maestro Padilla para que les pusiera música y las pasara a partitura. Otras veces eran mías tanto la letra como la música, aunque claro, me las tenían que pasar al pentagrama y darles la forma apropiada para que la pudieran tocar al piano. Al principio cobraba mi dinerito de la SGAE, sobre todo cuando actuaban Las Paquiras, que llevaban mis coplas en su repertorio y por tanto cobraba los derechos de autor. Eso era antes, hoy en día ya no cobro ná. Mira, yo hacía rumbitas metías en orquesta, también rancheras y cositas así, toas mu bonitas, pero hoy en día la gente ya no quiere esas cosas".

Victoria sigue componiendo, revisando y mejorando las composiciones que ya tenía hechas y poniéndoles música. Un buen día toma la determinación de registrar algunas de ellas en el Registro General de la Propiedad Intelectual: primeramente registra solo cinco canciones, en fecha 26 de febrero del año 1976, bajo los títulos de *"Por qué sufrir"*, *"Seguir esperando"*, *"Sevillanas de Umbrete"*, *"Ilusiones nuevas"* y *"Déjame quererte"*.

Posteriormente, con fecha 19 de diciembre de 1977, pasa por el Registro General de la Propiedad Intelectual, otros diez títulos más, que son los siguientes: *"Tu amor"*, *"Tararí-tarará"*, *"Toma que toma"*, *"Ay mi Cai"*, *"Me equivoqué"*, *"Lloré por ti"*, *"Caminando"*, *"Tu cariño es un tormento"*, *"No soy aquella"* y *"Sevillanas de mi Sevilla"*.

MINISTERIO DE EDUCACION Y CIENCIA

REGISTRO GENERAL DE LA PROPIEDAD INTELECTUAL

Don ª MARIA TERESA LÓPEZ-CORTÓN FERNÁNDEZ, DEL CUERPO FACULTATIVO DE ARCHIVEROS, BIBLIOTECARIOS Y ARQUEÓLOGOS, SECRETARIO DEL REGISTRO GENERAL DE LA PROPIEDAD INTELECTUAL,

Certifico: Que en el Libro Cuatrocientos cuarenta y cinco - - -
al folio Ciento sesenta y nueve - - -
del Registro General, aparece la inscripción que literalmente dice lo siguiente:

"**Cuerpo Facultativo de Archiveros, Bibliotecarios y Arqueólogos.—Registro General de la Propiedad Intelectual**".—Inscripción número - 165.169 -
En conformidad a lo dispuesto en la Ley de 10 de enero del año 1879, queda inscrita en el Registro General con el número Ciento sesenta y cinco mil ciento sesenta y nueve - - -

como propiedad de D. Victoria Vallejo Romero - - -

vecino de Sevilla - - -   provincia de id. - - -
la obra cuyo título y demás circunstancias se expresan a continuación, la cual fue presentada para su inscripción en el Registro provincial de Sevilla el día 27 de febrero de 19 76 , a las
13 - - -   e inscrita en el mismo provisionalmente con el número - 3.003 - .—Título: Canciones: 1. Porque (sic.) sufrir.- 2. Seguir esperando.- 3. Sevillanas de Umbrete.- 4. Ilusiones nuevas.- 5. Déjame quererte.- - -
- - -
- - -
- - -
- - -
- - -
- - -
- - -
- - -

Anverso de documento del Registro General de la Propiedad Intelectual, acredita que quedan registradas las cinco primeras canciones de **Victoria**, en 1976.- *Archivo: Servando Repetto López.*

Clase Literaria - - -
Autor Victoria Vallejo Romero - - -

Adaptador - - -
Arreglador - - -
Traductor - - -
Director - - -
Editor La autora - - -
Lugar y año de la impresión Sevilla, 1976 - - -
Establecimiento Fotocopias y Planos Eulogio Serrano Delgado (Máq. U-Bix Mark. Nº 2)

Tomos y tamaños Uno de 32'5 x 23 cm. - - -
Páginas u hojas 6 hoj. - - -

Fecha de la publicación 26 de febrero de 1976 - - -

Edición y número de ejemplares 1ª de 5 - - -
Observaciones Se declara que en el título de la portada del nº 4 consta "Ilusión
nueva".- - -
  - - -
  - - -
  - - -
  - - -

Madrid, 13 de marzo de 1976 El Jefe del Registro, Por Habilitación especial O.D.G.
de 10 Abril 1970.- Mª Teresa L-Cortón Fdez. - - -   (firmado y rubricado)
Hay un sello en tinta violeta que dice: «CUERPO FACULTATIVO DE ARCHIVEROS, BIBLIOTECARIOS Y
ARQUEOLOGOS.—REGISTRO GENERAL DE LA PROPIEDAD INTELECTUAL».

   Y para que conste y surta los efectos oportunos y a fin de que pueda el interesado disfrutar de los
beneficios concedidos por la mencionada Ley de diez de enero de mil ochocientos setenta y nueve, expido el
presente Título definitivo de dominio, con el V.º B.º del Jefe del Registro General, y debidamente reintegra-
do y sellado, en Madrid, a dieciseis de noviembre de mil novecientos setenta y ocho

V.º B.º
El Jefe del Registro,

Reverso del documento anterior, del Registro General de la Propiedad Intelectual, año 1976.-
Archivo: Servando Repetto López.

CUERPO FACULTATIVO
DE
Archiveros, Bibliotecarios y Arqueólogos

REGISTRO GENERAL DE LA PROPIEDAD
INTELECTUAL

REGISTRO PROVINCIAL DE _SEVILLA_

D.ª _María Nevado Vargas_

FUNCIONARIO DEL CUERPO FACULTATIVO DE ARCHIVEROS, BIBLIOTECARIOS Y ARQUEOLOGOS
COMO JEFE DEL REGISTRO DE LA PROPIEDAD INTELECTUAL DE ESTA PROVINCIA

CERTIFICO, que D.ª _Victoria Vallejo Romero_ vecino
de _Sevilla_ según documento núm. _25.654.855_ expe-
dido en _14_ de _febrero_ de 19 _75_, presenta a las _12_ del día de hoy y
para los efectos de ley del 10 de enero de 1879 _4_ ejemplar _es_ de la obra cuyo título
y demás circunstancias se expresan a continuación.

Título _1º Tu amor. - 2º tuvieni tuvirá - 3º Toma que toma. -_
4º Ay mi cai. - 5º Me equivoqué - 6º Lloré por ti. -
7º Caminando, 8º tu cariño es un tormento,
9º no soy aquella, - 10. Senderos de mi Sevilla
Clase _Coplas_
Autor _Victoria Vallejo Romero_

Colaboradores varios ____

Propietario _La autora_
Editor _La autora_
Lugar y año de la impresión _Sevilla, 1977_
Establecimiento _Escofias y Plensa. Trajano, 22 (¹)_
Tomos y tamaño _1 tomo, 31,5 x 21,5 cens._
Fecha de la publicación _19 - diciembre - 1977_
Edición y número de ejemplares _1ª ed. - 4 ejempl._
Páginas u hojas _11 hoj._
Observaciones _Exenta de Dep. legal_
(¹) Máquina IU-BIX, Modelo: MARK II

Y que por su presentación, HA PRODUCIDO LA
INSCRIPCION Provisional Núm. _3.345_

DE TODO LO CUAL, a petición del interesado, y para que conste y pueda disfrutar de los beneficios
de la Ley de diez de enero de mil ochocientos setenta y nueve, EXPIDO LA PRESENTE, que firmo y
sello con el de este Registro, en _Sevilla_ a _diecinueve_
de diciembre de mil novecientos setenta y _setenta y uno_

María Nevado

Documento del Registro General de la Propiedad Intelectual, acredita que quedan registradas otras diez canciones de **Victoria Vallejo**, en diciembre de 1977.- *Archivo: Servando Repetto López.*

Todas estas canciones y coplas le reportará en un futuro algunos dineros, que si bien no fueron para vivir de ellos, si le supusieron una buena ayuda en su economía, dado que ya no contaba con los ingresos de sus actuaciones artísticas.

Pero para tener derecho a cobrar, como paso previo, hubo de ingresar en la Sociedad General de Autores y Editores (SGAE), cosa que consigue con fecha 2 de abril de 1980. De ella estuvo cobrando regularmente, durante varios años, los derechos de autor de aquellas canciones que **Victoria** había compuesto y que eran interpretadas por diversos artistas en sus espectáculos, principalmente por las mencionadas Paquiras.

Llega un momento en que, como bien explica la propia **Victoria** más arriba, sus canciones dejan de interpretarse porque *"ya la gente no quiere esas cosas"*. Decaen pues los espectáculos de varietés, en los que mayormente se interpretaban los temas folclóricos, el público cambia sus gustos hacia otros géneros y, como consecuencia de todo esto, **Victoria** deja de recibir esos esperados y bien hallados giros postales de la SGAE.

A pesar de todo, **Victoria** sigue componiendo durante varios años, unas veces en solitario y otras, como coautora, con la colaboración de Vicente Barba. Éste era marido de Mariana Viruel, una de las Paquiras, las cuales mantuvieron siempre muy buena amistad con **Victoria Vallejo**, sobre todo "Mari" (la rubia de Las Paquiras), malagueña del barrio de la Trinidad y afincada en Valencia, donde falleció hace unos años la víspera de San Valentín.

Finalmente, en vista de los nulos ingresos por derechos de autora y teniendo en cuenta lo caro que resultaba a su bolsillo registrar las letras que tenía pendientes, opta por ir poco a poco dejando su actividad como compositora. Una verdadera lástima, pues de haber contado con un buen "apoderado" que la hubiera ayudado un poco, de seguro que hoy estaríamos aun escuchando y disfrutando de muchas de sus bonitas canciones y coplas.

"Las Paquiras" fueron unas de las artistas que cantaron las composiciones de **Victoria Vallejo**.-
Archivo: Servando Repetto López.

MADRID-4 2-4-1980
APARTADO 484 - TELEFONO 419 21 00

(Cítese al contestar)
SEC. 3 / CG/jam
Reg. E _____ O/C

S.G.A.E.
006119 02.4.80
REGISTRO GENERAL
SALIDA

Sra. Dª Victoria Vallejo Romero

c/ Maravilla, 2 y 4 -1º A.

SEVILLA-3

Muy señora nuestra:

    Nos complace informar a usted que con esta fecha ha sido aprobado su ingreso como SOCIO NATURAL de esta Entidad.

    De acuerdo con lo que establecen nuestros Estatutos, un ejemplar del cual le remitimos adjunto, pasará a la categoría de Socio Numerario cuando haya recaudado a lo largo de su vida social la cantidad mínima de cincuenta mil pesetas.

    Atentamente le saluda

SOCIEDAD GENERAL DE AUTORES DE ESPAÑA
El Secretario General

Fdo.: Carlos Gallano

Documento de la Sociedad General de Autores de España, por el que se nombra a **Victoria Vallejo** Socio Natural de dicha entidad.- *Archivo: Servando Repetto López.*

Ediciones NAIFE
ALMERIA
—

18 de Junio de 1982

JUAN DEL OLMO, 33 - 2.º
APARTADO 77
TELF. 23 72 52

Sta. Victoria Vallejo Romero
SEVILLA

Distinguida Sta:
    Con esta fecha le envío al amigo Vicente las tres partituras originales correspondientes a las tres letras que en su día me envió, de ellas le envío a Vd. fotocopias de las mismas, también le he mandado a Vicente las fichas de registro cumplimentadas para una vez firmadas por él y por Vd. las entregue a la sociedad para su registro.
    Seguramente en los primeros días de Julio iré a Sevilla a ver a mis hijos y nietos que viven ahí, me gustaría ir a saludarla, así que si me dice por qué barrio cae su calle a fin de tener una orientación, tendré sumo gusto en conocerla personalmente, y ya me dirá si le ha gustado la música que le he puesto a sus bonitas letras.
    En espera de sus noticias le saluda muy afectuosamente.

José Berenguel

Carta del músico José Berenguel, propietario de Ediciones Naife, de Almería. Fue quien puso música a algunas de las composiciones de **Victoria Vallejo**.- *Archivo: Servando Repetto López.*

Capítulo 4

Reconocimientos del mundo flamenco sanluqueño

HOMENAJES RECIBIDOS

Por ser artista por los cuatro costados, desde el mismo instante en que vino al mundo en Sanlúcar de Barrameda, por recorrer con su arte toda la geografía española llevando siempre por bandera el sello de esta tierra y su orgullo de ser sanluqueña, por su convivencia durante tantos años con los mejores artistas flamencos de su época, por cantaora, coplera, canzonetista, bailaora y compositora, porque, en definitiva, como artista y como persona se lo merecía, el 11 de diciembre de 2009 se le tributó merecido homenaje de reconocimiento en la Peña Cultural Flamenca Puerto Lucero de su ciudad natal. El acto se encuadró dentro del ciclo los "Viernes Didácticos Flamencos" de la Escuela Municipal de Flamenco de Sanlúcar, de la que el que esto escribe era profesor documentalista. Consistió en una conferencia que di personalmente, titulada: "Vida y obra de **Victoria Vallejo**", con la que se pretendió dar a conocer a todos los sanluqueños la importancia de su figura artística.

La parte musical y artística consistió en actuación flamenca con María Jesús "La Pola" al cante, Curro Rosa a la guitarra y el baile de Aroa Ramírez, sobrina de **Victoria**.

Finalmente se procedió a entregarle un ramo de flores por parte de la Delegada de Cultura del Ayuntamiento, DªMariuca Cano y una placa de reconocimiento de la Peña Flamenca Puerto Lucero que le entregó el que fuera Presidente de la misma en aquellos momentos, D. Ramón Picón.

Foto del homenaje que se le tributó a **Victoria Vallejo** en Sanlúcar de Barrameda, en la Peña Cultural Flamenca Puerto Lucero, el 11 de diciembre de 2009.- *Archivo: Servando Repetto López.*

Durante el acto, la Peña Flamenca Puerto Lucero rendirá homenaje a la artista VICTORIA VALLEJO.

Victoria Vallejo
-LA GRAN DESCONOCIDA-

Cantaora, coplera, bailaora, compositora, artista completa y grande, en definitiva. Recorrió cientos de veces la geografía española con las Compañías de Pepe Marchena, Juanito Valderrama, la Niña de Antequera y otras, compartiendo escenario, en los mejores Teatros, con todos los grandes artistas de la época. Aunque vive en Sevilla, siempre presumió de ser sanluqueña y vendrá a recibir el homenaje de sus paisanos y de la Peña Flamenca Puerto Lucero.

ESCUELA DE FLAMENCO DE SANLÚCAR DE BARRAMEDA

"VIERNES DIDÁCTICOS FLAMENCOS"

VIERNES **11** de DICIEMBRE de 2.009

CONFERENCIA FLAMENCA
CON CANTE Y BAILE EN DIRECTO

- *Título*: "VIDA Y OBRA DE VICTORIA VALLEJO"

- *A cargo de*: SERVANDO REPETTO LOPEZ
  Aficionado, documentalista y estudioso del flamenco sanluqueño.

- *Al cante*: María Jesús González, "La Pola".

- *A la guitarra*: "Curro Rosa".

- *Al baile*: "Aroa Ramírez".

- *Lugar*: Peña Flamenca Puerto Lucero (c/La Plata).

- *Hora*: 21,30 h.

(ENTRADA GRATUITA, hasta completar aforo)

Escuela de Flamenco
Sanlúcar

Cartel del homenaje que se le tributó a **Victoria Vallejo** en la Peña Cultural Flamenca Puerto Lucero, el 11 de Diciembre de 2009.- *Archivo: Servando Repetto López.*

Capítulo 5

VICTORIA VALLEJO Y LAS FIGURAS

LAS FIGURAS DEL BAILE

Son innumerables los bailaores/bailaoras y bailarines/bailarinas, con los que **Victoria Vallejo** ha compartido cartel y escenarios durante su larga vida artística, desde su infancia en Sanlúcar de Barrameda, hasta su retirada de las giras con las Compañías sobre el año 1970. En sus comienzos, por aquellos duros años 40 y 50 de posguerra, fueron compañeros de danzas y andanzas muchos de sus paisanos/as artistas, relaciono una pequeña muestra:

- **José Jiménez Vega, "El Trompo"**, nació el 9 de abril de 1927. De joven se dedicaba a la venta ambulante de cacahuetes que llevaba empaquetados en un canasto. Hacía su recorrido por los bares de Sanlúcar ofreciendo su mercancía y multitud de veces le compraban todas las "avellanas" solo por verlo bailar. Luego le daban nuevamente los paquetes que le habían comprado y volvía a venderlos en otro sitio. De baja estatura, con su baile de arte y sus giros vertiginosos, se ganó enseguida el apelativo de "El Trompo" con el que pasó a la historia del flamenco. Tras algunas actuaciones por los pueblos cercanos, salta pronto a los tablaos profesionales de la capital andaluza desde donde inicia algún que otro recorrido por toda España con las Compañías de la época, coincidiendo varias veces con **Victoria Vallejo** en la de la Niña de Antequera. Murió joven en Sevilla, de perforación de apéndice, el 19 de diciembre de 1960.

- **Manuel Alfonseca Jiménez, "Alfonseca"**, nace en Sanlúcar en septiembre de 1921. Como prácticamente todos sus paisanos artistas de la época, comienza desde muy joven bailando en fiestas particulares, bares y espectáculos locales. Era primo hermano de "El Trompo", al que enseñó a bailar, pero Alfonseca bailaba más estirado y con un braceo impresionante, mientras que aquel lo hacía más encogío. Tenía una gracia y simpatía naturales con las que se metía a la gente en el bolsillo, por eso hizo muy buenos negocios para la empresa donde estaba trabajando, la tienda de cuadros "El Marco de Oro", en la calle Bretones. Hacia 1970 se va a vivir a Madrid donde vende tabaco en el bar Los Ángeles, en la carretera entre Pinto y Valdemoro. Luego se colocó en "Limpiezas Madrid" y trabajó en el Aeropuerto de Barajas y en la Fiat. Murió en la capital de España en octubre de 1979 y está enterrado en el Cementerio de la Almudena.

- **Rafael Martínez López, "Rafael de Pilar"**, nació en Sevilla un 2 de febrero de 1927 y siendo muy pequeñito viene a vivir a Sanlúcar con su tía Pilar (de ahí el apodo). Era un bailaor excepcional y un estupendo cantaor, pero aun a pesar de haber obtenido el carné de artista, su carrera artística se limitó al ámbito local y provincial. Actuó varias veces con **Victoria Vallejo** en el espectáculo "Retablo Andaluz". Casado con la cantaora no profesional "Cari Paporra", falleció en Sanlúcar el 30 de diciembre de 2006.

- Rafael Pedrote, "El Negri", compartió cartel, como bailaor, con **Victoria Vallejo** y "El Trompo" en la Compañía de la Niña de Antequera.-

Otros artistas locales del baile compartieron escenarios con **Victoria,** como lo fueron, entre otros: Carmencita Muñoz, Mary Díaz, Dioni Balmes, Pepito Gil, Pepita Ibáñez, Andresín Moreno, José Mª Cuadrado, Matilde Romero, María Jiménez, Rafael Ruiz, Carmencita Romero, Paco Suárez y el Niño de la Botella.

TROMPO Y POETA

El bailaor sanluqueño José Jiménez Vega, "El Trompo". A la guitarra, el jerezano José Cala, "El Poeta".- *Archivo: Servando Repetto López.*

El bailaor sanluqueño Manuel Alfonseca Jiménez, "Alfonseca".- *Archivo: Servando Repetto López.*

El bailaor, sanluqueño de adopción, Rafael Martínez López, "Rafael de Pilar". A la guitarra José Domínguez. Detrás, con los brazos cruzados, "El Pollino", el único que, según Rafael, le cantaba bien por bulerías para bailar.- *Archivo: Servando Repetto López.*

En su época de las Compañías, aquellas que montaran Pepe Marchena, Juanito Valderrama, o la Niña de Antequera, también bailó **Victoria,** codo con codo, o mejor dicho tacón con tacón, con muchísimos otros artistas, estos son algunos de ellos:

- **Eduardo Serrano Iglesias, "El Güito"**, nace en Madrid en 1942. Comienza su vida de bailaor en la Compañía de Pilar López y durante su larga carrera recorre toda la geografía española, coincidiendo en varias ocasiones con **Victoria Vallejo**, y luego Europa, América y prácticamente todo el mundo. En opinión del flamencólogo José Blas Vega, es uno de los grandes bailaores.

- **"Chiquito de la Cava"**, bailaor sevillano, compartió con **Victoria Vallejo** muchísimas actuaciones por infinidad de teatros, cines y locales de toda España, con las Compañías de Pepe Marchena, Juanito Valderrama y Niña de Antequera. Llegó incluso a formar conjunto de baile con **Victoria**. Tenía un taconeo impresionante, se recorría todo el escenario taconeando y sonaba que parecía una metralleta.

- **"Carmen Mora"**, bailaora sevillana nacida en los años 30, coincide en varias ocasiones con **Victoria Vallejo** en las Compañías de Pepe Marchena y Niña de Antequera. Casada con el guitarrista Benito de Mérida, acompaña a éste en varios elencos artísticos.

Una larguísima nómina de artistas del baile y la danza andaluza, a lo largo de más de 20 años bailando en las tablas, acompañaron en su periplo artístico a **Victoria Vallejo**, éstos son algunos de ellos: Carmen y Mario, Juanito Díaz, La Ignacia, Hermanos Moreno, Antonia Mairena, María de Martos, Carmen Estrella, Gabriela Heredia, Antonia Puerto Real, Dolores Arroyo, Salud Vargas, Carmen Castro, Curro de Jerez, Pilarín Jiménez, Rosa Martínez, Carmen Lucena, Soleá Montoya, Enriqueta del Puerto, Manuela Mazantini, Loli Vargas, Maruja Galisteo, Pili Navarro, Luis Vargas, Manolo Moreno, Carmen Marchena, Perla de Triana, Pili de Castro, Rosita Peña, Mercedes Astillero, Manolo Corriente, Amalia Valencia, Dani, etc.etc.

Victoria con el bailaor Mario, del conjunto "Carmen y Mario".- *Archivo: Servando Repetto López.*

Victoria Vallejo con el bailaor Mario, del conjunto "Carmen y Mario". En el centro el cantaor malagueño "Chiquilín".- *Archivo: Servando Repetto López.*

Victoria Vallejo besada a dúo por los bailaores "Chiquito de la Cava" (a la izquierda) y Juanito Díaz.- *Archivo: Servando Repetto López.*

Victoria Vallejo, entre la Perla de Triana (a la izquierda) y Carmen (del dúo Carmen y Mario).-
Archivo: Servando Repetto López.

LAS FIGURAS DE LA GUITARRA

Tanto para bailar como para interpretar sus cantes y canciones, **Victoria Vallejo** ha contado con el toque a la sonanta de numerosos guitarristas que la han acompañado en su extensa aventura como figura del flamenco y la canción. Tal como hemos hecho para las figuras del baile, hablaremos en primer lugar del acompañamiento que recibió de sus paisanos guitarristas en los primeros años, en su etapa sanluqueña. De entre ellos cabe destacar a:

- **Isidro Muñoz Raposo, "Isidro Sanlúcar"**, nace un 11 de febrero de 1917. Guitarrista, cantaor, humorista y hasta novillero. Artista polifacético, destacó sobre todo como sonantero. Fue discípulo del jerezano Javier Molina, legendario tocaor que acompañó infinidad de veces al cantaor sanluqueño Fernando "El Mezcle". Patriarca de una importantísima saga de artistas, entre los que destaca el también guitarrista "Manolo Sanlúcar". Es el referente, el indispensable, el perenne guitarrista de toda una época gloriosa del flamenco en Sanlúcar, acompañando a importantes figuras, tanto al cante en directo como en grabaciones, y sobre todo a sus paisanos, entre los que descollaban ya La Sallago, María Vargas, Pepe Sanlúcar y un largo etcétera. Falleció en diciembre de 2005.

- **José Jerez Fernández, "El Tito"**, nació el 9 de abril de 1891. Fue tocaor de guitarra aficionado y acompañó, en fiestas particulares y en espectáculos públicos, a casi todos los artistas que salieron en Sanlúcar durante las décadas de los 30 a los 50 del siglo pasado. Falleció el 13 de septiembre de 1966.

- **José Barrero Asencio, "Tito (hijo)"**, nace un 27 de enero de 1924. Guitarrista aficionado, hijo del anterior, perteneció a varias agrupaciones musicales y también participó frecuentemente en espectáculos y fiestas acompañando a cantaores locales.

Cuando ya **Victoria Vallejo** abandona Sanlúcar y comienza su ascendente vida artística fuera de las fronteras localistas, es contratada para formar parte del elenco de las Compañías que recorrían España de pueblo en pueblo, de capital en capital. En estos años son muy importantes guitarristas a los que conoce, con los que convive y los que la acompañan en sus actuaciones. Como por ejemplo:

- **Antonio Peana**, guitarrista sevillano, amigo personal y tocaor del "Carbonerillo". Pasa a formar parte de los espectáculos de Pepe Marchena. Posteriormente ingresa en la Compañía de la Niña de Antequera con la que hace numerosas giras, siendo uno de sus guitarristas habituales por lo que convivió muchísimo con **Victoria** recorriendo toda España.

- **Manuel Muñoz Alcón, "Manolo Sanlúcar"**, nació el 24 de noviembre de 1943. Su padre "Isidro Sanlúcar" fue su primer maestro. Coincidió en varias ocasiones con su paisana **Victoria Vallejo** en los espectáculos del empresario Pascual Saavedra, en los que solía acompañar a Pepe Marchena o la Niña de la Puebla. A pesar de ello no tuvieron mucha relación, Manolo siguió su camino para convertirse en un genio de la guitarra flamenca y de la música. Sería absurdo tratar de descubrir aquí la figura inconmensurable de Manolo Sanlúcar, conocida y valorada por todos en la medida de genial músico en su faceta de compositor, y de guitarrista flamenco excepcional, tanto para el acompañamiento al cante, como para recitales en solitario. Tanto en una faceta como en otra, su discografía es extensísima. Para profundizar en la persona y el personaje recomiendo su libro "*Manolo Sanlúcar: El alma compartida*". Memorias. Almuzara Editorial, 2007.

Falleció en Jerez de la Frontera el 27 de agosto de 2022 tras una larga y penosa enfermedad.

Manolo Sanlúcar con el autor de esta biografía.- *Archivo: Servando Repetto López.*

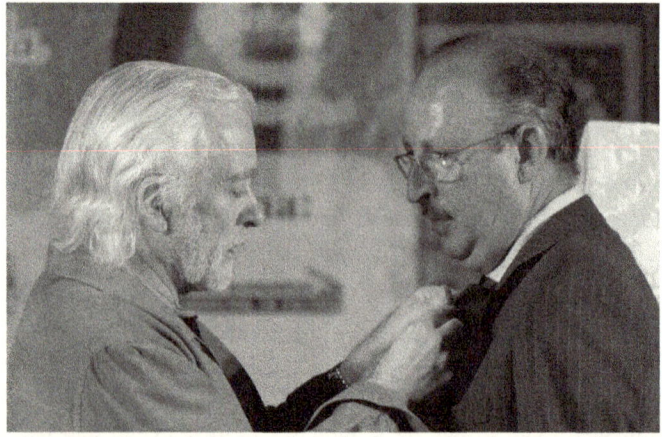

Manolo Sanlúcar impone a Servando Repetto la insignia de oro de la Peña Cultural Flamenca Puerto Lucero. La recibe en nombre del guitarrista sanluqueño Esteban de Sanlúcar, fallecido en Argentina, a quien se dedicó el XXXII Certamen Nacional de Cante Flamenco "Noches de Bajo Guía", 2011.- *Archivo: Servando Repetto López.*

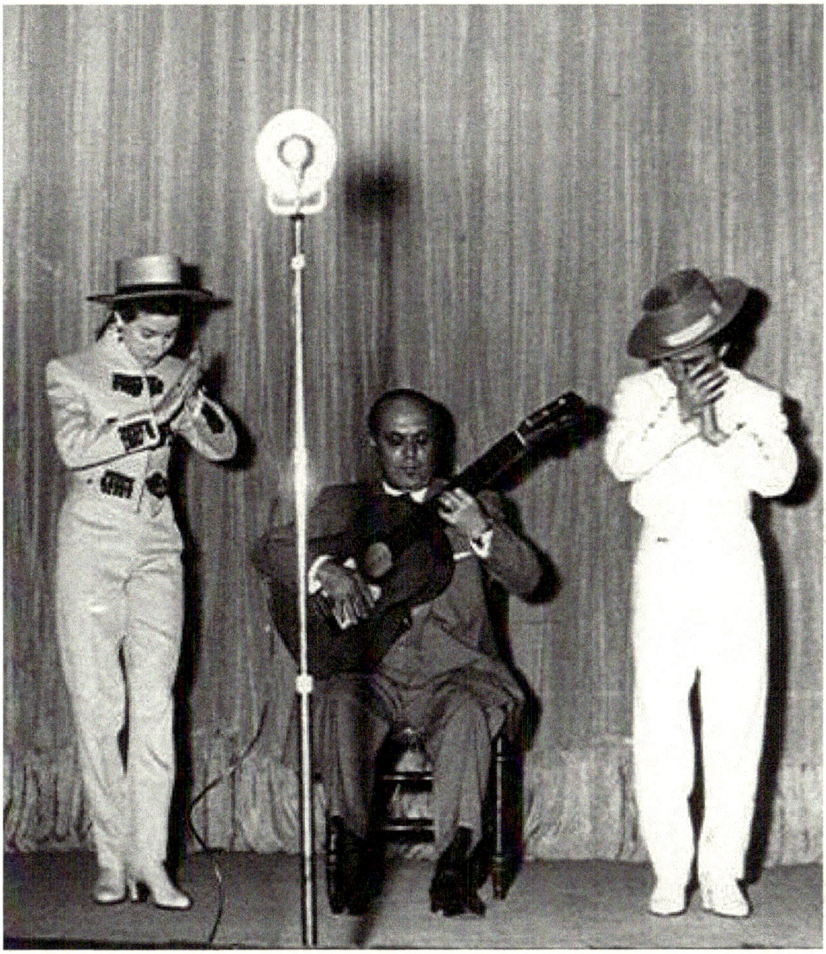

El guitarrista Antonio Peana acompañando a **Victoria Vallejo**.- *Archivo: Servando Repetto López.*

Manolo Sanlúcar, La Sallago y Paco Toronjo.- *Foto cortesía de Carlos Peña.*

- Manuel Serrapí Sánchez, "Niño Ricardo", guitarrista sevillano nacido en 1904. Fue uno de los grandes intérpretes de todos los tiempos, inspirador del toque de numerosos guitarristas que le sucedieron, entre ellos nuestro paisano Manolo Sanlúcar. Revolucionó e hizo evolucionar el mundo de la guitarra, creando a su vez una nueva estética en el toque. Coincidió en varias ocasiones con **Victoria Vallejo**, siendo una de ellas en el espectáculo "Así es el cante" del año 1964, en el que iban como cabeceras de cartel Antonio Molina y la Niña de Antequera. Falleció en 1974.

Pero hay muchos más, después de tantos años yendo en las mejores Compañías, **Victoria Vallejo** tuvo la suerte de contar con el acompañamiento a la guitarra de los mejores tocaores de la época. Compartieron también cartel con ella, entre otros, los que siguen: Melchor de Marchena, Manolo Carmona, Manolo Brenes, Pepe Martínez, Benito de Mérida, Pascual Moya, Tomás Moreno, Manuel Rojas, Pepe Arenas, José León, Paco Ávila, Teodomiro García, Araceli Vargas, Curro Vázquez, Manolo Molina, Pepe el Antequerano, Juan Carmona "Habichuela", etc.

Victoria Vallejo, siempre sonriente, con uno de los guitarristas de la Compañía.-
Archivo: Servando Repetto López.

LAS FIGURAS DEL CANTE

Difícil es encontrar a una de esas personas que habiéndose marcado desde muy joven un objetivo en la vida, luchado sin desmayo por alcanzar su sueño, y vivido todos los momentos del día sin otro pensamiento que su ilusión de llegar a ser lo que se ha propuesto, haya sido tocada con la varita mágica de la fortuna, visitada por su hada madrina y no ver desvanecer su carroza dorada al sonar las campanadas de las doce de la noche.

Victoria Vallejo es sin duda una de esas "rara avis", puede sentirse orgullosa, afortunada y feliz de ver cumplidos todos sus anhelos, vivir tal como se propuso y finalmente ver hecho realidad palpable su sueño de siempre, que no ha sido otro, casi desde su venida a este mundo, que el de ser artista, una figura entre las figuras y poder vivir con ellos, como ellos.

Fruto de sus largos días, meses y años de convivencia con los diversos artistas flamencos, desde los más grandes hasta los menos populares, son estos comentarios y anécdotas que voy a entresacar de mis conversaciones con ella, hechos, eso sí, siempre desde el respeto y la admiración que ella sintió por todos y cada uno de ellos. ¿Cuántos secretos, no obstante, se habrá llevado **Victoria** consigo, ahora que ya ha caído para ella, definitivamente, el telón de la vida?

Estos son los personajes con los que **Victoria** compartió penas y alegrías, llantos y risas, hambre, sueño, y diversión; bocadillos de mortadela y langostas; malas pensiones y grandes hoteles; escenarios de tablas apolilladas y relumbrantes teatros; desprecios y amores; puñaladas y abrazos; todo lo malo y lo bueno, en definitiva, la vida y … cientos de miles de kilómetros de polvo y asfalto.

Vaya por delante que no son biografías al uso, insisto, sino más bien impresiones y anécdotas vividas, o conocidas por **Victoria Vallejo,** y tal como me contara en su momento.

Vamos con ellos:

- Pastora Pavón Cruz, "Niña de los Peines", sevillana nacida en 1890, mantuvo una estrecha amistad con **Victoria Vallejo**, o bien ésta con ella. Ya tan sólo por el privilegio de contar con el afecto de la mejor cantaora de todos los tiempos, **Victoria** puede considerarse una sanluqueña excepcional. Iba a verla todos los días al bar que su marido, Pepe Pinto, tenía en La Campana y allí vivió **Victoria** infinidad de anécdotas, además de tener el doble privilegio de charlar con Pastora y de conocer a los mejores artistas flamencos que paraban en el Bar Pinto. Un día, como tantos, llegó **Victoria** a verla. Llevaba una rebeca nueva, preciosa, de color verde y Pastora, nada más verla se le antojó y le dijo: *-mira que gachí, la rebeca que trae, ¿dónde te la has comprao?, Pepe, ¿has visto la rebeca que trae Victoria? - Sí, mami,* le respondió, *-si quieres, vete con ella y te compras una igual.* Como la tienda estaba cerca de allí, en la calle Sagasta, se fueron las dos cogidas del brazo. El comercio tenía a la entrada tres escalones y como ya Pastora estaba mayor, **Victoria** le advirtió que tuviera cuidado al bajar. Y Pastora, enfadada: *-ozú con la gachí, ¿qué te crees tú, que yo no veo?* (esto es dicho en fino, pues sabido es la mala lengua que tenía la de los Peines). Bajan los escalones y, nada más entrar, había un maniquí de mujer muy bien vestida. Al pasar, le dice Pastora:

-*mu buenas tardes*. Y tras andar un poco, se para en seco y le dice a **Victoria**: -*¿has visto a la gachí esa, tan bien vestía y la poca educación que tiene?, po no que le he dao las buenas tardes y no ma contestao ni ná, la mu...* **Victoria** se meaba de risa intentando disimular y Pastora, a pesar de todo, seguía insultando a la gachí y presumiendo de tener buena vista.

En una ocasión, iban en un coche Pastora, La Niña de Antequera y **Victoria**, con Pepe Pinto y el chófer, que era un hombre ya muy mayor, hacia un pueblo por ahí perdido en el mapa, donde tenían que actuar. Como no conocían aquellas carreteras secundarias, se perdieron (el GPS ni estaba ni se le esperaba), dieron mil vueltas y no atinaban con el camino correcto. Finalmente, pararon en un cruce en medio de la nada, sin saber para donde tirar. El chófer y Pepe se bajaron a ver si se orientaban. A Pastora no se le ocurre otra cosa que decir: -*ea, y ahora a vé qué hacemos aquí tres mujeres con estos dos gachós con las pollas vanas*. Es de imaginar las "bendiciones" que les echaría Pastora a Pepe y al chófer.

Con frecuencia iba **Victoria** a visitarla a su casa de la calle Calatrava y allí le ponía los discos de su hermano Tomás, por el que Pastora sentía veneración (¿y quien nó?), y se pasaban las horas muertas escuchándolo. Era una gitana muy limpia, tenía la casa siempre "piando" y a Pepe vestío y limpio como un pincel. Cuando ya cayó enferma, perdió la cabeza, **Victoria** tenía que depilarle las cejas aunque no tenía na más que un par de pelillos, pero ella le insistía que tenía que depilarla. Luego la metía en la bañera, la lavaba de arriba abajo y cuenta que se quedaba asombrada de las carnes tan blancas que tenía, aun siendo gitana, y de su piel tan brillante y bonita, a pesar de la edad.

Murió en noviembre de 1969, solo veinte días después de que falleciera su marido. Aunque tenía la cabeza perdida, parece que se daba cuenta de la falta de su Pepe y no soportando la ausencia, murió de pena y tristeza.

- **José Torres Garzón, "Pepe Pinto"**, nacido en Sevilla en el año 1903, llamaba cariñosamente a **Victoria**, *"mi novia"*, siempre decía *"¿dónde está mi novia?"*, tal era la confianza que mantenía con ella y el cariño que le tenía, tanto él como su mujer. Ambos le ayudaban mucho, se ponían entre bastidores y la jaleaban. Pepe era muy buena persona. Toda su vida consistía en ensayar y estar pendiente de su mujer Pastora, la Niña de los Peines. Se metía en los camerinos a hacer voz y su mujer de lejos escuchándolo y corrigiéndolo: -*Pepe, por soleá. Pepe, que así no es*. -*Vale mami*, le contestaba. Y Pastora: -*Pepe, que ta equivocao otra vé*. Hasta que se iba para el guitarrista y le decía: -*tócame ahí por soleá, a vé si se entera este gachó de una vé*. Se arrancaba Pastora por soleá y el Pinto se quedaba con la boca abierta escuchándola, cayéndosele la baba de la profunda admiración que sentía por la cantaora y el gran amor que le profesaba como mujer. Tanto, que no soportaba verla en el estado que se encontraba, con la cabeza ida en sus últimos años y se dio a la bebida. Pepe estaba delicado y enfermó del hígado, muriendo veinte días antes que su mujer, en 1969.

Foto de Pastora Pavón, "Niña de los Peines", dedicada por ella a **Victoria**
y a la Niña de Antequera.- *Archivo: Servando Repetto López.*

Pastora Pavón, "Niña de los Peines", entre la Niña de Antequera y **Victoria Vallejo**, después de una buena mariscada.- *Archivo: Servando Repetto López.*

En los camerinos: Pepe Pinto, la Niña de los Peines, **Victoria Vallejo** y la Niña de Antequera.-
Archivo: Servando Repetto López.

Famosa foto-postal de la Niña de los Peines del día de su boda con Pepe Pinto, en la no menos famosa Plaza de España de Sevilla.- *Archivo: Servando Repetto López.*

En los camerinos: La Niña de Antequera, la Niña de los Peines, **Victoria Vallejo** y una admiradora.-
Archivo: Servando Repetto López.

Victoria Vallejo entre La Niña de Antequera y Pepe Pinto.- *Archivo: Servando Repetto López.*

José Torres Garzón, "Pepe Pinto".- *Archivo: Servando Repetto López.*

- **Francisco Montoya Egea, "Niño de la Huerta"**, Lora del Río 1907-1964, fue el primero que llevó a **Victoria Vallejo** en una Compañía "formal", contratándola para su espectáculo, actuando primeramente en Bollullos. Según **Victoria**, era una bellísima persona, aunque poco hablador, él iba a lo suyo, convivía poco con los demás artistas ya que muchas veces comía solo en el autobús un trozo de morcilla y alguna fruta que se traía de su casa. Gustaba mucho su cante, de estilo marchenero, pidiéndole el público que cantara siempre la "Romería Loreña", que tanta fama le dio. En una ocasión invitó a **Victoria**, y a todos los artistas de la Compañía, a una comida en su finca de Lora del Río. Sacrificaron, guisaron y se comieron uno de los corderos que él mismo criaba en su campo. Allí conoció **Victoria** a su mujer y a la única hija que tuvieron. ¿Qué borrachera de flamenco no cogería **Victoria** en aquella fiesta privada, con tantos artistas cantando, bailando y tocando a gusto, entre amigos y compañeros?

El Niño de la Huerta con la Niña de Antequera.- *Archivo: Servando Repetto López.*

- **Manuel Jiménez Martínez de Pinillo, "Manuel Vallejo"**, más conocido para **Victoria**, cariñosamente, como "El Bizco", por que decía que en ocasiones metía un ojo, se dirigía a **Victoria** llamándola "sobrina", ya que al parecer se decía que Vallejo y el padre de Victoria eran primos, cosa que no se ha podido probar aún. Fue uno de los primeros artistas (antes estuvo con el Niño de la Huerta) con el que **Victoria** salió de gira, ya de profesional, yendo con él a Madrid en una gira, en la que aprovechó para sacarse el carnet de artista examinándose en el Teatro Maravillas. **Victoria** iba a buscarlo para pedirle trabajo y siempre lo encontraba sentado en un velador del bar "Las Maravillas", en la Alameda de

Hércules, haciendo son en la mesa con un mechero. En una ocasión, vino un Circo a Sevilla y contrató a Manuel Vallejo para que cantara, éste se llevó también a **Victoria** para que hiciera sus cositas. El Circo estaba a reventar de público, empezó **Victoria** su actuación cagaita de miedo de ver tanta gente, pero salió del paso, pero fue Vallejo el que armó la revolución con su cante. En cierto modo, Vallejo era un incomprendido por el público en general, que algunas veces lo ridiculizaban por su voz fina, laína, y otras por motivos ajenos a su voz y que ahora veremos. Recuerda **Victoria** que en cierta ocasión fueron a actuar a Ubrique y cuando Manuel hizo la salida por granaínas para templarse, con esa voz tan fina, uno de la primera fila comenzó a reírse. Vallejo se calló de inmediato y le gritó: -¿de qué te *ríes desgraciao?, ojalá te arranquen el pescuezo...,* y se lió gorda. También era motivo de burla la poca población capilar de su cabeza, o más bien los trucos con los que Vallejo trataba de disimularla. Manuel llevaba fatal su calvicie y **Victoria** se encargaba, antes de que saliera a escena, de pintarle algunas rayas oscuras con un corcho quemado, de manera que taparan un poco los claros que poblaban su "azotea". Pero, como se suele decir, a veces es peor el remedio que la enfermedad, pues con el calor de los focos aparecía el sudor y éste arrastraba, hacia la frente y la cara, el hollín del corcho, con el general cachondeo del público, habiendo ocasiones que no se sabía si el que estaba cantando en el escenario era Manuel Vallejo o Antonio Machín. Quiso remediar el asunto cambiando el corcho quemado por un peluquín, pero también resultó el postizo objetivo de la mofa de los "graciosos" de siempre. Ahora bien, cuando Vallejo cantaba sus granaínas, de las que era rey indiscutible; o los cantes a compás, del que tenía para dar y regalar; había que quitarse el sombrero, la peluca y el bisoñé, ante él. Hablando de granaínas, una "manía" que cogió Vallejo era la de que, mientras las estaba cantando, salían **Victoria** y Juanito Díaz a bailar, uno a cada lado, y Vallejo remataba la media granaína sin respirar y en pie con ellos, yéndose los tres bailando hacia las bambalinas, creando un golpe de efecto tal que, el público, levantado de sus asientos, aplaudía entusiasmado largo rato y los obligaba a salir a saludar.

- **José Tejada Martín, "Pepe Marchena"**, era un "monstruo", un fuera de serie en todo, como artista y como persona. **Victoria** compartió con él muchísimas veces cartel y actuaciones. Era la figura por excelencia y el número uno en meterse al público en el bolsillo, tanto por su cante en sí, como por el modo de interpretar y dirigirse al respetable. Se portaba muy bien con las "niñas" de la Compañía, valgan los tres ejemplos que siguen:

Fueron una vez a actuar a la localidad manchega de Pedro Muñoz, Marchena cogió a uno de los principales del pueblo y venga a darle coba y golpes en la espalda, con la verborrea y la "ojana" que Pepe acostumbraba a tratar al personal, hasta que en un momento dado le dice, echándole el brazo por el hombro: -*mire usted Don Fulano, me he enterado que en este pueblo se crían muy buenos garbanzos y no quisiera irme sin comprar algunos kilitos, así que, si es usted tan amable de indicarme donde puedo adquirirlos, le quedaré agradecido.* De sobra sabía Marchena que Don Fulano era el que más garbanzos tenía de todo Pedro Muñoz, por lo que Don Fulano enseguida le dijo que era un honor para él que Pepe Marchena comiera sus afamadas legumbres y que, antes de irse, tendría en su coche los garbanzos y, como no, regalados. Así ocurrió y Marchena compartió tan suculento regalo, en aquellos tiempos de tanta miseria y hambruna, con **Victoria** y todas las demás.

En Osuna había un Casino de juego. Estando allí de gira con toda la Compañía, habló Pepe Marchena con el Alcalde y siguiendo el procedimiento de siempre, brazo al hombro, coba y más coba, le comenta: *-mire usted Sr. Don Mengano, conoce usted bien mi afición al juego, así que ¿dónde podríamos ir a echar un rato?, pero, eso sí, las "niñas" tienen que venir con nosotros*. Allá que se fueron el Alcalde, Marchena, **Victoria** y el resto de las "niñas" al Casino. Y Pepe, nada más llegar, dándole golpecitos en la espalda, le dice al munícipe regidor: *-Don Mengano, a mis "niñas" que no les falte de nada. -Por supuesto Pepe, ahora mismo*, contestó el Alcalde. Y pasaron la noche, ellas bebiendo y comiendo gratis y Marchena jugando sin parar, al mismo tiempo que, de cuando en cuando, les tiraba, hecho una bolita, un billete de mil pesetas que se repartían entre todas.

Una de tantas veces que estaban en Madrid actuando, aprovechó Pepe Marchena para grabar y aunque en verdad no hacía falta, se las ingenió para que fueran **Victoria** y alguna más a hacerle las palmas. Así que después de la actuación de esa noche, sin quitarse el maquillaje ni nada, salieron corriendo para el estudio de grabación. Allí grabaron un recitado que hacía Pepe con el acompañamiento del golpeo en la guitarra y las palmas sordas de **Victoria** y las demás. Cuando terminaron eran ya las cinco de la mañana, les dieron café, bocadillos, dulces y hasta consiguió que la casa grabadora les pagara 500 pesetas a cada una.

Así era Pepe Marchena de generoso y de habilidoso, dando coba y sacándole de todo a todos, pero para todos.

Victoria Vallejo con Pepe Marchena. A la izquierda de la foto el empresario Pascual Saavedra y a la derecha, el cantaor "Chiquilín".- *Archivo: Servando Repetto López.*

Curiosa foto de Pepe Marchena con bufanda.- *Archivo: Servando Repetto López.*

Pepe Marchena entre **Victoria Vallejo** y la Niña de Antequera.- *Archivo: Servando Repetto López.*

- Juan Valderrama Blanca, "Juanito Valderrama", junto con su segunda mujer Dolores Abril fueron, aparte de una pareja sentimental y artística de éxito, unos grandes amigos de **Victoria Vallejo.** También lo fueron sus hermanos Manolo y Ángel, así como la primera mujer de Juanito, llamada María, que era modista y con la que tuvo tres hijos. Fueron muchas las veces que acudió al domicilio de Juanito en Madrid a comer, por lo que **Victoria** vivió todas las peripecias por las que pasó la familia tanto con María, la primera mujer y su separación, como con sus hijos Lolita, Juana Dolores y Juan, como posteriormente con Dolores Abril. Según hemos visto anteriormente, en el capítulo dedicado a la cronología de su vida artística, **Victoria** coincide en multitud de ocasiones en los escenarios con otro de los grandes del flamenco, como lo fue Juanito Valderrama, cosa comprobable, igualmente, por las fotos que ilustran este apartado de las figuras. Nacido en mayo de 1916, falleció en abril de 2004.

Juanito Valderrama y Dolores Abril, foto dedicada: "A nuestra querida amiga **Vitoria** con el cariño de siempre".- *Archivo: Servando Repetto López.*

Ahora son Juanito Valderrama y Saavedra quienes ríen, mientras a **Victoria Vallejo** parece no hacerle ninguna gracia el chiste, ¿venganza? (ver foto pág. 58).- *Archivo: Servando Repetto López.*

Victoria Vallejo con Dolores Abril, Juanito Valderrama, la Niña de Antequera y Antonio Machín.-
Archivo: Servando Repetto López.

La Niña de Antequera y **Victoria Vallejo**.- *Archivo: Servando Repetto López.*

- María Barrús Martínez, "Niña de Antequera", era para sus amistades y conocidos, simplemente María. Nació en 1920, lo hizo, cosa que muy poca gente sabe, en el Barrio de la Trinidad de Málaga, aunque al poco de nacer fue a vivir con sus padres a Antequera, de ahí su apodo. El padre era gitano y su madre paya, por lo que por sus venas corría sangre gitana al cincuenta por ciento.

Victoria Vallejo fue su inseparable amiga desde que se conocieran actuando en el Teatro Principal de Jaén a principios de los años 50 del siglo pasado, a los que siguieron más de veinte años de compartir amistad, vida, escenarios, e incluso aficiones, pues no era raro verlas a las dos juntas en una corrida de toros. Tenía María una voz fuera de lo normal, con una potencia extraordinaria y llegaba a los altos como nadie. Tuvo un repertorio extensísimo, con infinidad de canciones de muy alto nivel, aunque para el gran público tan sólo ha quedado el recuerdo de "Ay mi perro", "Con los bracitos en cruz" y alguna más. Su discografía es también muy extensa, habiendo grabado por muchos palos, destacando en fandangos y alegrías, aunque su fuerte fuera la copla, la canción andaluza, en la que metía unos melismas muy flamencos.

En todas sus actuaciones, fuera donde fuera, el público invariablemente le pedía que cantara la canción del perro, con lo que no es de extrañar que la llegara a interpretar miles y miles de veces. Aún así, **Victoria** recuerda que una vez, al insistirle el respetable que cantara *"la del perro", "la del perro"*, María accedió y comenzó a cantarla, pero llegando a la parte donde nombra el coto, se le olvidó la letra y no hacía más que repetir: -*el coto, el coto*, y de ahí no salía. **Victoria** entre bastidores le iba soplando la letra, pero de nada servía,

María seguía con el coto. Hasta el público le iba diciendo la letra y ella: -*que no ma cuerdo, por favor cantarla ustedes, porque es que no hay manera.* Y la gente jajaja, venga reírse, comprendieron las cosas del directo y le dieron la ovación más fuerte de la noche. Sin duda María, la Niña de Antequera, fue una de las figuras que más influyó en **Victoria**, una parte fundamental sin la que es imposible imaginar a **Victoria Vallejo** y su carrera de artista. Un 28 de agosto de 1972, cuando se dirigía a Palma del Río para actuar en el espectáculo "Los Mejores", en el que estaban también Juanito Valderrama y Juanito Maravillas, conduciendo un coche que no era el que habitualmente ella llevaba, no supo manejarlo en una maniobra de emergencia y sufrió un accidente de tráfico en la ciudad de Sevilla, muriendo a consecuencia de las lesiones sufridas.

En el centro la Niña de Antequera junto a una **Victoria Vallejo** con "veintipocos" años.- *Archivo: Servando Repetto López.*

El Malagueño, Porrinas de Badajoz, Niña de Antequera, Antonio Molina, Niña de la Puebla y su hijo Pepe Soto.- *Archivo: Servando Repetto López.*

Foto promocional de La Niña de Antequera.- *Archivo: Servando Repetto López.*

La Niña de Antequera firmando un contrato, ante la atenta mirada de **Victoria Vallejo** y Pascual Saavedra (a la izquierda).- *Archivo: Servando Repetto López.*

Victoria Vallejo con la Niña de Antequera y el guitarrista Enrique Heredia.-
Archivo: Servando Repetto López.

Victoria Vallejo y la Niña de Antequera en la Maestranza de
Sevilla, una tarde de toros.- *Archivo: Servando Repetto López.*

Victoria Vallejo con la Niña de Antequera.- *Archivo: Servando Repetto López.*

- **Encarnación Marín Sallago, "La Sallago"**, por su especial forma de ser, ha sido siempre más cantaora de fiestas y juergas particulares que de tablaos, escenarios y teatros. Es decir, prefería la libertad y la espontaneidad, y soportaba mal la rigidez y la disciplina de las Compañías. Donde ella se encontraba a gusto era en Sanlúcar y Jerez en las fiestas de los señoritos, o en Sevilla que la contrataban todos los años para cantar saetas. Esto al menos es lo que opina y nos cuenta **Victoria**, tras su experiencia con su paisana Encarnación. El empresario Saavedra y la Niña de Antequera le dieron la oportunidad y la contrataron para el Teatro Calderón de Madrid. También estuvo una temporada en el Circo Price. Aprovechó su paso por la capital de España para grabar con la casa Belter. **Victoria** le hacía los coros y las palmas en el disco, que por cierto le costaba a Encarnación sudor y lágrimas grabarlo, ¡qué mal lo pasaba! Se ponía: -*ummmm, ummmm qué locura, esto es una locura*. Y no se arrancaba. **Victoria** la jaleaba: -*chiquilla, venga, vamos allá, venga, vamos a cantá ya*. Y ella: -*jozú Vitorita, qué locura*. Y se ponía a charlar y charlar en vez de cantar. Les advertían siempre que no se podía hablar mientras estuvieran grabando, es decir, la lucecita roja encendida. Pues ella no se enteraba nunca y cuando por fin se arrancaba y terminaba el cante, salía diciéndole al guitarrista: -*oye, me parece que ma tocao tú un poquito acelerao, coño, que ma jogaba*. Ya metió la pata, a repetir otra vez, y así diez o doce veces. Y es que tenía unas cosas, una gracia, que la gente se meaba de risa con ella. Ahora, lo de someterse a un horario, lo de cantar por obligación, esa falta de libertad y espontaneidad, iba totalmente en contra de su forma de ser, lo llevaba muy mal. Para colmo la Compañía sale de gira por toda España y empieza una vida frenética: actuar hasta las tantas de la madrugada, comerse un bocadillo, al autobús, y corriendo para Bilbao. Al día siguiente lo mismo, y a correr para Barcelona. No pudo soportarlo, se marchó y sus sentimientos los resume lo que gritó a los cuatro vientos cuando se fue: *¡libre! ¡libre!* Nació en Sanlúcar en mayo de 1919, falleciendo en enero de 2015, a los 95 años de edad. Casualidades, con la misma edad que **Victoria**.

La Sallago canta, **Victoria Vallejo** la acompaña a la guitarra.-
Archivo: Servando Repetto López.

La Sallago entre **Victoria Vallejo** y el bailaor Manolo Corriente.- *Archivo: Servando Repetto López.*

En el desaparecido Circo Price de Madrid: La Sallago, una amiga, Paquita Durán,
Gracia de Triana y **Victoria Vallejo**.- *Archivo: Servando Repetto López.*

Victoria Vallejo y La Sallago (centro), en la feria de Sevilla.- *Archivo: Servando Repetto López.*

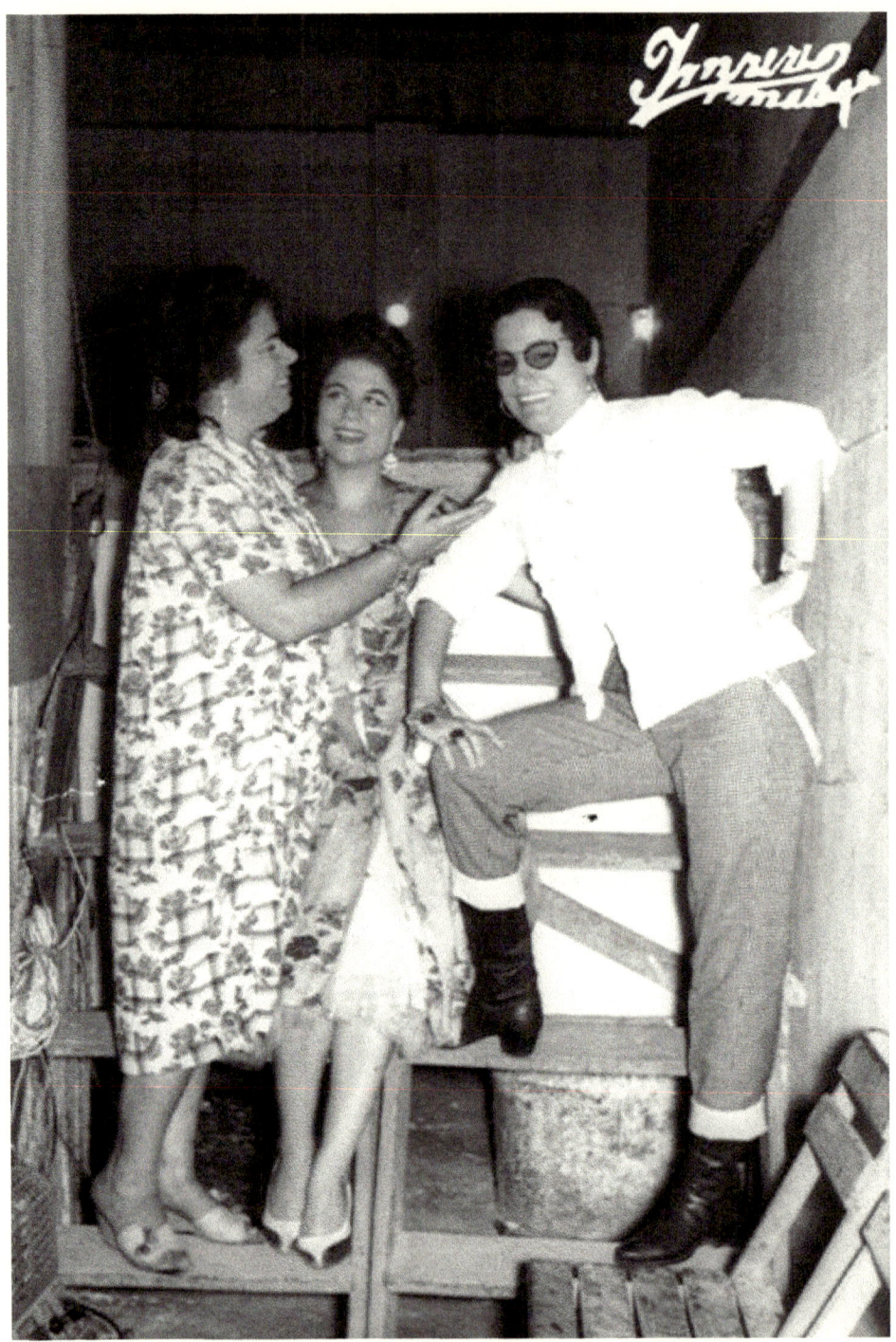

La Sallago le canta a **Victoria Vallejo**, Paquita Durán escucha.- *Archivo: Servando Repetto López.*

- Manuel Pendón Rodríguez, "Manolo el Malagueño", tuvo un especial cariño y una gran amistad con **Victoria Vallejo**, tanto que la llamaba cariñosamente "caraliebre". Delante de la gente le decía "mi sobrina" y hubo más de un periodista de la época que se llegó a creer ese falso parentesco. Nacido en Málaga en 1912, fue un gran imitador de los cantes de Pepe Marchena, cosa bastante osada si tenemos en cuenta que una parte importante de su carrera la hizo cantando precisamente en los mismos espectáculos que el "maestro de maestros", el riesgo a fracasar era altísimo. Pero su éxito fue incuestionable y su dulce cante, derivando luego hasta la canción aflamencada, gustaba muchísimo.

Tenía muy buen tipo, era muy elegante vistiendo, siempre con su traje o su smoking impecables. Recuerda **Victoria Vallejo** que fueron contratados una vez para cantar en Televisión Española, ella, la Niña de Antequera y Manolo el Malagueño. Todos se hicieron ropa nueva para la ocasión. Manolo se encargó un smoking en Madrid, precioso, de color azul marino, que le costó más de lo que le pagaron en TV, que fueron 12.000 pesetas. El sastre dio mil y una vueltas por los teatros persiguiendo al Malagueño para que le pagara, al final tuvo que llevarse el smoking. Aparte de esas cosillas, Manolo era muy buena persona. Vivió con una de "Las Marcheneras", después de separarse de su mujer, y murió de un ataque al corazón en el sevillano barrio del León en el año 1975.

Victoria Vallejo y Manolo el Malagueño, a punto de coger el avión.-
Archivo: Servando Repetto López.

- José Monge Cruz, "Camarón de la Isla", mito del cante flamenco, estuvo con **Victoria Vallejo** sólo durante una gira. Fue en el año 1970, con el espectáculo "Fantasía Flamenca". Camarón trabajaba en el tablao Torres Bermeja de Madrid con el Turronero y lo contrató Juanito Valderrama para dicho espectáculo, que fue el debut del de la Isla cantando solo. **Victoria** enseguida hizo buenas migas con él, manteniendo una buena amistad durante mucho tiempo. Dice que era un gitano rubio muy guapo y muy bueno. Tuvo ocasión de ir a su casa en San Fernando, junto con Dolores Abril y le presentó a todos sus hermanos. Desde el primer día que salió actuando en la Compañía gustó muchísimo, por donde quiera que iba el público se lo quería comer, sobre todo los gitanos. Desde esas primeras actuaciones en la Compañía de Juanito Valderrama empezó a forjarse uno de los mayores mitos del cante flamenco. Pero tenía un problema, era demasiado tímido y necesitaba fumarse un "porrito" para salir al escenario. **Victoria** recuerda ir paseando con Camarón por las calles de Antequera, éste iba fumando un porrito y ella decía: *-José, qué olor más raro viene por aquí, qué mal huelen esos cigarros que tú te fumas*. Y Camarón se reía. Se los guardaba en el dobladillo de los pantalones, para tenerlos siempre a mano. Ese gitano rubio, guapísimo, se fue estropeando poco a poco, hasta que murió un 2 de julio de 1992 en Badalona. Había nacido en San Fernando, La Isla de León, en diciembre de 1950.

Al fondo **Victoria Vallejo** y Camarón de la Isla. Con ellos Dolores Abril y los hermanos de Camarón, en la casa familiar de éste en San Fernando.- *Archivo: Servando Repetto López.*

- **María de Gracia Jiménez Zaya, "Gracia de Triana"**, nació en el castizo barrio sevillano de Triana, en 1919. Desde muy joven se ganaba la vida con el cante grande por los bares trianeros, llevando el apodo paterno, por lo que era conocida como "La Calentito". Dejó impresa su voz y su arte en multitud de grabaciones, e incluso intervino en varias películas. Su voz era prodigiosa y dominaba todos los palos del flamenco. En su momento se hizo reina de la copla cosechando éxitos por doquier, su popularidad era arrolladora. Pero cuando estaba en lo mejor de su carrera, en la cumbre, se marcha a "hacer las Américas", donde permaneció por lo menos ocho años actuando en las zonas de habla hispana, recorriéndola de una punta a otra, hasta que regresó sobre el año 1955. **Victoria Vallejo**, que fue gran amiga y compañera de Gracia, recuerda que cuando volvió de América ya el público español apenas la recordaba. Además habían surgido ya otras grandes figuras que la habían sustituido y eran idolatradas por todos, tales como La Niña de Antequera, la Paquera de Jerez y varias más. A esta circunstancia se unió la rudeza y el mal carácter de la trianera. Por lo tanto su regreso fue un fracaso. Montó un espectáculo y estando actuando en el Teatro San Fernando de Sevilla, alguien del público se metió con ella y no se le ocurrió otra cosa que enfrentarse con él: *-¿qué has dicho?, baja si tienes cojones, yo me cago en tus muertos...* La que se lió fue de órdago a la grande y tuvo que suspenderse el espectáculo.

Marchó a Madrid y aunque participó en bastantes espectáculos, ya no era como antes, ya no iba de primera figura, sino como una más, contratada por Saavedra a instancias de la Niña de Antequera. Recuerda **Victoria** como le gustaba a Gracia de Triana hacerse fotos con ella, pues continuamente le alababa la ropa que llevaba, e incluso le daba hasta coraje cuando veía a **Victoria** siempre tan bien vestida.

Final y definitivamente se retiró a Madrid, **Victoria** fue varias veces a su casa a comer invitada por Gracia, con la que siempre mantuvo lazos de amistad. Una de las veces que fue a verla le regaló a **Victoria** un cachorro. Puso una pequeña Pensión en la calle Luna, en la que vivía en soledad rodeada de una docena de perros, los únicos que le acompañaron el día de su muerte, en enero de 1989.

Gracia de Triana (centro) con la Niña de Antequera y Enrique Montoya, en el Price.-
Archivo: Servando Repetto López.

Gracia de Triana, foto dedicada a **Victoria Vallejo**.- *Archivo: Servando Repetto López.*

Gracia de Triana con la Niña de Antequera.- *Archivo: Servando Repetto López.*

- Dolores Jiménez Alcántara, "Niña de la Puebla", fue, además de una excelente y popularísima cantaora, una mujer maravillosa. Daba gusto estar con ella por su dulzura hasta en la forma de hablar. No obstante era muy reservada y no se prodigaba mucho en conversaciones, quizás su ceguera le hacía ser así. **Victoria** dormía con ella en los hoteles cuando no estaba su marido, Luquitas de Marchena. La de la Puebla viajaba normalmente con un montón de libros en braille y siempre estaba leyendo. Una de las noches que **Victoria** durmió en su habitación le pidió que le leyera en voz alta y se quedó dormida mientras Dolores le iba narrando las peripecias del Conde de Montecristo.

Como artista de Compañías era muy trabajadora, sobre todo cumplidora y respetuosa al máximo con el público. Una vez, cuenta **Victoria**, estando ya entre bastidores dispuesta a salir al escenario, recibió la noticia de que su padre acababa de fallecer. Su marido quería llevársela, pero ella se negó y salió a cantar, a cumplir con su público. Luego, en los camerinos, rompió a llorar y hasta se desmayó.

Tal como le pasaba a la Niña de Antequera con la copla del perro, le ocurría a la de la Puebla con los campanilleros, se lo pedían invariablemente siempre. El caso es que, como le sucedió a María, también a Dolores, un día en que le tocaba Pepe Martínez, se le quedó la mente en blanco y no sabía cantar los dichosos campanilleros, fue el público el que le tuvo que ir diciendo la letra.

Nació en 1909 y, cuando estaba a punto de cumplir los 90 años, en 1999, murió tal como ella quería, en activo, trabajando, pues estando actuando se sintió mal y tuvo que abandonar el escenario, falleciendo poco después.

Victoria Vallejo con la Niña de la Puebla.- *Archivo: Servando Repetto López.*

200

La Niña de la Puebla y su marido, Luquitas de Marchena.- *Archivo: Servando Repetto López.*

Victoria Vallejo con la Niña de Antequera, la Niña de la Puebla y su hijo Pepe Soto (a la derecha).-
Archivo: Servando Repetto López.

- Juan Pérez Sánchez, "Canalejas de Puerto Real", era tan buena persona como cantaor, algo brutote pero muy noble. Siempre con sus discos en la maleta, los iba vendiendo por los teatros, e incluso por los bares de las localidades donde actuaban. Cuando se desvestía en los camerinos, las "niñas" de la Compañía, incluida **Victoria**, le espiaban para ver como llevaba, en vez de calzoncillos, unas bragas blancas de su mujer, ya que él decía que no compraba calzoncillos teniendo esas bragas que eran iguales. Y todas se hartaban de reír viendo a Canalejas, con ese culo grandote que tenía, metido en las bragas de su señora. Tenía la manía, como era muy tragón, de comerse los bocadillos de las "niñas" cuando se quedaban dormidas en el autobús.

Para cerrar los espectáculos siempre se dejaba a una figura que tuviera voz potente y repertorio, por lo que la mayoría de las veces le tocaba a Canalejas, al cual le daba mucho coraje: *-ea, ya ma vei dejao pa el úrtimo, como los cañones de Navarone, el gordo, el cañonazo gordo.* Y mientras, los demás artistas (Juanito Valderrama, la Niña de Antequera, …), se iban largando en sus coches temiéndole a la aglomeración de público que se formaba, al final, a la salida del teatro.

Nació el año 1905 en Puerto Real. Cuenta **Victoria**, recordando su muerte, que fueron en una ocasión a cantar a la Plaza de Toros de Granada. Tras un largo y caluroso viaje en autobús, llegaron por fin, sudorosos y acalorados a la Plaza de Toros, donde inmediatamente Canalejas pidió que le dieran algo fresco, bebiéndoselo de golpe. Al instante empezó a sentirse mal, se lo llevaron al hospital y le aconsejaron que no cantara ese día, que se fuera a descansar al hotel. Ya no se recuperó más y al poco tiempo, corriendo el año 1966, falleció.

La Paquera de Jerez, en sus inicios teatrales, en el Circo Price de Madrid, es presentada por la Niña de Antequera.- *Archivo: Servando Repetto López.*

- **Francisca Méndez Garrido, "Paquera de Jerez"**, se adaptó enseguida a los espectáculos en los teatros, al contrario de nuestra paisana La Sallago. Ella sí supo aprovechar la oportunidad que le brindó Saavedra poniéndola en el Circo Price con la Niña de Antequera. Y eso que la Paquera era también algo bruta, en el sentido más cariñoso de la expresión, pero en los escenarios caía bien a la gente y se hartaban de reír con ella. En medio de la actuación soltaba perlas como esta: *-ozú quillo, tengo la boca seca, tráeme un vasito agua, picha.* Otras veces, sobre todo en el Price, que tenía muy buena acústica, decía: *-yo voy a quitá esta arcachofa de aquí, que esto a mí no me sirve pa ná.* Y quitaba el micrófono, se liaba a cantar con ese vozarrón tan grande que tenía, y ponía a la gente en pie. Con su cante y su naturalidad se metía al público en el bolsillo. Nació en Jerez de la Frontera en mayo de 1934 y cuando estaba a unos días de cumplir los 70 años, falleció en su Jerez en abril del 2004.

- **Antonio Molina de Hoces, "Antonio Molina"**, había nacido en el pueblo malagueño de Totalán en marzo de 1928. Coincidió con **Victoria Vallejo** durante dos o tres temporadas, cuando lo contrató Pascual Saavedra. Pero ya por entonces Antonio Molina estaba bastante tocado, se le olvidaban las letras, se le iba la voz y el respetable ya no respetaba al que con tal falta de respeto se subía a los escenarios, abucheándolo en más de una ocasión. La bebida, la cantidad, tuvo la culpa. Era un ídolo de las masas, una bellísima persona y con una eterna sonrisa en los labios. **Victoria** hizo buenas migas con él y con su señora. En una ocasión fue, con Mari, de "Las Paquiras", a verlo actuar, lo hacía en un hotel de Málaga, pero comprobaron como no era ni la sombra de lo que fue, estaba ya en plena decadencia. Murió en Madrid en marzo de 1992.

Victoria Vallejo, le siguen: en el centro Antonio Molina, hacia la derecha la Niña de Antequera, el Niño de la Huerta y la mujer de Antonio.- *Archivo: Servando Repetto López.*

- **Juan García Alcaide, "Juanito Maravillas"**, nació en Villaviciosa de Córdoba en enero de 1922. Como todos los artistas vistos hasta ahora, mantuvo muy buena relación de amistad con **Victoria Vallejo**. Ya podemos verlo por la foto siguiente. Pero no por ello vamos a dejar de darles unas pinceladas "críticas". Según **Victoria**, era muy cagón, le tenía un miedo tremendo a salir al escenario, por eso tenía siempre en el camerino media botella de Fino La Ina, que se bebía para entonarse y echarle valor a la cosa. Luego en el escenario era bastante frío, imitaba a Pepe Aznalcóllar en los dos o tres fandangos que hacía, e igualmente, quería remedar a otro Pepe, a Marchena, hablando con el público al estilo de éste.

Tenía una voz preciosa, pero poquita, por eso nunca permitió que lo dejaran para cerrar el espectáculo: *-oye Niña, yo no cierro que ..., hombre Saavedra, no, hombre no, que yo soy cortito*. Y como casi siempre, le tocaba cerrar el espectáculo a Canalejas.

Cuando estuvieron actuando en Palma de Mallorca, como tenían tiempo libre, decidieron Juanito y **Victoria** irse a tomar algo a una calita, la que aparece en la foto siguiente, que le habían dicho que era preciosa. Para llegar tuvieron que pasar algo más de cien curvas, todas en la montaña y al borde del precipicio. Los dos iban cagaitos. Cuando por fin llegaron, les llamó la atención que todos los turistas que había allí tenían como un esparadrapo puesto en la nariz: *-ta fijao Juanito, to los extranjeros estos con la cara llena de esparadrapos. -Ya veo Victoria, eso es que habrán tenío un accidente. Claro, con tantas curvas.* Comidos por la curiosidad, nada más sentarse en el bar, le preguntan al camarero: *-oye chavá, ¿qué la pasao a to esta gente que van tos con la narí vendá?, ¿aonde han tenío el accidente?* Respuesta: *-NOO, se la tapan para no quemársela con el sol.* Risas y más risas. Y muchas más risas cuando lo contaron a los compañeros. Murió en mayo de 1988 en La Línea (Cádiz).

Victoria Vallejo con Juanito Maravillas, en Palma de Mallorca.-
Archivo: Servando Repetto López.

Victoria Vallejo con el Loreño (traje oscuro) y Chiquilín (traje claro).-
Archivo: Servando Repetto López.

El Loreño, la Niña de Antequera y **Victoria Vallejo**, paseando por Madrid.-
Archivo: Servando Repetto López.

- José Núñez Morón, "El Loreño", llamado así por ser natural de Lora del Río donde nació en 1942, era muy joven cuando **Victoria Vallejo** lo conoció allá a comienzos de la década de los 60, contratado éste por la Compañía de la Niña de Antequera y en donde figuraba también su paisano el Niño de la Huerta. Durante unos tres meses estuvieron **Victoria**, El Loreño, Chiquilín y otros artistas, haciendo una gira ellos solos, independientes de la Niña de Antequera. De ahí surgió una buenísima amistad y como, tanto José como su familia, eran muy buena gente, **Victoria** pasaba algunas temporadas en Lora del Río, en la huerta de los padres del Loreño, donde la atiborraban de comida, a ver si engordaba, ya que la madre decía que estaba muy delgada. Le daban lo mejor, huevos acabaitos de poner y leche recién ordeñada. Imitaba cantando al también loreño Niño de la Huerta. Se fue a Barcelona, allí se casó y grabó varios discos con cosas de su paisano que tuvieron bastante éxito. Finalmente volvió a su Lora del Río natal, donde puso negocio de zapatería.

- Rafael Antonio Salazar Motos, "Rafael Farina", era una estupenda persona, pero todavía era mejor su mujer, la bailaora María Amaya "La Pillina". Estaba siempre pendiente de Rafael, lo tenía como un rey. Ella era la que lo peinaba, maquillaba y vestía para los espectáculos, mientras él hacía voz en los camerinos. Farina vestía muy bien y sobre todo muy moderno. Juntos tuvieron un hijo, Diego, que tocaba la guitarra. Como cantaor Rafael Farina era un fenómeno. Tenía un torrente de voz fortísimo. Una vez en la Maestranza de Sevilla, que ponían unos altavoces muy grandes, se subió sin micro por la grada, dando toda la vuelta al ruedo cantando fandangos a pleno pulmón. La plaza se venía abajo con los aplausos. Dos orejas y rabo.

Victoria Vallejo, La Niña de Antequera y Antonio El Sevillano.- *Archivo: Servando Repetto López.*

- **Antonio Pérez Guerrero, "El Sevillano"**, nació en Sevilla, de ahí su apodo, en el año 1909. Se ganó la vida cantando sus fandangos personales. Salía al escenario, hacía sus tres o cuatro fandangos y sólo con eso ponía a la gente de pie. También era su especialidad el cante por soleá, siendo un fiel intérprete de la de Alcalá. Como ser humano era un fuera de serie, para comérselo de buena persona y **Victoria** recuerda como sufría de verlo al pobrecito siempre enfermo de unas hemorroides que no lo dejaban vivir. Llevaba siempre un neumático chiquitito inflado para sentarse encima cuando tenía que viajar en el autobús, o para descansar en el camerino. Su mal iba de mal en peor, recurrió a varios curanderos, desesperado, pero al final perdía mucha sangre y esto le acarreó la muerte allá por 1989.

- **Manuel Rojo Frutos, "Chiquilín"**, nacido en Málaga en 1944, fue como un hijo para **Victoria Vallejo**. Ella misma lo bañaba en los hoteles durante las giras, pues empezó siendo muy niño. Tenía mucho éxito precisamente por eso, por lo joven que era, lo bien que cantaba y lo bien arreglao que salía siempre al escenario. Saavedra supo promocionarlo muy bien. Más tarde se unió a la refundación del dúo "Los Paquiros". Casado con la bailaora Concha Vargas, pasó a formar parte de su cuadro flamenco.

Victoria Vallejo y "Chiquilín".- *Archivo: Servando Repetto López.*

Victoria Vallejo y "Chiquilín", con una amiga.- *Archivo: Servando Repetto López.*

Victoria Vallejo, "Chiquilín" y el bailaor Mario.- *Archivo: Servando Repetto López.*

- Manuel Infantes Martínez, "Manolo Fregenal", apodado así por ser natural de la localidad pacense de Fregenal de la Sierra, no trabajó mucho con **Victoria**, pero lo suficiente para contarnos algo sobre él. Como por ejemplo que parecía que estaba enfermo, de mala cara que tenía siempre. Estaba "acartonao" como los gorriones, era bajito, mu poca cosa, pero salía cantando y era una maravilla, una voz muy bonita. Efectivamente, tan malo era el semblante de Fregenal que cuando iban al cementerio, al entierro de algún artista, siempre le decían: *¿Qué Manolo, tu te quedas ya, o te vienes?* Fueron mucho a cantar a su pueblo natal, sobre todo cuando iba con ellos el Cojo de Huelva, y el teatro se llenaba a reventar. Uno que coincidió también mucho con Fregenal, fue el bailaor cómico "El Peluso", que salía bailando con su bombín y su bastón, imitando a Charlot. Este era un hombre de poco espíritu y sobre todo muy aprensivo e hipocondríaco. Manolo Fregenal le gastaba muchas bromas, siempre estaban juntos y en los hoteles (a veces no eran más que malas pensiones) dormían en la misma habitación. Veamos algunas:

El Peluso siempre estaba achacoso y entre otras muchas cosas tomaba bicarbonato, por lo que llevaba consigo un buen paquete permanentemente. Una noche cogió Fregenal el bicarbonato, y sin que el otro se diera cuenta, le volcó una buena porción en la escupidera que solía haber, debajo de la cama, en los hostales. A media noche le vinieron ganas, se levantó El Peluso, cogió la escupidera, y al orinar reaccionó el bicarbonato, empezó a brotar una espuma amarillenta que hasta rebosaba. Había que ver y oír al Peluso, tirando la escupidera del susto: -*Dios mío qué es lo que tengo, ¡Manolo!, ¡Manolo!, llévame al médico.* Y Manolo estaba en su cama reventando de la risa.

En otra ocasión, ya de noche, estaban los dos en la habitación del hostal, tenían que salir a las 7 de la mañana, por lo que Fregenal, encargado de poner el despertador, sin que lo vieran, lo puso a las 4. Se duermen y suena el despertador. El Peluso enseguida se levantó y empezó a vestirse: *Venga, Manolo, levántate que es hora de irse. -Vete tú Peluso, que ahora mismo voy yo.* Allá que se iba el Peluso, a las 4 de la madrugá, con el abrigo, las maletas y que sé yo de chismes, en busca del autobús. Claro, llega a donde habían quedao y no había ni un alma, to cerrao y to vacío, ni un gato por la calles. Hasta que se volvió al hostal, despertó al portero y le preguntó la hora. Se subió a la habitación y Fregenal estaba morao, casi se ahoga de un ataque de risa. Esas eran las cosas de Manolo Fregenal.

Victoria, Chiquito de la Cava, Aº Peana y El Peluso.- *Archivo: Servando Repetto López.*

Otros muchos artistas, intérpretes del cante y la canción andaluza, amén de los mencionados, compartieron escenarios con **Victoria Vallejo**, unos en muchas ocasiones, otros menos, pero todos fueron dejando su huella en ella, de cada uno de ellos aprendió algo. La lista sería interminable, valgan éstos de ejemplo:
- Manuel Centeno - Joselito II - Enrique Montoya - Niña de Dos Hermanas - Cojo de Huelva - Lucy Morales - Niño de Barbate - Maleni Torres - Juanito Varea - Lola Carmona - Porrinas de Badajoz - Adelfa Soto - Luquitas de Marchena - El Marinero - Los Gaditanos - Los Paquiros - Rerre de los Palacios - Niño Villanueva - Curro de Utrera - Manolita Florido - El Perro de Paterna - Marisol de Castuera - Jesús Chozas - Dorita la Algabeña - Rafaela de Córdoba - Los Canasteros - María de Castro - Mari Tere Navarro - Pepe Azuaga - Hnos. Valderrama - Paquita Durán - Pepe Sevilla - Las Paquiras - Niña de Orihuela - El Poeta Gitano - Antonia Castuera - etc.

Enrique Montoya con la Niña de Antequera, en el Circo Price de Madrid.-
Archivo: Servando Repetto López.

Joselito II (izquierda), **Victoria Vallejo** y el hijo de Rafael Farina.-
Archivo: Servando Repetto López.

Victoria Vallejo, Antoñita Castuera, "La Buchito" y Joselito II.- *Archivo: Servando Repetto López.*

Joselito II, **Victoria Vallejo** y "La Buchito".- *Archivo: Servando Repetto López.*

GALERÍA FOTOGRÁFICA

Retrato de **Victoria Vallejo**.- *Archivo: Servando Repetto López.*

Retrato de **Victoria Vallejo**.- *Archivo: Servando Repetto López.*

Victoria Vallejo con su perrito, regalo de sus compañeras.- *Archivo: Servando Repetto López.*

Retrato de **Victoria Vallejo**.- *Archivo: Servando Repetto López.*

Retrato de **Victoria Vallejo**.- *Archivo: Servando Repetto López.*

Retrato de **Victoria Vallejo**.- *Archivo: Servando Repetto López.*

Victoria Vallejo en actitud cariñosa con la Niña de los Peines.- *Archivo: Servando Repetto López.*

Victoria Vallejo y la Niña de Antequera.- *Archivo: Servando Repetto López.*

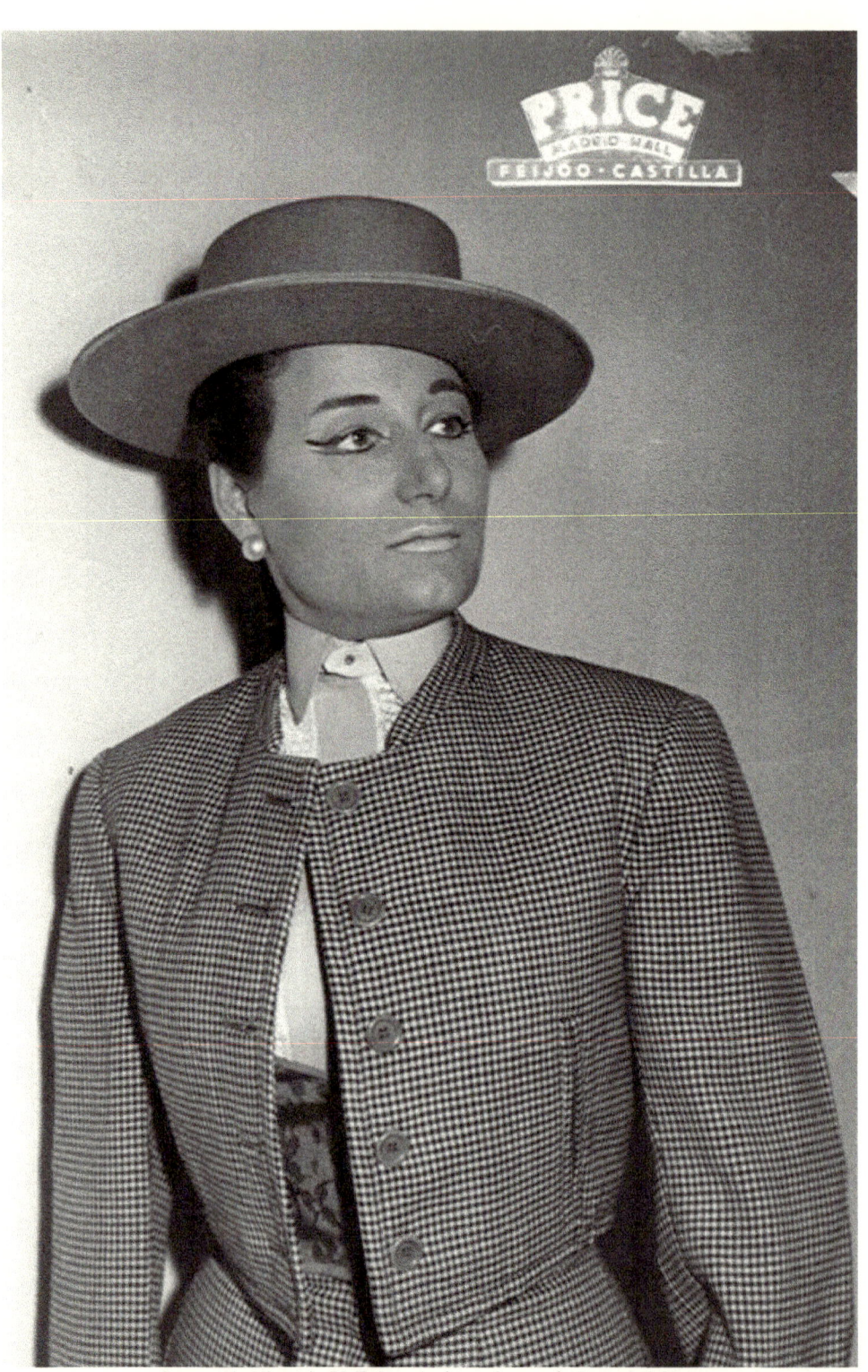

Retrato de **Victoria Vallejo**.- *Archivo: Servando Repetto López.*

Retrato de **Victoria Vallejo**.- *Archivo: Servando Repetto López.*

Retrato de **Victoria Vallejo**.- *Archivo: Servando Repetto López.*

Victoria Vallejo actuando en un cine de Málaga.- *Archivo: Servando Repetto López.*

Piqui, el hijo de Pepe Marchena, entre **Victoria Vallejo** y la Niña de Antequera.-
Archivo: Servando Repetto López.-

Victoria Vallejo con su hermano Juan, al que colocó en la Compañía de la Niña de Antequera en trabajos de mantenimiento.- *Archivo: Servando Repetto López.*

Victoria Vallejo con Antoñita Castuera.- *Archivo: Servando Repetto López.*

Victoria Vallejo (justo en el centro) junto a Mario, Manolo Corriente, Paquita Durán, Chiquilín y otros artistas, celebrando la Navidad después de actuar.- *Archivo: Servando Repetto López.*

Victoria Vallejo (en el centro, de rodillas) celebrando la Navidad con toda la Compañía. Detrás de ella Luisa Esteso, La Niña de Antequera y la Niña de la Puebla. Agachados, a la derecha, Manolo Corriente con Manolita Moreno; agachados, a la izquierda, Perla de Triana (hija) y de pie, a la derecha, el humorista Gran Kiki.- *Archivo: Servando Repetto López.*

Victoria Vallejo (con ramo de flores) junto a la Niña de Antequera, Gracia de Triana (con gafas oscuras). A la derecha Enrique Montoya y Paquita Durán.- *Archivo: Servando Repetto López.*

Bonita escalera de artistas. **Victoria Vallejo** en el último escalón.-
Archivo: Servando Repetto López.

Después del trabajo un rato de alegría en Sevilla con los amigos, en la sala de fiestas "El Patio Sevillano".- *Archivo: Servando Repetto López.*

Victoria Vallejo, con la Niña de Antequera y Dorita La Algabeña, divirtiéndose. Detrás de ellas Conchita Márquez Piquer y Curro Romero. A la izquierda, en primer término, el guitarrista Pepe Arenas.- *Archivo: Servando Repetto López.*

Victoria Vallejo entre La Niña de Antequera y Conchita Bautista. A la derecha el humorista Zori.-
Archivo: Servando Repetto López.

¡Vaya foto y vaya personajes!: el legendario torero Rafael "El Gallo" entre **Victoria Vallejo** y La Niña de Antequera, con puro en la boca Pepe Marchena y junto a éste, el empresario Pascual Saavedra.- *Archivo: Servando Repetto López.*

¡Todos al autobús!, pero antes una foto del grupo. Así eran las Compañías de entonces: una gran familia, los autobuses con el techo cargado de maletas, carretera adelante y vengan kilómetros y kilómetros. Podemos ver a la Niña de La Puebla con sus clásicas gafas y por su izquierda: la Niña de Antequera, Pepe Marchena, una artista, Manolo el Malagueño, Mario y Chiquilín. Arriba del todo el guitarrista Antonio Peana (**Victoria** no aparece, aún estaría haciendo la maleta).-

Archivo: Servando Repetto López.

APÉNDICE

"CANCIONES Y COPLAS DEL DESAMOR"

Autora:

VICTORIA VALLEJO ROMERO

Recopiladas, ordenadas y corregidas por:

SERVANDO REPETTO LÓPEZ

¡Ay!
Si yo tuviera er való
pa soltarme estas caenas
y empezá una vida nueva
sin tanta pena y doló.

Como hemos visto anteriormente, **Victoria Vallejo** registró en la SGAE un total de 15 canciones con música y letra, suponiendo éstas solo un pequeño ejemplo de la extensa producción, como compositora , de **Victoria**.

Su ilimitada imaginación, sus infinitas vivencias y ese arte que resuma todo lo que hace, le han inspirado muchísimas otras canciones, rancheras, rumbas, boleros, zambras, tanguillos y letras de fandangos, alegrías, sevillanas, etc. Son composiciones no menos importantes llenas de la gracia, la naturalidad y frescura que caracteriza a esta prolífica compositora.

Dichas composiciones suman muchas más de un centenar, algunas de ellas sin título, sin pulir, de las cuales he extraído, para publicarlas aquí, un total de ochenta y tres que conforman una buena colección de momentos de inspiración y ésta, la inspiración, tan esquiva e imprevisible, no suele aparecer cuando estamos tranquilamente sentados delante de papel y lápiz, sino en los momentos más insospechados y, casi siempre, cuando no tenemos nada decente a mano con qué y en dónde escribir esa letra, o esa idea, que nos ha regalado la inspiración caprichosa.

Por eso, cuando para escribir este capítulo he tenido que repasar los escritos de **Victoria Vallejo**, los frutos de esos desbordamientos inspirativos que los artistas tanto buscan, me he encontrado con un fardo de papeles de mil colores y tamaños, cartones, servilletas de papel, sobres usados, pañuelos de papel (sin usar, gracias a Dios), etiquetas, pegatinas y todo lo que podáis, y no, imaginaros, donde ella iba plasmando sus "ocurrencias", como humildemente las llamaba. Al menos, esa gran afición que ella tuvo siempre, le hizo ir guardando celosamente, tal cual fuera un tesoro, que lo era, todo ese gazpacho celulósico, como si adoleciera de un fuerte e incurable "síndrome de Diógenes" literario.

Y no nos olvidemos, **Victoria Vallejo** sólo fue al colegio "cuatro días" como quien dice, nunca tuvo maestro/a ni de cante, ni de baile, ni de compás, ni de música, ni de composición literaria, ni de nada: autodidacta total y en el más amplio y exacto sentido de la palabra. Ya es mérito. Por eso hay que ser benevolentes con ella a la hora de la lectura de su obra.

No obstante, con su autorización, me he visto obligado a transcribirlas, ordenarlas y, algunas de ellas, corregirlas en lo mínimo a fin de conservar el aire y el sentido del sentimiento que en ese momento **Victoria** quería expresar, aunque fallen métrica o rima.

Como ya en el magnífico y autorizado prólogo de José María de Diego, se hace un estudio detallado de las canciones, coplas y demás composiciones de **Victoria,** y principalmente de los estados de ánimo que la movieron a escribir cada letra en su momento, me limitaré, sin más preámbulos, a invitaros a disfrutar con la lectura de estas pequeñas joyas compuestas por **Victoria Vallejo**.

Antes os dejo, como ejemplo, escrito original de la rumba "Renuncia". Igualmente, partitura del tanguillo "Toma que toma", pasado al pentagrama para ser tocado y cantado al piano. En este caso la música es original de José Berenguer (o Berenguel).

Escrito original de la rumba "Renuncia" escrito por **Victoria Vallejo** en un trozo de papel. Son comprensibles y perdonables las faltas gramaticales y de ortografía cometidas por alguien que no fue a colegio ni escuela alguna a que la enseñaran, todo lo que aprendió fue de forma autodidacta.-
Archivo: Servando Repetto López.

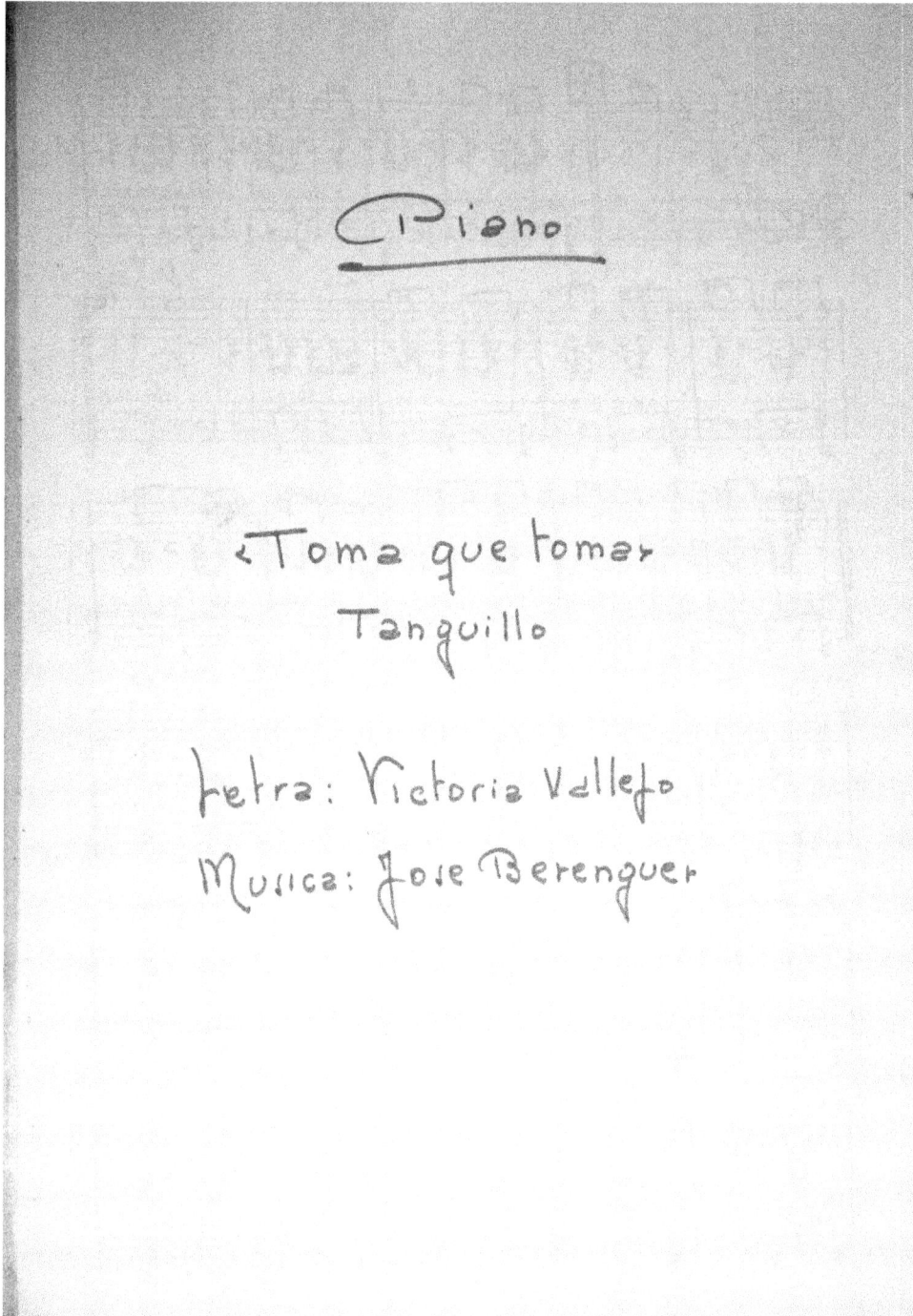

Portada de la partitura para piano del tanguillo "Toma que toma".- *Archivo: Servando Repetto López.*

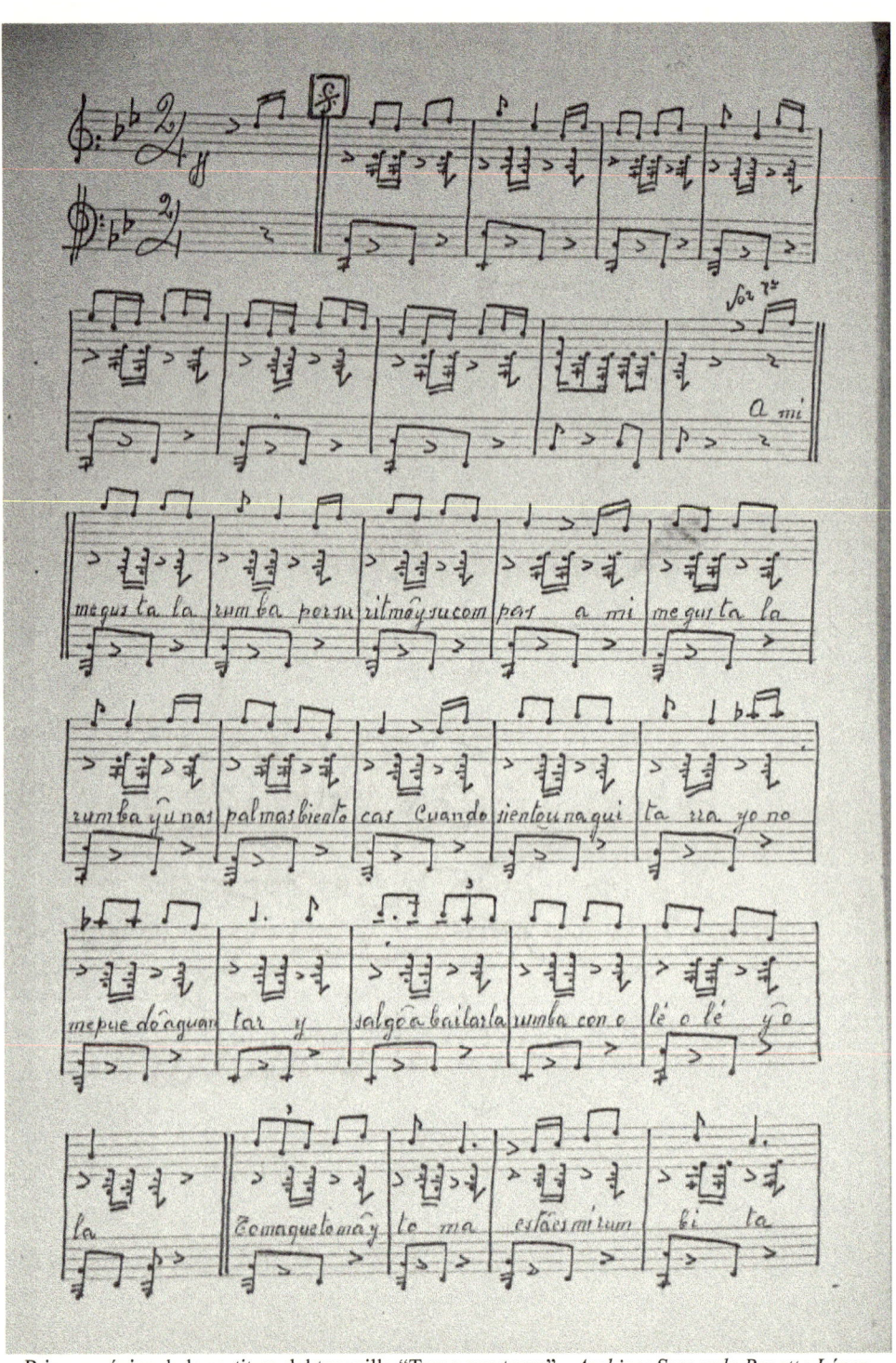

Primera página de la partitura del tanguillo "Toma que toma".- *Archivo: Servando Repetto López.*

Segunda página de la partitura del tanguillo "Toma que toma".- *Archivo: Servando Repetto López.*

Refª 01. ZAMBRA: "Seguir esperándote"

I

Me perdí sentrañas mías
cuando acaricié tus manos,
y esos besos de tu boca
me cautivaron, serrano,
y me volví medio loca.

Te llevo en mi pensamiento,
y en mi triste soledad,
sin poder gritar tu nombre,
así me pongo a cantar.

Estribillo

Para qué seguir esperando
algo que no ha de llegar,
prefieres seguir callando
sin atreverte a luchar,
por mi cariño, serrano.

II

Ya me cansé de escuchar
promesas y más promesas,
vamos a poner, serrano,
las cartas sobre la mesa.

Esto es una pesadilla,
tú bien lo sabes sentrañas,
sé que no es cosa sencilla,
porque tú mismo te engañas,
porque tú mismo te engañas.

Al estribillo

Refª 02. BOLERO-MAMBO: "Fueron poniendo barreras"

I

Perdóname, perdóname,
pero es mejor que te lo diga,
perdí la fe en tu queré
y fui un barco a la deriva.

Por una vez, si puede ser,
quisiera ser tan sincera
que tú y yo podamos hablar
con claridad y sin fronteras.

Estribillo

Cuando te dije te quiero
te lo dije con ternura,
te ofrecí mi corazón
pa los restos de mi vida,
pero los malos consejos
fueron poniendo barreras
entre tu querer y el mío,
pa apartarte de mi vera.

II

Ayúdame, ayúdame,
que vivir sin ti no puedo,
ayúdame, ayúdame,
que si me faltas yo me muero.
Ayúdame, ayúdame,
en esta triste condena,
ayúdame a soportar
el peso de estas cadenas.

Al estribillo

Refª 03. SEVILLANAS: "Sevillanas de los ojos verdes"

I
Tiene los ojitos verdes
y además se llama Carmen,

y además se llama Carmen,
tiene los ojitos verdes
y además se llama Carmen,
tiene los ojitos verdes
y además se llama Carmen,

y además se llama Carmen,
Carmen se llamó mi abuela,
Carmen se llamó mi madre,
Carmen se llamó mi abuela,
Carmen se llamó mi madre.

Cariño mío, cariño mío,
que esos ojitos tan verdes
me están quitando el sentío.

II
Cuando me miras, sentrañas,
no lo puedo soportar,

no lo puedo soportar,
cuando me miras, sentrañas,
no lo puedo soportar,
cuando me miras, sentrañas,
no lo puedo soportar,

no lo puedo soportar,
porque me da escalofríos,
porque me da escalofríos,
en esa mirada tuya
los ojos de verde mar.

Cariño mío, cariño mío,
que esos ojitos tan verdes
me están quitando el sentío.

III

Mi madre se ha dado cuenta
que por ti estoy que me muero,

que por ti estoy que me muero,
mi madre se ha dado cuenta
que por ti estoy que me muero,
mi madre se ha dado cuenta
que por ti estoy que me muero,

que por ti estoy que me muero,
porque de noche en mis sueños
a voces grito ¡te quiero!,
porque de noche en mis sueños
a voces grito ¡te quiero!

Cariño mío, cariño mío,
que esos ojitos tan verdes
me están quitando el sentío.

IV

Quiero tenerte conmigo
pa siempre a la vera mía,

pa siempre a la vera mía,
quiero tenerte conmigo
pa siempre a la vera mía,
quiero tenerte conmigo
pa siempre a la vera mía,

pa siempre a la vera mía,
porque cuando no te tengo
soy un barco a la deriva,
porque cuando no te tengo
soy un barco a la deriva.

Cariño mío, cariño mío,
que esos ojitos tan verdes
me están quitando el sentío.

Refª 04. CANCIÓN: "Del cielo ningún castigo".

I

Me dijiste que eras libre
como el pájaro y el viento,
y ante el Gran Poder me diste
palabra de casamiento.

Llevo metío en mis entrañas
la vergüenza del pecado,
porque alguien vino a decirme
que tú eras un hombre casado.

Estribillo

Yo no quiero que te venga
del cielo ningún castigo,
ni que Dios te pida cuentas
de lo que hiciste conmigo.
Aléjate de mi vida
y cumple con tu deber,
y olvídate de que existe,
de que existe esta mujer.

II

No pases más por mi calle
ni llames más a mi puerta,
ni pronuncies más mi nombre
que yo pa ti ya estoy muerta.

Vas diciéndole a la gente
que por ti estoy que me muero,
tú bien sabes que hace tiempo
que te dije ¡no te quiero!

Al estribillo

Refª 05. RUMBA: **"Mis ilusiones nuevas".**

I

Puedo jurarte ante Dios
que ya no siento lo de antes,
y me dan escalofríos
cuando a mi vienes a acercarte.

Se está apagando la hoguera
que me estaba consumiendo,
y al borde de la locura
yo por ti me estaba viendo.

Estribillo

Tú, quién te has creído que eres tú,
que por encima de todo estás,
pero esta vez te equivocaste, amor,
te equivocaste de verdad.

II

No me quisiste escuchar,
ni quisiste comprender
que al final, sentrañas mías,
te tocaría perder.

Así que déjame en paz,
no te cruces en mi camino,
que estoy harta de decirte
que no quiero ná contigo.

Al estribillo

III

Yo tengo en mi pensamiento
otras ilusiones nuevas,
y un amanecer distinto
con sabor a primavera.

Al estribillo

Ref.ª 06. RANCHERA: "No soy aquella"

Aclara de una vez qué es lo que pasa,
a mí las cosas claras y sin rodeos,
sabes que sé muy bien que tú me engañas,
que no son visiones mías lo que yo veo.

Estribillo
Pero escúchame, compañero,
este consejo yo quiero darte:
que ella tiene veinte años,
que ella tiene veinte años
y tú puedes ser su padre.

Yo sé muy bien que no soy aquella
niña bonita, niña bonita que conociste,
hoy tengo el vientre lleno de grietas
por esos hijos, por esos hijos que tú quisiste.

Pero vete, vete con ella,
si tú lo has querido así,
pero vete, vete con ella
y que seas muy feliz.

Foto publicitaria de la Niña de Antequera.- *Archivo: Servando Repetto López.*

Refª 07. RUMBA: **"Por qué sufrir más"**

Cuando por ti pasen los años
y necesites de mi presencia,
comprenderás lo que se sufre,
cuando mi nombre sea una sombra
que se cruzó por tu camino,
y se perdió en la oscuridad
como una nube que va de paso,
para nunca regresar.

Estribillo

Por qué sufrir, por qué llorar,
la vida sigue y nada más.
(BIS)

Pero si un día me necesitas
y tú me llamas, yo aquí estaré,
como si nada hubiera pasado,
y volveremos a empezar otra vez.
Te prometo, sentrañas mías,
por toa la vía hacerte feliz,
si tú me quieres como te quiero,
seré tu esclava hasta el morir.

Al estribillo

Foto publicitaria de la Niña de Antequera.- *Archivo: Servando Repetto López.*

Refª 08. BOLERO: "Tu amor"

I

Si yo tuviera el valor
suficiente para decirte
que ese amor tuyo no existe,
que ya todo terminó.

Si yo tuviera el valor
pa soltarme estas cadenas
y empezar una vida nueva,
sin tanta pena y dolor.

Estribillo

Tu amor nunca ha sido sincero,
tu amor fue falso y traicionero,
tu amor solo me dio amargura,
destrozando mi vida
para la eternidad.

II

Si yo tuviera el valor
de vivir sin tu cariño
y no llorar como un niño
si a mi vera no estás tú.

Si yo tuviera el valor
de borrarte de mi mente,
y para siempre marcharme,
para no volver a verte.

Al estribillo

Refª 09. RUMBA: "Toma que toma"

I

A mi me gusta la rumba
por su ritmo y su compás,
a mi me gusta la rumba
y unas palmas bien tocás.
Cuando siento una guitarra
yo no me puedo aguantar
y salgo a bailar por rumbas,
¡ole con ole y olá!

Estribillo

Toma que toma y toma,
esta es mi rumbita,
toma que toma y toma,
ay que sabrosita.
Toma que toma y toma,
aprende el compás,
echa un pasito pa lante
y otro para atrás,
y mueve la cintura,
ay, para acá y para allá.

II

La rumba que bailo yo
no la aprendí en la Habana,
me la enseñó una flamenca
en el Barrio de Triana.
Porque pa bailar la rumba,
con mucha gracia y salero,
tienes que ser de esta tierra,
lo mejor del mundo entero.

Al estribillo

Refª 10. TANGUILLO: **"Déjame quererte así"**

I

Niña de mis amores
di que me quieres, sentrañas mías,
mira que es un tormento
tanto desprecio, pa el alma mía.

Esa cara que tú tienes
no se te puede aguantar,
y una clase de jechura
que pareces dibujá.

Estribillo

Déjame quererte, déjame,
déjame quererte, déjame,
que como a mi mare te adoraré.
Déjame quererte, déjame,
déjame quererte, déjame,
déjame, déjame, déjame.

II

Tú me das pares y nones
como si fuera, niña, un chiquillo,
pero llegará el día
que has de llorar por mi cariño.

Sueño de noche y de día
que te estoy queriendo al fin,
pero no me dices nada
y yo me voy a morir.

Al estribillo

Refª 11. RUMBA: "Me equivoqué"

I

Era bonito pero imposible,
to los amigos me lo decían,
que me olviara de tus amores
porque no lo merecías.

A pesar de esos consejos,
yo luché por tu cariño,
pero el fuego del dinero
hizo cambiar mi destino.

Estribillo

Me equivoqué, me equivoqué contigo,
me equivoqué, con pena hoy lo digo,
me equivoqué, me equivoqué otra vez.

II

Yo por poquito me vuelvo loco,
no comprendía lo que pasaba,
cómo es posible que por dinero
nuestro amor se terminara.

De qué me sirve seguir luchando
si yo lo tengo todo perdío,
eran sabios los consejos
que me dieron mis amigos.

Al estribillo

Refª 12. FANDANGO: **"Repasando mi memoria"**

Me encontré con tu recuerdo,
repasando mi memoria
me encontré con tu recuerdo
y un temblor de escalofrío
recorrió todo mi cuerpo,
¡mira si yo te he querío!

Refª 13. FANDANGO: **"No es necesario que sigas"**

Fingiendo lo que no sientes,
no es necesario que sigas
fingiendo lo que no sientes,
es mejor que me lo digas
pa no seguir adelante,
y me destroces la vida.

Refª 14. FANDANGO: **"Cuando hables del amor"**

Hazlo si tú lo has vivido,
cuando hables del amor,
hazlo si tú lo has vivido,
si no sabes lo que es
¿qué puedo decirte, amigo?,
¡se llega hasta enloquecer!

Refª 15. FANDANGO: **"Si juegas con dos barajas"**

Piénsalo bien, vida mía,
si juegas con dos barajas
piénsalo bien, vida mía,
que al final siempre se acaba
por perderse la partía,
y ya no te queda nada.

Refª 16. FANDANGO: **"Según dice aquel refrán"**

El tiempo lo borra todo,
según dice aquel refrán
el tiempo lo borra todo,
a mí me quedó una herida
que nunca podré cerrar,
por mucho que el refrán diga.

Refª 17. FANDANGO: **"Quien me dijo que los años"**

Me enseñarían a vivir,
¿quien me dijo que los años
me enseñarían a vivir?,
yo me moriré de vieja
sin poderlo conseguir,
¡la vida no hay quien la entienda!

Foto publicitaria de la Niña de Antequera.- *Archivo: Servando Repetto López.*

Refª 18. CANCIÓN: **"Ha tenido que ser así"**

No es necesario que sigas
fingiendo lo que no sientes,
es mejor que me lo digas
para no seguir adelante.[1]

Yo sé bien que todo esto
no es nada más que una locura
que, más tarde o más temprano,
se acabará, criatura.

Qué desengaño más grande
me he llevado, compañera,
dijiste que me querías
y te apartas de mi vera.

Ha tenido que ser así
para poder comprender,
que ganar siempre es bonito,
pero muy triste el perder.

Pero yo sigo las huellas
de aquel bonito refrán
que dice que, algunas veces,
saber perder es ganar.

---

[1] Esta primera estrofa ya viene recogida como fandango en la referencia 13. Así mismo hay que reseñar la falta de rima entre "sientes" y "adelante", tal como pasa en el fandango, pero en esta ocasión he querido respetar lo escrito por la autora.

Refª 19. ALEGRÍAS: **"Sanlúcar de Barrameda"**

Que no se puede aguantar,
viva ese rincón de Cádiz
que no se puede aguantar,
y esos pueblos tan bonitos
que los acaricia el mar.

Rincón donde yo nací,
Sanlúcar de Barrameda
rincón donde yo nací,
por muy lejos que me vaya
nunca me olvido de ti.

Yo te recuerdo con alegría,
ay rinconcito
de Bajo Guía.

Atardecer en Sanlúcar de Barrameda, Bajo Guía.- *Foto: Servando Repetto López.*

Refª 20. CANCIÓN: **"Sendero"**

No te vayas sin decir ¡te quiero!,
no te vayas, te pido por Dios,
que tú sabes que estoy prisionero
de tu loco corazón.

Dame un poco de esperanza
para así mi camino seguir,
un sendero cubierto de flores
que he sembrado para ti.

No te vayas sin decir ¡te quiero!,
no te vayas te pido, mi amor,
que poquito a poquito
te llevas, de mi vida, la ilusión.

Tengo en mi pecho una herida
que está matando mi corazón,
no te vayas sin decir ¡te quiero!,
no te vayas, te pido por Dios.

Foto publicitaria de la Niña de Antequera.- *Archivo: Servando Repetto López.*

Refª 21. CANCIÓN: **"Amargura"**

Tienes la carita triste,
estás pálida y cansada,
y aunque tú no me lo dices
veo que estás destrozada.

Cubre tu cuerpo de fiesta
y piensa bien que la vida,
poquito a poco, se lleva
las rosas de tus mejillas.

Si yo pudiera tenerte
pa siempre a la vera mía,
los colores de tu cara
volverían a tener vida.

Pero tú sigues remando
en contra de la marea
y tu barco se va a pique
poco a poco, compañera.

Foto publicitaria de la Niña de Antequera.- *Archivo: Servando Repetto López.*

Refª 22. TANGUILLO: "Tararí, tarará"

Con bikini de lunares,
tomando el sol boca arriba,
paseando por la playa
tropecé con una niña.

Le dije perdona, guapa,
no ha sido con intención,
pero si no freno a tiempo
se me raja el bañador.

Salí corriendo para el agua
loquito y desesperado,
porque iba más nervioso
que un caballo desbocado.

Estribillo

Yo te juro, por mi mare,
que no veraneo más,
que luego de noche …
y pa qué te voy a contar.
Adivina adivinanza,
tararí, tararí, tarará.

Ya se acabó el cachondeo,
de regreso a la ciudad,
se terminó el veraneo,
tenemos que currelar.

Me tiene comío el coco,
te lo juro compañero,
trabajo de noche y día
para ahorrar mucho dinero.

Para que al año que viene
pueda de nuevo ligar,
a aquella de los bikinis
a la orillita del mar.

Al estribillo

Refª 23. CANCIÓN: **"Dos amores"**

I

Dos amores hay en mi vida
a los que he dado mi corazón,
dos amores y a ninguno
puedo decirle que no.

Uno es toda mi alegría,
el otro es pena y dolor,
lleno de melancolía
que mata mi corazón.

Estribillo

Dos amores, dos amores
que me tienen prisionero,
dos amores, dos amores
que si me faltan me muero.
Dos amores, dos amores
que le dan vida a mi vida,
dos amores, dos amores,
sin ellos no sé qué haría.

II

Dos amores hay en mi vida
a los que he dado mi razón
dos amores, dos amores
que son toda mi ilusión.

Geranio de mi alegría
y mi rosa de pasión,
de las dos está prisionero
de las dos está prisionero
este pobre corazón.

Al estribillo

Refª 24. CANCIÓN: **"Ya no tiemblo"**

Poco a poco me olvido de ti,
poco a poco el sufrimiento es menor,
poco a poco intento olvidar.
Si tu amor nunca ha sido sincero
ya no tiemblo al alejarme de ti
y tu ausencia ya no me conmueve,
ahora sé que ya puedo vivir
y decir que de amor no se muere.

Poco a poco me olvido de ti
y tu imagen apenas la recuerdo,
pero quiero que seas feliz
y que encuentres un amor verdadero,
que nunca te haga sufrir,
ni abandone tu amor por dinero.

Poco a poco me olvido de ti.

Foto publicitaria de la Niña de Antequera.- *Archivo: Servando Repetto López.*

Refª 25. RUMBA: **"Anda y libérate"**

I

Anda, libérate ya de una vez
y vive la vida,
olvídate del qué dirán,
tú deja que digan.

Anda, déjate ya de tantas
penas y sufrimientos,
ven junto a mí,
quiero que sepas
lo que por ti siento.

Estribillo

¡Ay! amor, amor, amor
cuánto te quiero,
¡Ay! amor, amor, amor
por ti me muero,
¡Ay! amor, amor, amor
yo pierdo el sentío,
¡Ay! amor, amor, amor,
cuando me besas, cariño mío.

II

Anda, libérate ya de una vez
y olvida el pasado,
que ese querer que vivió en ti
no ha sido un pecado.

Anda, vuelve de nuevo a sonreír,
sentrañitas mías,
y olvídate del qué dirán,
tú deja que digan.

Al estribillo

Refª 26. CANCIÓN: "No te vayas"

Años tras años diciéndome
¡yo te quiero!, vida mía,
cuántas noches conversando
vimos las claras del día.

Tu cuerpo junto a mi cuerpo,
tu boca junto a la mía,
un suspiro y un lamento
con temblores de agonía.

Me decías no te vayas,
no me dejes todavía,
vuelve a abrazarme de nuevo
que quiero sentirte mía.

Tengo miedo que amanezca,
y de las luces del día,
porque son las que te alejan
de mi vera, vida mía.

Tengo miedo de que vuelva
ese maldito silencio
que me destroza la vida,
y me devora por dentro.

Si yo supiera de veras
que no he de vivir contigo,
pediría a voces la muerte,
pongo al cielo por testigo.

Refª 27. RUMBA: "Lloré por ti" [2]

I

Año tras año diciendo
!yo te quiero vida mía¡,
cuántas noches conversando
vimos las claras del día.
Tu cuerpo junto a mi cuerpo,
tu boca sobre la mía,
un suspiro y un lamento
con temblores de agonía.

Estribillo

Lloré por ti, cuando de mí te alejaste,
lloré por ti, hasta llegar la mañana,
lloré por ti, mi vida vacía dejaste,
lloré por ti, lloré por ti, desconsolada.

II

Ando pensando y pensando
y no me puedo explicar,
por qué el sabor de tus besos
yo no lo puedo olvidar,
ni ese calor de tu cuerpo
que tanta vida dio al mío,
ni ese ¡te quiero! y ¡te quiero!
que me hizo perder el sentío.

Al estribillo

---

[2] En esta rumba repite las dos primeras estrofas de la canción anterior, Refª 26.

Refª 28. CANCIÓN: "Candela" [3]

Repasando mi memoria
me encontré con tu recuerdo,
y un temblor de escalofrío
recorrió todo mi cuerpo.

Volvía a ver aquellos ojos,
negros como mi agonía,
y sentí por un momento
tu cara sobre la mía.

Creí que te había olvidado,
pero he comprobado que no,
que donde candelita hubo
siempre rescoldo quedó.

Candela tienen tus ojos,
candela tiene tu boca
que cuando beso tus labios,
serrano, me vuelvo loca.

Yo quisiera, yo quisiera
encontrarte, compañero,
y decirte muy bajito
lo mucho que yo te quiero.

Candela, candela
tienen tus ojos, candela,
candela tiene tu boca,
que cuando beso tus labios,
serrano, me vuelvo loca.

---

[3] La primera estrofa ya la utilizó en el fandango Refª 12.

Refª 29. CANCIÓN: **"Cadenas"**

I

Nada, de ti no me queda nada,
nada, si algo hubo terminó,
nada, de ti no me queda nada,
aquello pasó y pasó.

Cuando de noche me acuesto
a Dios le rezo y le pido,
que me afloje estas cadenas
que llevo como castigo.

Nada, de ti no me queda nada,
nada, si algo hubo terminó,
nada, de ti no me queda nada,
aquello pasó y pasó.

El tiempo lo borra todo,
según dice aquel refrán,
a mi me quedó una herida
que nunca podré cerrar. [4]

Foto publicitaria de la Niña de Antequera.- *Archivo: Servando Repetto López.*

[4] Esta última estrofa ya la utilizó en el fandango Refª 16.

Refª 30. CANCIÓN: **"Qué cosas tiene la vida"**

Me iré de ti para siempre,
me iré de ti para nunca regresar,
olvidaré lo pasado
y otra vida comenzar.

Me aparté de los amigos,
sólo viví para ti,
pero el fuego del dinero
te ha separado de mí.

Pero escucha, en esta vida
lo bueno no dura siempre,
y puede que llegue el día
que llores por no tenerme.

No quiero que después digas
que lo mío no fue amor,
tú sabes que mentirías,
si por ti lo dejé to.

Dejé solita a mi madre
cuando más falta le hacía,
y ahora te vas de mi vera,
¡Qué cosas tiene la vida!

Victoria Vallejo, la Niña de los Peines y la de Antequera.- *Archivo: Servando Repetto López.*

Refª 31. CANCIÓN: **"Equivocación"**

Adiós … adiós … adiós,
hoy vengo a decirte adiós,
nos estamos haciendo daño,
¿Qué queda de nuestro amor?,
el amor de aquellos años.

Ya no hay nada que decir,
para qué seguir luchando
si lo sabemos los dos,
lo nuestro se ha ido acabando.

Es mejor decirnos adiós
y emprender otros caminos,
mira que amarga experiencia
unir tu destino al mío.

Adiós … adiós … adiós,
hoy vengo a decirte adiós,
y desearte mucha suerte,
sería una equivocación
estar juntos hasta la muerte.

La Niña de Antequera antes de empezar su actuación.- *Archivo: Servando Repetto López.*

Refª 32. CANCIÓN: **"Los años"**

Cuando se quiere de veras,
como yo te quiero a ti,
se piensa que todo es bueno,
como yo pensé de ti.

Pero cuando pasa el tiempo,
ves la triste realidad,
que estás en un pozo oscuro
donde no hay claridad.

Porque siempre es el dinero
el que gana la partida,
y te sientes importante
ante tu propia familia.

Quien me dijo que los años
me enseñarían a vivir,
yo me moriré de vieja
sin poderlo conseguir.[5]

La Niña de Antequera tras su actuación en el Price.- *Archivo: Servando Repetto López.*

---

[5] Esta última estrofa ya la utilizó en el fandango Refª 17.

Refª 33. CANCIÓN: "No me interrumpas"

Siéntate a la vera mía
y escucha lo que te tengo que decir,
espera que yo termine
no me vayas a interrumpir.

Esto nuestro es una agonía,
siempre con el alma en vilo,
de día y noche sufriendo,
tú me dices, yo te digo.

Nuestro amor se viene a pique
como un barco a la deriva,
que poco a poco se hunde
con la esperanza perdida.

Quiero que recuerdes siempre
que mi amor ha sido sincero,
que te quiero con el alma
y poco a poco me muero.

Victoria Vallejo bromeando con sus compañeros.- *Archivo: Servando Repetto López*.

273

Refª 34. CANCIÓN: **"Débil y cobarde"**

Llevo conmigo una pena
que no quiero recordar,
de una tarde triste y amarga
que no la puedo olvidar.

Tú me conoces a fondo,
cómo puedes pretender
que después de tanto tiempo
quieras engañarme, mujer.

Me miras fija a la cara
escondiendo tus pecados,
y con miedo y amargura
me dices: tú tienes algo.

Pero yo callo y me río,
porque soy débil, cobarde,
y digo no tengo nada,
te lo juro por mi madre.

Yo sé que es mejor callar
y ver tu remordimiento,
para poderte gritar:
me das pena, pena siento,
me das pena, pena siento.

Victoria Vallejo peinándose en el camerino.- *Archivo: Servando Repetto López.*

Refª 35. CANCIÓN: "Vete y déjame en paz"

I

No sé por qué andas diciendo
que ya no me quieres ver,
si de sobra sé, serrano,
que sufres por mi querer.

Andas por todos los bares
siempre borracho perdío,
y terminas dando gritos,
diciendo ¡cariño mío!

Estribillo

Vete, vete, anda y vete,
vete, y déjame en paz,
vete, vete, anda y vete,
vete, vete y no vuelvas más.

II

Recuerdas cuando decías
por qué no me dejas en paz,
y ahora me ofreces tu vida,
tu cariño y lealtad.

Pero todo terminó,
por mi madre te lo digo,
no quiero ni recordar
que tuve amores contigo.

Al Estribillo

Refª 36. COMPOSICIÓN: **"Pepa Téllez"**

(Con cariño para mi amiga Mari Pepa, recordando una noche muy agradable.)

De nombre se llama Pepa
y por apellido Téllez,
vaya nombre de tronío,
su forma de recitar
a todos quita el sentío.

Ojos verdes, piel morena,
negra su mata de pelo,
lástima que ya no viva
el pintor Julio Romero.

Cuando suena una guitarra
tocando por soleá,
echa mano al mantoncillo
y le empiezan a gritar:

¡Pepa, vaya señorío!
¡Pepa, vaya maravilla!
¡Pepa, a todos quita el sentío!
¡PEPA, GLORIA DE SEVILLA!

Victoria Vallejo, cartelón publicitario que se ponía en la fachada de los teatros.-
Archivo: Servando Repetto López.

Refª 37. CANCIÓN: "Pongo al cielo por testigo"

I

Qué día maravilloso
la tarde que te encontré,
sólo con mirar tus ojos
yo de ti me enamoré.

Todo lo malo era bueno,
todo lo feo bonito,
sonreía por las calles
como si fuera un chiquillo.

Estribillo

Pero mira qué mala suerte,
serrano, tuve contigo,
si mi orgullo era quererte,
pongo al cielo por testigo.
(BIS)

II

En el amor no te sirven
los años, ni la experiencia,
porque cualquiera te engaña,
cuando menos te lo piensas.

Confías en sus palabras,
y si te dicen ¡te quiero!,
te enredas de tal manera
que te quedas prisionero.

Al estribillo

Refª 38. SEVILLANAS: "Sevillanas de mi Sevilla"

I

Cuando miro la Giralda
yo no sé lo que decir,

yo no sé lo que decir,
cuando miro la Giralda
yo no sé lo que decir,
porque no encuentro palabras
pa poderla describir.

El Patio de los Naranjos
y también la Catedral,
y también la Catedral,
y el Barrio de Santa Cruz
que no se puede aguantá.

Y que ¡ole, viva Sevilla!,
y que ¡ole, viva Sevilla!,
y que ¡ole, viva Sevilla!,
y su Torre del Oro
¡Qué maravilla!

II

Tres vírgenes hay en Sevilla
que tienen mi admiración,

que tienen mi admiración,
tres vírgenes hay en Sevilla
que tienen mi admiración,
la Macarena y Trianera
y la Virgen de Montesión.

Cuando el viernes por la tarde
aparece en la Campana,
aparece en la Campana,
ese Cristo agonizante
del Cachorro de Triana.

Y que ¡ole, viva Sevilla!,
y que ¡ole, viva Sevilla!,
y que ¡ole, viva Sevilla!,
y su Torre del Oro
¡Qué maravilla!

III
Mira qué solera tiene
la Plaza de mi Sevilla,

la Plaza de mi Sevilla,
mira qué solera tiene
la Plaza de mi Sevilla,
cuando se ve entre el gentío
las mujeres de mantilla.

Ya sale el toro
por el chiquero,
por el chiquero,
adornando sus lances
sobre el albero.

Y que ¡ole, viva Sevilla!,
y que ¡ole, viva Sevilla!,
y que ¡ole, viva Sevilla!,
y su Torre del Oro
¡Qué maravilla!

IV
Qué bonita está Sevilla
al llegar la primavera,

al llegar la primavera,
qué bonita está Sevilla
al llegar la primavera,
con sus calles perfumadas
de azahares y madreselvas.

Noche de embrujo
luna en el río,
luna en el río,
Sevilla de mi alma
quita el sentío.

Y que ¡ole, viva Sevilla!,
y que ¡ole, viva Sevilla!,
y que ¡ole, viva Sevilla!,
y su Torre del Oro
¡Qué maravilla!

Dibujo gigante de **Victoria Vallejo** en la fachada de un teatro. Algunas veces los dibujos querían ser tan exageradamente perfeccionistas que no se parecían en nada a la realidad. Nuestra paisana, Encarnación Marín, "La Sallago" contaba que, en una ocasión, estando trabajando en el Teatro Calderón de Madrid, colgaron un dibujo grandísimo con su rostro en la fachada y la pusieron tan guapa que se dijo: *-joé, man puesto tan preciosa que la gente no me va a reconocé, ya verá como no.* Y, ni corta ni perezosa, se puso en la mismísima puerta del Teatro, justo al lado de la taquilla y delante de la cola de gente que esperaba su turno para sacar la entrada. Efectivamente, se llevó allí un buen rato y nadie se le acercó a saludarla, nadie la reconoció.- *Archivo: Servando Repetto López.*

Refª 39. CANCIÓN: "Tu cariño es un tormento"

Tu cariño es un tormento
que llevo dentro de mis entrañas,
fui para ti un pasatiempo
que con el tiempo se pasa y pasa.

Las herías de mi cuerpo
no tienen el precio que tú le pones,
ni el amor es un objeto
que ahora se quita
y luego se pone.

Por tu queré estoy pasando
las fatigas de la muerte,
de qué me sirve la vida
si nunca podré tenerte.

Estribillo

Pero ¡te quiero!, ¡te quiero!, ¡te quiero!,
pero ¡te quiero!, sentrañitas mías,
pero ¡te quiero!, ¡te quiero!, ¡te quiero!,
pa los restos de mi vía.
(Bis)

Tu cariño fue acabando,
poquito a poco, con mi alegría,
pero el tiempo fue pasando
y fue cerrando toas mis herías.

Ya no lloro, vida mía,
cuando de noche cruzas mi calle
y paseas por mi puerta
con otra cogía del talle.

Pero sé bien que todo esto
no es na más que una locura
que, más tarde o más temprano,
volverás a mí, criatura.

Al estribillo

Refª 40. CANCIÓN: "Caminando"

I

Caminando, caminando,
de tu vera me alejé,
caminando, caminando,
sin saber como y por qué.

Caminando, caminando,
de tu vera yo me fui,
y a la mitad del camino
me tuve que arrepentir.

Estribillo

Por ti, por ti, por ti,
yo daría mi vida,
por ti, por ti, por ti,
yo daría mi alma,
por ti, por ti, por ti,
la sangre de mis venas,
por ti, por ti, por ti
daría lo que me pidieras.

II

Caminando, caminando,
a tu vera regresé,
caminando, caminando,
porque me moría de sed.

Caminando, caminando,
para venirte a decir,
que mientras más me alejaba,
que mientras más me alejaba
más me acordaba de ti.

Al estribillo

Refª 41. RANCHERA: "Pero pasó y pasó"

I

Todo lo que empieza acaba
y lo nuestro terminó,
para qué seguir fingiendo,
aquello pasó y pasó.

Tus besos no me conmueven,
ni si me dices ¡te quiero!,
ni se estremecen mis carnes
cuando acaricias mi cuerpo.

Estribillo

Porque pasó, y pasó, y pasó,
como todo en esta vida,
porque tu amor me enseñó
que no hay verdad sin mentira.
(Bis)

II

Siento pena al recordar
todo ese tiempo perdido,
entregándote mi amor
y sin ser correspondido.

Pero me perdí en tus ojos,
verdes como el verde mar,
me llevaste a la deriva
y hasta que dije ¡basta ya!

Al estribillo

Refª 42. CANCIÓN: **"Dímelo tú"**

I

El día en que yo me vaya
y alguien por mí te pregunte,
tú tienes que sentir frío
al recordar lo que hiciste.

Pagarás caro tu engaño
por lo que hiciste conmigo,
y donde quiera que vayas
mi recuerdo irá contigo.

Estribillo

Dímelo, dímelo tú si ya pasó,
dímelo, dímelo tú, yo te lo ruego,
no hagas sufrir a mi corazón,
mi amor por ti era sincero,
dímelo tú, quiero saberlo,
si fue verdad aquel amor
o fue un capricho pasajero.

II

Tú siempre recordarás
ese tiempo que a mi vera
supiste lo que era amar,
entregándote de veras.

Recordarás mis caricias
y los besos de mi boca,
me llamarás en tus sueños
como si estuvieras loca.

Al estribillo

Refª 43. CANCIÓN: **"Mi amor primero"**

I
Qué cosas tiene la vida,
encontrarme hoy contigo
al cabo de tantos años
de tenernos en el olvido.

Qué cosas maravillosas
me estás haciendo recordar ,
aquellos años felices
que ya nunca volverán.

Estribillo

Tú fuiste mi amor primero,
¡te quiero! cariño mío,
estaba escrito en mi sino
unir tu destino al mío.

II
Las vueltas que da la vida,
ya estamos juntos los dos,
porque donde candelita hubo
siempre rescoldo quedó.

La vida es una ruleta
en donde apostamos todos,
unos en busca de amor,
otros buscando tesoros.

Al estribillo

Refª 44. CANCIÓN: "Elegiste tu destino"

I

Nos conocimos hace tiempo
por pura casualidad,
y cuando miré tus ojos,
mi cuerpo empezó a temblar.

Te esperaba noche y día,
y sin poderlo evitar,
aquellos amores viejos
fueron quedándose atrás.

Estribillo

Elegiste tu destino,
y yo tomé otro sendero
buscando felicidad,
y un cariño verdadero
que no me quisiste dar.

II

Pasaba y pasaba el tiempo
queriéndote más y más,
te tuve en el pensamiento
de día y de madrugá.

Y hoy, al cabo de los años,
somos dos buenos amigos
que no pueden olvidar
lo mucho que se han querío.

Al estribillo

Refª 45. CANCIÓN: "Renuncia"

Hoy me encuentro decidida
a dejarte para siempre,
y aunque me cueste la vida
olvidarme de tu amor,
porque yo sé que, al no verme,
vivirás tranquilamente,
pues mi cariño te amarga
y al partir te hago un favor.

Estribillo

Renuncia, renuncia,
renuncia …. amor.

Renuncia, a escuchar mi voz querida,
que de hoy en adelante
nunca más te llamará,
renuncia, mi corazón dolorido,
que es como un pájaro herido
que ya nunca volará.

Al estribillo

La Niña de Antequera y Amalia Molina.- *Archivo: Servando Repetto López.*

Refª 46. CANCIÓN: **"Devuélveme la alegría"**

Bésame, bésame, bésame,
bésame, sentrañas mías,
bésame, bésame, bésame
y devuélveme la alegría.

Quiero de ti eso tan grande,
ese calor que no diste a nadie,
quiero de ti lo más profundo
y comprender que, en este mundo,
vale la pena vivir,
porque ese amor sincero y puro
que jamás tuve en el mundo,
tú me lo distes a mí.

Bésame, bésame, bésame,
bésame como tú sabes,
bésame, bésame, bésame
como no lo ha hecho nadie.

Bésame, bésame, bésame,
bésame poquito a poco,
bésame, bésame, bésame,
hasta que te vuelvas loco.

Quiero tenerte prisionero
entre mis labios, compañero,
por toda la eternidad,
y olvidarme para siempre
de lo que piense la gente,
tú y yo, y nada más.

Refª 47. TANGUILLO: "Ay mi Cai"

I

Me gusta venir a la playa
a la caída de la tarde,
contemplar su agua salada
y el murmullo de sus mares.

Me gusta ver las gaviotas
cuando se posan en el mar,
me gusta ver sus pesqueros,
me gusta ver sus pesqueros
y al marinero cantar.

Estribillo

Cai, tacita de plata,
orgullo de Andalucía,
Cai, tacita de plata,
rincón de la tierra mía,
Cai, tacita de plata,
la tierra donde nací,
¡ole mi Cai, mi Cai!
nunca me olvido de ti,
¡ole mi Cai, mi Cai!
sin ti no puedo vivir,
¡ole mi Cai, mi Cai!
sin ti no puedo vivir.

Victoria Vallejo de amazona.- *Archivo: Servando Repetto López.*

289

Refª 48. CANCIÓN: "Miedo por ti"

Miedo de pensar, ya tengo miedo
de haber sido una aventura,
o tan solo un pasatiempo.

Miedo a que te alejes de mi pecho,
después de haber sido tuya,
olvidando nuestro lecho.

Miedo, sin saber de dónde venías,
noche tras noche pensando
cuándo tú me dejarías.

Miedo de quererte tanto y tanto,
de pensar en mil sospechas
y no saber hasta cuando.

Estribillo

Miedo, tengo miedo a que amanezca,
miedo de la luz del día,
porque es la que me aleja
de tu vera ¡vida mía!
Miedo, tengo miedo de que vuelva
ese maldito silencio,
que me destroza la vida
y me devora por dentro.

Miedo de haber sido tan sincera,
no haberte mentido nunca,
y entregarme sin fronteras.

Miedo de tus silencios tan largos
que no llego a comprender,
y que pueden separarnos.

Miedo, porque no quiero pensar
si algún día te marcharas
para nunca regresar.

Miedo de tus constantes mentiras,
de esas continuas ausencias
que acabarán con mi vida.

Al estribillo

Retrato de una muy joven **Victoria Vallejo**.- *Archivo: Servando Repetto López*.

Refª 49. CANCIÓN: **"No finjas más"**

Estoy pensando y pensando
y no lo puedo entender,
estoy pensando y pensando
en tu manera de ser.

Estás viviendo conmigo
como si fueras un ladrón,
si yo sé que tú me quieres
igual que te quiero yo.

Deja que diga la gente
lo que tenga que decir,
que la vida es pa vivirla
y la debemos vivir.

Estribillo

No, no digas más
que entre tu y yo todo acabó,
tú sabes muy bien
que nuestro amor nunca murió.

No permitas que destruyan
este querer que te tengo,
porque si eso sucediera
tú te pierdes, yo me pierdo.

Vente a la verita mía
y deja ya de fingir
un cariño que no sientes,
ni nunca podrás sentir.

Qué pena que yo no tenga
el metal que tanto ciega,
pero te doy mi cariño
que esa es toda mi riqueza.

Al estribillo

Refª 50. CANCIÓN: **"Por tu cariño"**

Estoy perdiendo la razón
por tu cariño,
pero no quieres comprender
mis ilusiones,
jugando con mi amor
no te das cuenta,
que de llorar por ti
mi alma está muerta.

Estribillo

No, no sé vivir sin tu cariño,
lloro, lloro por ti
igual que un niño,
sueño que vuelven a mí
mis ilusiones,
que tú estás junto a mí,
amor de mis amores.

Victoria Vallejo, entre bastidores, con su eterna sonrisa.- *Archivo: Servando Repetto López.*

Refª 51. SEVILLANAS: **"Sevillanas de Umbrete"**

I
Si quieres ir al Rocío
con alegría,

con alegría,
si quieres ir al Rocío
con alegría,
puedes venirte a Umbrete
todos los días,

que en el Casino
durante el año,
durante el año,
van contando los días
que van quedando.

Ya van entrando,
tiran cohetes,
tiran cohetes,
la Virgen le dice al niño,
¡mi arma!, ¡ya viene Umbrete!

II
Con el mosto de Umbrete
vamos al Rocío,

vamos al Rocío,
con el mosto de Umbrete
vamos al Rocío,
con el mosto de Umbrete
vamos al rocío,

y en el camino,
entre palmas y cante,
y en el camino,
entre palmas y cante
se bebe el vino.

Ya van entrando,
tiran cohetes,
tiran cohetes,
la Virgen le dice al niño,
¡mi arma!, ¡ya viene Umbrete!

III
Camino del Rocío
marisma abierta,

marisma abierta,
camino del Rocío
marisma abierta,
camino del Rocío
marisma abierta,

marisma abierta,
salen los caballistas
hacia su fiesta,
salen los caballistas
hacia su fiesta,

Ya van entrando,
tiran cohetes,
tiran cohetes,
la Virgen le dice al niño,
¡mi arma!, ¡ya viene Umbrete!

IV
Hacia la Ermita
vamos de prisa,

vamos de prisa
que allí en la Ermita,
vamos de prisa,
nos espera con gracia
la más bonita,

la más bonita,
esa Blanca Paloma
la más bonita,
esa Blanca Paloma
mi virgencita.

Ya van entrando,
tiran cohetes,
tiran cohetes,
la Virgen le dice al niño,
¡mi arma!, ¡ya viene Umbrete!

Preciosa foto de **Victoria Vallejo** con la artista Paquita Durán.- *Archivo: Servando Repetto.*

Refª 52. SEVILLANAS: "Sevillanas del encuentro"

I

Hoy me encontré con tus ojos
al cabo de tanto tiempo,

al cabo de tanto tiempo,
hoy me encontré con tus ojos
al cabo de tanto tiempo,
hoy me encontré con tus ojos
al cabo de tanto tiempo,

al cabo de tanto tiempo,
y sentí un escalofrío
que recorrió todo mi cuerpo,
y sentí un escalofrío
que recorrió todo mi cuerpo,

pero eché la vista al suelo
y no pude decir nada,
y no pude decir nada,
ibas tú muy sonriente
y muy bien acompañada.

II

Quise seguir mi camino,
pero te volví a mirar,

pero te volví a mirar,
quise seguir mi camino,
pero te volví a mirar,
quise seguir mi camino,
pero te volví a mirar,

pero te volví a mirar,
y algo que ya estaba muerto
empezó a resucitar,
y algo que ya estaba muerto
empezó a resucitar,

la cara como el papel
se te puso de momento,
se te puso de momento,
y vi que nuestro querer
no estaba del todo muerto.

III

Qué cosas tiene la vida,
encontrarme hoy contigo,

encontrarme hoy contigo,
qué cosas tiene la vida,
encontrarme hoy contigo,
qué cosas tiene la vida,
encontrarme hoy contigo,

encontrarme hoy contigo,
y tener que saludarnos
como dos buenos amigos,
y tener que saludarnos
como dos buenos amigos,

se estremeció todo mi cuerpo,
quien me lo iba a decir,
quien me lo iba a decir,
que después de tanto tiempo
seguía pensando en ti.

IV

Por donde quiera que voy
llevo tu imagen conmigo,

llevo tu imagen conmigo,
por donde quiera que voy
llevo tu imagen conmigo,
por donde quiera que voy
llevo tu imagen conmigo,

llevo tu imagen conmigo,
y por mucho que lo intento,
olvidarte no consigo,
y por mucho que lo intento,
olvidarte no consigo.

Sé que tengo para siempre
las esperanzas perdías,
las esperanzas perdías,
y hoy daría por tenerte
lo que me queda de vida.

Victoria Vallejo (derecha), una admiradora y una compañera.- *Archivo: Servando Repetto López*.

Refª 53. CANCIÓN: "Amigo de un amigo"

I

El día que te conocí
apenas me hiciste caso,
yo te miraba con ilusión
mientras apurabas el vaso.

Eras como un pajarillo
prisionero y con cadenas,
buscando la libertad
y empezar una vida nueva.

Estribillo

Que yo no sé lo que hacer
con este corazón mío,
con este corazón mío,
de pronto se ha despertado
pa destrozarme el sentío.

II

De noche cuando me acuesto
sueño que tú estás conmigo,
y al llegar la madrugada
me despierta un sudor frío.

Qué mala suerte la mía
el tropezarme contigo,
y no decir lo que siento,
porque estás casado, amigo.

Al estribillo

Refª 54. CANCIÓN: **"No puede ser"**

I

No me quisiste mirar
cuando te lo pregunté,
no me quisiste mirar,
aunque me mientas yo sé,
que te dejaste besar
nada más que me marché.

Si es que te hablan de mí
nunca lo debes creer,
si es que te hablan de mí,
quien habla mal de una mujer
en su pecho tiene que sentir,
la rabia de un mal querer.

Estribillo

Nuestro amor no puede ser,
aunque me vengas llorando
nuestro amor no puede ser,
lo puedes ir olvidando
pues pertenece al ayer,
y el río se lo va llevando.

Va tu recuerdo conmigo
por donde quiera que voy,
va tu recuerdo conmigo,
lo mismo antes que hoy
vivo soñando contigo,
y tu prisionera soy.

Aunque han pasado los años
contigo anoche soñé,
aunque han pasado los años,
y en mi delirio te hallé
preso de los desengaños,
que yo te pronostiqué.

Al estribillo.

Refª 55. CANCIÓN: **"Por qué muere el amor"**

I

Nos conocimos de casualidad
una mañana de primavera,
miré sus ojos de verde mar
y me sentí su prisionera.

Nos cogimos de la mano
y seguimos caminando,
y en el silencio sentía
mi corazón palpitando.

Cuando acaricia mi cuerpo
y sus labios rozan los míos,
entre besos y caricias
me dice ¡cariño mío!

Fuimos amantes mucho tiempo,
nos quisimos sin fronteras,
porque el amor verdadero
siempre huye de cadenas.

Pero el tiempo fue pasando
y, sin motivo ni razón,
algo que fue tan bonito
poco a poco terminó.

¿Por qué muere el amor?
que alguien me lo diga,
¿Por qué muere el amor?
y no dura to la vida.
¿Por qué muere el amor?,
yo lo quisiera saber,
¿Por qué muere el amor?,
¿Por qué muere el amor?,
yo no lo puedo entender.

Refª 56. CANCIÓN: **"Amiga mía"**

Amiga mía,
sé que andas desesperada,
como un ave abandonada
sin saber a dónde ir,
no sigas perdía adelante,
piensa un poco lo que haces
y vuelve de nuevo a sonreír.

Estribillo

Amiga mía, no pienses
de que me meto en tu vida,
pero te veo perdida
como barco sin timón.

Amiga mía,
aunque lo nuestro ha terminado
aquí me tienes a tu lado
pa compartir tu dolor,
quiero tenderte mi mano
como si fuera un hermano
de alma, vida y corazón.

Al estribillo

Actuación en un cine de Málaga (1959). Canta Chiquilín junto a una pensativa **Victoria Vallejo**.
Archivo: Servando Repetto López.

Refª 57. CANCIÓN: "Vuelvo a ser el que era"

Todos creían que yo
no podría vivir sin ti,
porque veían que me perdía
por tu sentir.

Pero he cambiado
y enamorado de otro querer,
lo que he llorado en mi pasado
ya lo olvidé.

Vuelvo a tener sentimientos
como los de aquellos años,
pues contigo no murieron,
aunque te parezca extraño.

Hoy vuelvo a ser el que era
antes de yo conocerte,
vuelvo a tener primavera
y ya no quiero ni verte.

Chiquilín y **Victoria Vallejo**, listos para salir a escena.- *Archivo: Servando Repetto López.*

Refª 58. CANCIÓN: "Aquella rosa"

Era una flor en primavera,
era una rosa en el mes de Abril,
era tan frágil y tan hermosa
que cualquier cosa la podía herir.

Yo puse en ella toda mi alma,
era mi orgullo, mi gran pasión,
y una mañana de frío invierno
aquella rosa se marchitó.

Esperé muchas primaveras,
siempre pendiente de aquel jardín,
por si esa flor que yo quería
volvía algún día a sonreír.

Llegó de nuevo la primavera
y aquella rosa volvió a brotar,
pero le faltaba aquel perfume
que en otros tiempos me hizo soñar.

La Niña de Antequera, Piqui (hijo de Marchena) y **Victoria Vallejo**.-
Archivo: Servando Repetto López.

Refª 59. CANCIÓN: "Al verte sonreír"

I
No sé qué me pasó
cuando te conocí,
mi corazón tembló
al verte sonreir.

Quise acercarme a ti
con miedo y timidez,
y al verte sonreír
de ti me enamoré.

Estribillo

Corazón, corazón, ¡te quiero!,
corazón, corazón, ¡te quiero!,
corazón, corazón, por ti me muero,
corazón, corazón, tú eres mi vida,
corazón, corazón, sin ti qué haría.

II
Te entregué mi querer
sin condiciones
y tú me entregaste
todas tus ilusiones.

Pero si te vas
me falta el aire
y no encuentro la paz
por ninguna parte.

Tú te ríes de mí
cuando te juro:
te quiero más que a nada,
por mi Dios te lo aseguro.

Al estribillo

Refª 60. CANCIÓN: **"Que te vuelva a querer"**

I

Yo no puedo seguir,
esta farsa terminó,
deja ya de fingir,
te lo pido por favor.

Dímelo de una vez,
no seas cobarde,
llegó el punto final,
tú bien lo sabes.

Estribillo

No digas nunca que no me quieres,
no me lo digas por caridad,
seré tu amiga, seré tu amante,
lo que tú quieras, así será.

II

No lo puedo entender,
después de tanto tiempo,
que te vuelva a querer
como te quiero,

y que despiertes en mi
esta alegría
que me haces sentir
día tras día.

Al Estribillo

Refª 61. CANCIÓN: **"Cómo has cambiado"**

Cuando me acerqué a su vera
me pregunté quién será,
que me recuerda su cara
a quien quise de verdad.

Tenía los ojos azules
como las aguas del mar,
y una mirada profunda
que nunca pude olvidar.

Cuando me dijo quien era
no me lo pude creer,
no se parecía en nada
a la que tanto adoré.

Refª 62. FANDANGO: **"A ti qué te importa"**

Con quien ando y con quien vivo,
qué te puede a ti importar
con quien ando y con quien vivo,
vivo con una mujer
que son mis cinco sentíos,
ya no te puedo querer.

María, la Niña de Antequera.- *Archivo: Servando Repetto López.*

Refª 63. CANCIÓN: **"Mi caballo Mariscal"**

I

Qué bonito es mi caballo,
mi caballo "Mariscal",
qué bonito es mi caballo,
qué figura y qué compás.

De pelo castaño oscuro,
blanco en su frente un lunar,
qué bonito es mi caballo,
mi caballo "Mariscal".

Estribillo

Qué bonito es mi caballo,
mi caballo "Mariscal",
ole con ole salero,
ole con ole y olá,
que bonito es mi caballo,
mi caballo "Mariscal".

II

Hablo con él y me entiende
cuando vamos a pasear,
si le digo no me corras
coge de nuevo el compás.

Un baile por alegrías
son sus pasos al andar,
qué bonito es mi caballo,
mi caballo "Mariscal".

Caballo, caballo mío,
si me llegara a faltar,
no encontraría en el mundo
otro compañero igual.

Al estribillo

Refª 64. CANCIÓN: "Sola"

En el silencio de la noche,
a solas en mi habitación,
abrazada a la almohada
yo le cuento mi dolor.
Y acaricio su retrato
como si una imagen fuera,
y le pregunto llorando
el por qué no está a mi vera.
Y contemplando la aurora
me dan las claras del día,
preguntando a las estrellas
qué final tendrá mi vida.

Estribillo

Sola, sola, sola,
por culpa de tu querer,
pero este corazón mío
no se quiere convencer
y no se da por vencío.

Sola, sola, sola y sola,
no lo puedo soportar,
no sé si seguí adelante
o dejar de caminar.
Ya no quiero sufrir más
que ya bastante he sufrío,
unas veces por tu error,
otras veces por el mío.
No, no, no, no, no,
porque la vida se acaba,
y cuando llega el final
ya no valen las palabras.

Al estribillo.

Refª 65. CANCIÓN: **"Recuerdo mi mala suerte"**

Sueño que me llegue el día
que pueda por fin decirte:
anda, y que Dios te perdone
todo el daño que me hiciste.

Pero vete de mi vera
donde yo no pueda verte,
que si te miro a la cara
recuerdo mi mala suerte.

Fueron tantas tus promesas,
llenas de falsas mentiras,
que si no fuera cristiana
tu muerte desearía.

Pero pido a Dios que vivas
mientras más años mejor
y que otra venga a cobrarte
el precio que pagué yo.

Dolores Abril con **Victoria Vallejo** en San Fernando, en casa de Camarón.-
Archivo: Servando Repetto López.

Refª 66. CANCIÓN: "Quédate conmigo"

I

No quiero que te vayas,
quédate conmigo,
no quiero que te vayas,
quédate, mi bien.

No quiero que te vayas,
te necesito,
no quiero que te vayas,
escúchame.

Estribillo

Y es que tú no sabes,
y es que tú no sabes
lo mucho que yo te quiero,
y es que tú no sabes,
y es que tú no sabes
el cariño que siento por ti,
no quiero la vida
si ya no te tengo,
pues sin tu cariño
yo no sé vivir.

II

Te di tanto amor,
tanto amor te di
que ya tú te cansaste
y te alejaste de mí
sin pensar en mi dolor,
solo me dejaste.
Lo que lloré por ti
tan sólo Dios lo sabe,
y el dolor que sentí
el día que te marchaste.

Al Estribillo

Refª 67. CANCIÓN: **"Dando tumbos por la vida"**

Yo no puedo comprender
tu mal comportamiento,
si has dejado de quererme,
cariño mío, lo siento.

Sin embargo yo te quiero
lo mismo que el primer día,
y te seguiré queriendo
pa los restos de mi vida.

Tus promesas fueron mentiras,
y ahora pago yo el castigo
dando tumbos por la vida,
por lo que has hecho conmigo.

Pero te quiero advertir
que Dios te lo tendrá en cuenta,
y cuando quieras vivir
se te cerrarán las puertas.

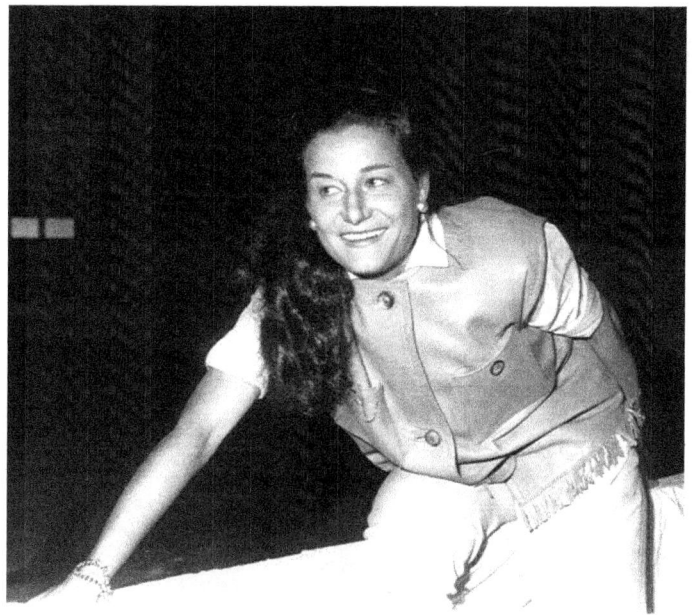

Victoria Vallejo apoyándose después de tanto tumbo por la vida.-
Archivo: Servando Repetto López.

Refª 68. CANCIÓN: "No te alejes de mí"

I

No sé como decirte lo que siento,
no sé como expresarte lo que hay en mí,
no te quiero decir frases bonitas
porque esa no es mi forma de sentir.

Solo quiero decirte tres palabras
y las tres sencillas de entender,
te quiero, corazón, con toda el alma,
y mientras tenga vida te querré.

Estribillo

No te alejes de mí, te necesito,
no te alejes de mí, porque sería
un barco que va siempre perdido,
sin rumbo, corazón, y a la deriva.

II

Si no te tengo a ti de qué me vale
el resto de la vida que me queda,
si tú eres mi paz, mi luz, mi aire
y la verdad de mi vida, compañera.

Al estribillo

La Niña de la Puebla, la de Antequera y Pepe Marchena.- *Archivo: Servando Repetto López.*

Refª 69. CANCIÓN: **"Quiero vivir"**

I

No pases más por mi calle,
ni llames más a mi puerta,
ni pronuncies más mi nombre
que yo pa ti ya estoy muerta.
Estoy entre cuatro paredes
como la que está cautiva,
mira qué pena más grande
que estoy muerta estando viva.

Estribillo

Quiero vivir, vivir
como el pájaro y el viento,
quiero vivir, vivir
lejos de este sufrimiento.
Quiero vivir, vivir
y romper estas cadenas
que me impuso tu querer,
como el que sufre condena.

II

No andes diciendo mentiras
y cuéntale la verdad,
dile que no me quisiste,
que todo fue falsedad,
que mi cariño era poco
pa una mujer de tu clase,
que yo solo fui un capricho
que con dinero compraste.

Al estribillo

Refª 70. CANCIÓN: "Mentiras y más mentiras"

Cuando tú te quedabas
mirándome fijamente
yo te dije !ten cuidado¡,
¡qué van a decir la gente!.
Me dijiste no me importa
lo que otros digan de mí,
porque yo nunca he sentío
lo que hoy siento por ti.

Estribillo

Mentiras y más mentiras,
algún día recordarás
todo el daño que me hiciste
y llorarás, llorarás, llorarás.

Nos amamos locamente
día, noche y madrugá,
y llorando me decía
no me vayas a dejar,
pero fue pasando el tiempo
y se alejó de mi vera,
al final solo soy hoy
una aventura cualquiera.

Al estribillo

Ya sé que todo pasó,
que estoy fuera de tu vida,
y como dice la canción:
toda aventura se olvida.
Ya sé que todo pasó
perdiéndose en el olvido,
tan solo siento el dolor
de tanto tiempo perdido.

Al estribillo

Pero a mí ya no me importa
que de mí te hayas olvidado,
porque llevas en tu cuerpo
los besos que yo te he dado.
Yo sé que ahora vas buscando
volver a tu nueva vida,
no vas a encontrar la paz,
eres paloma perdida.

Al estribillo

Refª 71. RUMBA: "Soy malagueña"

I
Porque soy rubia, rubia platino,
porque no tengo la piel morena,
dice la gente cuando me mira:
tiene salero esta extranjera.

Estribillo

Soy malagueña, soy malagueña,
nací en el Barrio la Triniá,
y ya en el vientre de mi mare,
no hacía yo más que cantar.

II
Yo quiero con mi rumbita
decirle a todos, con mi canción,
que yo he nacido en una tierra
a la que llaman Costa del Sol.

Al estribillo

Refª 72. CANCIÓN: **"Cuando bajes de tu mundo"**

No puedo seguir viviendo
en esta triste soledad,
no puedo seguir fingiendo
entre mentira y verdad,
no puedo seguir mintiendo
y decir lo que no siento,
y tener que sonreír
cuando me muero por dentro.

Cuando bajes de tu mundo
a querer contar tus penas,
te pediré suplicando
que te vayas de mi vera.
Quisiste volar tan alto,
sin pensar en ese día
que altura se va perdiendo
y es muy triste la caída.

La Niña de Antequera con uno de tantos trofeos ganados en el Price.-
Archivo: Servando Repetto López.

Refª 73. CANCIÓN: **"Esa mujer"**

Esa mujer,
me gusta esa mujer,
yo no lo puedo evitar,
me gusta esa mujer,
es que me gusta de verdad.
Me gusta su boca,
me gusta su pelo
y si miro sus ojos
el sentío pierdo.
Hoy bendigo hasta la hora
en que yo la conocí,
porque gracias a su cariño
hoy he vuelto a ser feliz.

Estribillo

Esa mujer
que se ha cruzao en mi camino,
esa mujer
ha cambiado mi destino,
esa mujer
me ha devuelto la alegría,
esa mujer,
esa mujer
le ha dado vida a mi vida.

Foto publicitaria de la Niña de Antequera.- *Archivo: Servando Repetto López.*

Ref^a 74. FANDANGO DE HUELVA: **"Cuando paso por tu vera"**

Echo la vista a otro lao,
cuando paso por tu vera
echo la vista a otro lao,
pa no acordarme siquiera
de lo mucho que he llorao
por tu querer, compañera.

Ref^a 75. FANDANGO DE HUELVA: **"Cuando recoge su presa"**

Mi perra corre orgullosa,
cuando recoge su presa
mi perra corre orgullosa
saltando como una loca,
para volver junto a mí
con la perdiz en la boca.

Ref^a 76. FANDANGO DE HUELVA: **"Yendo yo de cacería"**

Quise tirá a una perdiz,
yendo yo de cacería
quise tirá a una perdiz,
pero vi salir a su cría,
entonces me arrepentí,
¡Qué grande fue mi alegría!

Ref^a 77. FANDANGO DE HUELVA: **"Tengo el sentío perdido"**

De tanto quererte a ti,
tengo el sentío perdido
de tanto quererte a ti,
tú no comprendes, criatura,
que así no puedo seguir,
que esto acabará en locura.

Refª 78. FANDANGO DE HUELVA: **"Que yo soy ave de paso"**

Como el águila imperial,
que yo soy ave de paso
como el águila imperial,
que si aborrece su nío
levanta el vuelo y se va,
buscando nuevos caminos.

Refª 79. FANDANGO DE HUELVA: **"Tengo una jaca castaña"**

Que relincha si le digo,
tengo una jaca castaña
que relincha si le digo
vamos pa la Romería
de la Virgen del Rocío,
y hasta baila de alegría.

Refª 80 FANDANGO DE HUELVA: **"Ni perro ni escopeta"**

No quiero más cacerías,
ni más perro, ni escopeta,
no quiero más cacerías,
que el otro día en la ribera
me falló la puntería,
maté a mi perra "Lucera".

Esta no es "Lucera", es mi perra beagle "Suomi".- *Foto: Servando Repetto López.*

Refª 81. CANCIÓN: **"Amor y paz"**

I

¡Te quiero!, ¡te quiero!,
¡te quiero!, cariño mío,
¡te quiero!, ¡te quiero!,
como a nadie yo he querío.
Quiero meterte en mis entrañas
con locura y con pasión,
pa que siembres la semilla
de tu amor y de mi amor.
Quiero que se entere el mundo
que no ha sido una aventura,
que te quiero con el alma
hasta perder la cordura.

Estribillo

Amor y paz, amor y paz,
es lo que el mundo necesita,
amor y paz, amor y paz,
una ilusión, una sonrisa.

II

Quiero que sepa la gente
que te quiero con delirio,
de día y de madrugada,
con to mis cinco sentíos.
Porque el mundo se ha olvidao
del cariño verdadero,
lo matan, poquito a poco,
por el maldito dinero.
Pero nosotros pondremos
nuestro amor como bandera
en la colina más alta,
pa que to el mundo la vea.

Al estribillo

Refª 82. CANCIÓN: **"Soy de Sanlúcar"**

I

Soy de Sanlúcar señores,
Sanlúcar de Barrameda,
donde nació ese torero
que se llama "Paco Ojeda".
Vaya torero con clase,
con rumbo y con señorío,
que clava los pies en la arena
y hace vibrar al gentío.

Estribillo

Qué bonito que es mi pueblo,
qué bonito mare mía,
de noche, de madrugá,
y a las claritas del día.

II

Como recuerdo sus calles
en donde niña he jugao,
y aquellos viejos amigos
que con el tiempo he olvidao.
Esa Plaza del Cabildo,
el paseo de la Calzá,
y esa Virgen tan bonita,
¡Virgen de la Caridad!

Al estribillo

Sanlúcar de Barrameda, pesquero entrando a puerto.- *Foto: Servando Repetto López.*

Refª 83. CANCIÓN: **"Te quiero"**

¡Te quiero!, dice mi boca
buscando nuevas palabras
que salen como un suspiro
que brota dentro del alma.

¡Te quiero!, dicen mis ojos
cada vez que yo te miro,
y te lo dice hasta el aire
que en mi soledad suspiro.

Estribillo

Te quiero más que a mi sangre,
te quiero más que al dinero,
como a ti no quise a nadie,
mi vida ¡cuánto te quiero!.

Te quiero, dice la sangre
que me corre por las venas,
y al llegar al corazón
a quererte me condena.

Te quiero dice mi voz
que vuela como un cantar,
de mi boca a tu balcón
sonando en la madrugá.

Al estribillo

Puesta de sol en Sanlúcar de Barrameda.- *Foto: Servando Repetto López.*

BIBLIOGRAFÍA y FUENTES CONSULTADAS

REVISTAS
- "Sanlúcar de Barrameda", año 1.993. VV.AA. Imprenta Santa Teresa.
-Revista de la Peña Flamenca "Francisco Moreno Galván", de la Puebla de Cazalla, nº 2.
-Repetto López, Servando: RAF (Recopilatorio de Artistas Flamencos de Sanlúcar de Bda.) revistas del número 1 al 20.

LIBROS
-Blas Vega, José y Ríos Ruiz, Manuel. *"Diccionario Enciclopédico Ilustrado del Flamenco"*. Madrid. Cinterco. 1988.
-Burgos, Antonio. *"Juanito Valderrama. Mi España querida"*. Madrid. La Esfera de los Libros. 2002.
-Cano Olivera, Mariuca. *"La Sallago. Ecos y vestigios de una cultura popular del siglo XIX"*. Cádiz. Confederación de Peñas Flamencas Andaluzas. 1.994.
-Cerrejón Redondo, Manuel y Franco Pelayo, Juan Luis.*"Manuel Vallejo, vida y obra de una leyenda del flamenco"*. Sevilla. Ediciones Giralda. 2.002.
-Cobo Guzmán, Eugenio.*"Vida y cante del Niño de Marchena"*. Córdoba. Editorial Almuzara. 2007.
-Guardia Rodríguez, José .*"La Ópera Flamenca en Granada"*. Granada. Ed. Comares. 1997.
-*"El flamenco en Lorca, Lorca en el flamenco"*, viaje a través de la prensa de los siglos XIX y XX.-
-Muñoz Alcón, Manuel. *"Manolo Sanlúcar. El Alma Compartida"*. Córdoba. Editorial Almuzara. 2007.
-Soler Guevara, Luis. *"Flamencos del Campo de Gibraltar"*. Cadiz. Ed. Acento 2000. 2000.

ARCHIVOS
-Archivo Municipal del Ayto. de Sanlúcar de Barrameda.

OTRAS FUENTES
- Biblioteca y Archivo Flamenco, propiedad de Servando Repetto López.-
- Internet: -Biblioteca Virtual de Prensa Histórica.
　　　　　　 -Hemeroteca de la Biblioteca Nacional de España.
　　　　　　 -BNE, otras hemerotecas virtuales.
　　　　　　 -Página Web de "Todocolección", Antigüedades, Arte, Libros y Coleccionismo.

Este libro se terminó de imprimir el 28 de febrero de 2024, "Día de Andalucía". Felicidades a todos los andaluces y andaluzas de nacimiento y de sentimiento. Sirva este volumen como homenaje a tod@s l@s artistas que llevaron nuestro arte flamenco, y coplero, por toda la España y por todo el mundo. **Victoria Vallejo** -In memoriam-
Gracias infinitas.